知识炼金术

知识萃取和运营的艺术与实务

邱昭良 王谋◎著

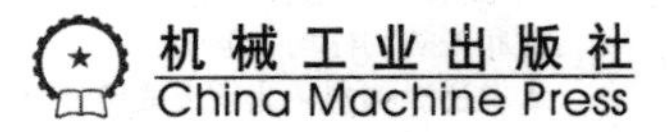

图书在版编目（CIP）数据

知识炼金术：知识萃取和运营的艺术与实务 / 邱昭良，王谋著．—北京：机械工业出版社，2019.7

ISBN 978-7-111-63107-1

I. 知… II. ① 邱… ② 王… III. 企业管理 – 知识管理 – 研究 IV. F272.4

中国版本图书馆 CIP 数据核字（2019）第 133704 号

知识炼金术：知识萃取和运营的艺术与实务

出版发行：机械工业出版社（北京市西城区百万庄大街 22 号 邮政编码：100037）

责任编辑：冯小妹　　　　责任校对：李秋荣

印　　刷：北京诚信伟业印刷有限公司　　　　版　　次：2019 年 8 月第 1 版第 1 次印刷

开　　本：170mm × 230mm　1/16　　　　印　　张：21

书　　号：ISBN 978-7-111-63107-1　　　　定　　价：79.00 元

凡购本书，如有缺页、倒页、脱页，由本社发行部调换

客服热线：（010）68995261　88361066　　　　投稿热线：（010）88379007

购书热线：（010）68326294　　　　读者信箱：hzjg@hzbook.com

ABOUT THE AUTHORS

作者简介

邱昭良

管理学博士，高级经济师，中国学习型组织网创始人，国际组织学习协会会员，国际人才开发协会会员，美国项目管理协会会员，认证项目管理专家（PMP），中国企业大学联席会学术委员，《培训》杂志专家委员。

师从全国人大常务委员会原副委员长成思危教授、南开大学商学院原院长李维安教授，是我国较早研究和实践学习型组织与知识管理的专业人士之一；硕士和博士研究方向均为组织学习，博士论文得到管理学大师彼得·圣吉的指导，具有深厚的理论功底和专业造诣。

曾任联想控股董事长业务助理，万达学院副院长，北京学而管理咨询有限公司总裁、首席顾问，为中石化、中国航天、中粮、中国移动、中国银行、中国建材、华为、伊利、施耐德、美团等数百家公司提供学习型组织、知识管理、组织能力提升、流程优化等方面的咨询与培训服务。

著有《如何系统思考》《复盘+：把经验转化为能力》《学习型组织新实践》《学习型组织新思维》《系统思考实践篇》《玩转微课》《企业信息化的真谛》，译著包括《系统思考》《系统之美》《情景规划》《欣赏式探询》

《U型理论》《创建学习型组织5要素》《学习型组织行动纲领》《新社会化学习》《创新性绩效支持》等，并在国内多家知名专业报纸杂志上发表相关论文100余篇。

王谋

北京师范大学经济学学士，清华大学工学学士。

组织经验萃取与课程开发实战专家。

18年咨询、培训工作经验，有独特的方法论和丰富的经验赋能企业。

专注于组织经验萃取与课程开发，服务过安利、世茂、三胞、康师傅、家乐福、华润万家、农业银行、广发银行、中粮、中广核、国家电网、中国航天、中国建材、中石化等上百家企业，主持和辅导设计开发过300多门课程。

曾任万达学院培训经理，联想集团信息化推进主管。

PRAISE

赞　誉

认识邱昭良博士多年，他在复盘和组织学习领域精心耕耘、探索实践多年，积累了非常丰富的经验和成果，是国内非常优秀的理论 + 实践者。知识管理是巨大的金矿，其巨大的价值远远未被大多数人所认知，特别是在大数据时代，知识已经成为组织发展的战略资源。如果人们通过阅读邱博士的书掌握了更多的“知识炼金术”，相信会在数字经济时代，获得更多开发和利用数据及知识资源的工具箱、挖掘机和点金术！大力推荐这本书！

——董小英，北京大学光华管理学院副教授、博士生导师

从事知识管理十余载，发现很多企业对于知识管理“道”“法”层面已经颇有感知，也有认知，大都希望在“术”层面能有更多实操技术以供借鉴。传统组织学习领域的专家制、讲师制、导师制等侧重企业教练技术的手段，不少企业已经应用得游刃有余。在大数据和 AI 时代，知识炼金士和 AI 训练师将是未来企业可能出现的两个重要岗位或职能，而知识炼金术本领修炼得如何，会在很大程度上决定着企业 AI 水平的高低。邱博士集多年实战经验，将跨界知识融会贯通，提出知识萃取与运营 PDA 模型以及知识萃取“降龙十八掌”等实操技术。此书实乃企

业面向未来竞争力塑造的必备指南，也是知识工作者修炼职场本领的内家心法，强烈推荐！

——夏敬华博士，蓝凌软件副总裁，中国知识管理倡导者和推动者

非常欣喜地看到昭良兄又出力作！我和昭良兄相识、相知多年，和夏敬华博士一起被圈子里的人冠以“知识管理三剑客”之称，特别敬佩昭良兄数十年如一日，在复盘、系统思考、U 型理论、知识管理等方面潜心修炼，成绩斐然。通读本书，我发现里面的内容异常丰富精彩，既有东方的“息壤”“太极”“铸剑”等隐喻暗示，也有纵观东西的华为、万达、联想、英国石油、美军、世界银行等组织的最佳实践。正如华为公司创始人任正非所说：现在是信息社会，知识很重要。无论是久经沙场的老兵，还是初入职场的年轻人，知识萃取技术都应该是必备的基础技能之一，因为把日常工作中蕴藏的经验萃取出来、分享出去，不仅有助于提高个人能力，也能促进公司整体绩效的提升。但是，知识萃取多涉及组织中个体的隐性知识，这些知识往往难以言表，秘而不宣。要想萃取出高质量的知识，不仅涉及很多专业的方法、技术，还有大量的“心法”与秘诀。在这种情况下，《知识炼金术》一书的出版，如同为广大知识工作者带来了一场及时雨，可以一解燃眉之急。本书既可以作为个人向专家进阶的手册，亦可作为组织转型知识创造型公司的指南。

——吴庆海博士，中国知识管理觉行者，行者互联创始人 &CEO

知识中所蕴藏的宝藏吸引着越来越多的“淘金者”，而知识作为越淬炼越有使用价值的可再生资源，成就了无数高增长、高附加值的企业。邱昭良博士是推动中国知识管理的创始者之一，其最新力作《知识炼金术》不仅是新一代管理人的“淘金”法宝，更是新时代下促进中国知识经济发展极为有效的指导工具。

——王猛，“汇智中国”知识管理联盟主席，
全国合作经济工作委员会知识经济专委会主任

读完邱老师《知识炼金术》的书稿，我感受到强烈的共振感。互联网时代的信息爆炸，对于有效学习是一个巨大的挑战。这本书不管是对于知识工作者的个人持续学习，还是对于企业的迭代创新与改进，以及产业生态圈中的赋能平台打造，都有很多启发和借鉴。强烈推荐大家阅读这本既有系统理论高度，又有可操作性实践方法的书，收获邱老师20余年在组织学习领域宝贵经验中萃取的“千足金”。

——葛新红，AMT咨询研究院院长，AMT大学执行校长

对组织核心知识资产的识别、挖掘与运营是企业知识管理体系建设中的首要工作，也是企业知识管理成功的关键。“千淘万漉虽辛苦，吹尽狂沙始到金。”相信《知识炼金术》一书全面翔实的理论体系与丰富灵活的工具方法，会成为所有企业知识管理实践者们“淘金”之路上的福音。

——陈雪玲，东软集团资深知识管理专家

在即将到来的人工智能时代，人不再是工具，而是决定组织成败的重要变量，企业只有确保人力资本不断增值，才能在激烈的竞争中持续生存下去。因此，有效地学习、运营学习的成果，将成为各个组织和个体的核心竞争力。对此，邱昭良博士将其系统化地总结为“知识炼金术”，我认为是非常通俗而贴切的。《知识炼金术》一书，不仅阐述了知识萃取与运营的方法、工具，而且对其中存在的误区、心法和业界优秀实践进行了详细说明，对期望通过组织学习提升核心竞争力的企业而言，有非常高的参考价值和指导意义。

——李光德，正中投资集团知识管理中心副总经理

PREFACE

前 言

本书主题是知识萃取与运营，我将这类技术定义为“知识炼金术”，说的是如何从各种途径提炼出有价值的知识，并充分、有效地使用，以提升自己、团队和组织的能力与绩效表现。相应地，掌握这类技术、从事这种工作的人就被称作“知识炼金士”。

我为什么要写这本书

现在，经验萃取（或知识萃取）风靡企业培训界。从复盘概念与操作的流行，到微课开发、案例开发、经验萃取工作坊……在一些优秀企业这两年的培训采购清单中，都少不了这些内容。

对此，我认为是一件好事，该为此击节叫好。因为在我看来，这意味着企业培训成熟度的提高，意味着培训与学习效果的改善，是企业学习演进的必由之路。

从本质上看，学习是基于获取的信息去改进自己的行动或行动规则的过程。从获取信息的渠道来看，经验无疑是最主要的途径之一。同时，从信息的类型上看，有的是比较情境化的具体信息，也就是在什么情况下采取什么行动，有的则是原则性较强的一般信息，或称为“学术知识”。你获取的信息与自己的实际工作情境越吻合，指导性越强，学习效果也就越好（通常称为学习转化率高）；信息的针对性越差（无论其是学术知识，还是其他情境下的做法），学习转化率就越低。因此，在不改变学习者能力的情况下，改变信息获取的渠道、提高信息的针对性，是提升学习转化率的重要策略。

传统上，许多企业都是外购培训为主。在这种情况下，经验萃取与教学设计的工作由外部培训师来完成。虽然一些优秀课程的质量较高（当然也不乏胡拼乱凑、质量不佳的外部课程），但外部标准课程涉及的场景与学习者的具体应用场景不可避免地存在相当大的距离。学习者在课堂上学习到的信息、观念或方法、工具，即便符合其实际需求，能解决其问题，老师在课堂上也讲授得很清楚，学习者能掌握原理及操作要点，并有所演练，但回到实际场景中，仍然面临"知行差距"的鸿沟，学习转化率一般来说都是有限的。为此，许多企业大学采取了种种措施，包括分析学习者的需求、课前调研与动员、学习运营、训后的跟进与绩效支持、社会化学习等，也取得了一些效果，但未从根本上解决问题。

但是，如果开始利用经验萃取，让企业内部人员（包括业务专家和内训师）基于具体的场景来萃取、提炼情境化的信息，再配合微课开发、案例开发、课程开发、绩效支持系统等后续环节，就能基于本企业的实际需求（包括领导、业务部门和员工），由本企业的人员（通常是内训师）进行经验萃取、学习设计与开发，以及后续的交付（形式多种多样）。这样开发出来的学习产品，与员工的实际需求场景吻合度高，学习转化率自然也好于外购的标准产品。

事实上，许多企业的实践经验表明，无论是微课、内部案例，还是内部课程，都更加切合企业的实际状况，受到员工的欢迎，学习热情与转化率都高于外购课程。

但是，凡事有利必有弊。知识萃取也并非总是好消息。

这条路走起来并不轻松，并非洒满阳光、铺满鲜花，而是荆棘密布、坎坷泥泞。

事实上，这就是我写这本书的初心所在。

首先，知识萃取非常困难，这里面涉及很多复杂而微妙的技术，既有“操作手法”，又有内功心法；既要经过系统的学习才能更规范地上手，又要经过自己长期的刻意练习，才能持续地提升能力。否则，仓促上马，很可能会触发一系列“恶性循环”（如图 0-1 所示），让一个好东西被用坏了，会很可惜。

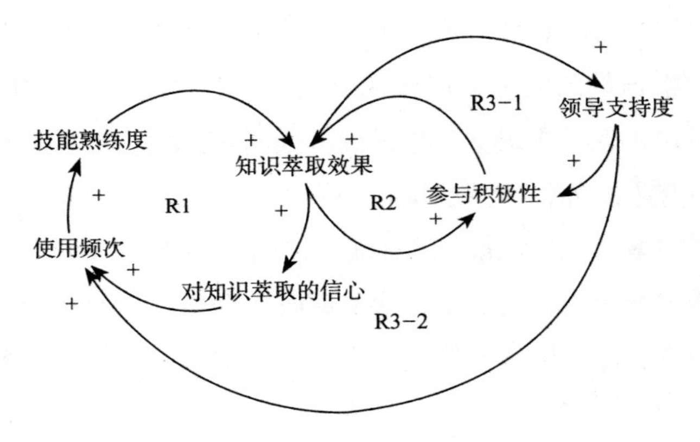

图 0-1　知识萃取效果至关重要

简言之，如果做知识萃取的人（我定义为“知识炼金士”）不具备合格的技能，做了一下，发现萃取出来的东西质量平平，不过如此，他们的信心就会受到打击，从而对继续使用它心存疑虑，这会导致练习机会变少，从而技能得不到提高。这是第一个恶性循环（如图 0-1 中 R1 所示）。

同时，若知识萃取效果不好，员工的参与积极性也会下降，这进一步影响到后续知识萃取项目的成果质量。此为第二个恶性循环（如图 0-1 中 R2 所示）。

再有，领导的支持力度也可能会下降，从而影响员工的参与度，以及项目次数、练习机会，此为第三（如图 0-1 中 R3−1 所示）和第四个（如图 0-1 中 R3−2 所示）恶性循环。

因此，如果企业想走知识萃取与运营这条路，必须确保有合格的“知识炼金士”，准备就绪，“一鼓作气”，争取“旗开得胜”。那样的话，上述四个恶性循环都将逆转为“良性循环”，让知识萃取与运营效果越来越好，逐步在企业内部越来越受重视和欢迎，成为企业发展、提升组织学习力的核心引擎。

出于为企业培养出更多合格的“知识炼金士”，提高知识萃取效果的考虑，我写了这本书。

其次，如上所述，知识萃取有优势，也有不足和局限性，有其适用条件。如果意识不到知识萃取这种方式的利与弊，不善于组合使用，一味地依赖某一种技术或策略，就会出现问题。就像西方谚语所说：如果你只有一把锤子，看什么都像钉子。

因此，为了让知识萃取真正地发挥威力，你需要了解如何有效地运营萃取出来的知识，使其成为一个体系，并持续地更新、发展。

本书也试图解答这一问题。

最后，虽然知识萃取和运营的实践已经展开，并有普及之势，市面上也出版了少量几本书，但真正系统、深入、专业、有价值的专著“凤毛麟角”，非常罕见。

对此，我希望以自己在组织学习领域 20 余年的研究与实践经验，尤其是近年来我关于复盘、系统思考、知识管理、微课与绩效支持系统的创新实践，填补这一空白。

虽然个人水平有限，但源于“致力于学习型组织的研究与实践，让学习助力企业持续成长”的个人使命，我甘愿做知识炼金士的引路人和铺路石。

本书是写给谁的

在我看来，任何企业都需要精通知识炼金术。任何人都可以而且应该掌握知识萃取与运营的技能，成为知识炼金士。

事实上，这将是知识经济时代的常态。

早在 20 世纪 60 年代，管理学家彼得·德鲁克就曾断言：知识，而不是土地、资本与劳动力，将成为企业最重要的生产要素。

未来学家奈斯比特也曾讲过：在新的信息社会中，最重要的战略资源是信息，而不是资本，知识已成为生产力、竞争力和经济成就的关键。

可以说，对于企业，知识已经成为核心资产，是提高经营决策质量和管理效率的前提，也是企业提升竞争力的法宝。

对于个人，不管你是不是知识型工作者，掌握知识炼金术都是生存与发展之根本。无论是学习、提高能力，还是解决问题，都需要用到知识炼金术。

因此，理论上，这本书适合任何想学习如何学习的人。但是，由于本书侧重于组织学习与企业知识管理，所以，如果你是企业领导、各级管理者、业务专家，以及内训师、人力资源管理者、学习发展与培训经理、组织发展从业者，或者是为企业服务的培训师、咨询顾问，本书尤其适合你。

本书的价值

尽管“知识管理”作为企业的一项实践，源远流长，但它作为一门学问，仍非常年轻。截至目前，无论是理论框架，还是企业实践，都有待探索、整合、创新、突破。

本书就是这类探索之一。

本书的写作基于我 20 余年从事组织学习与知识管理的研究心得，以及在华为、联想、万达等数百家企业的服务及咨询经验，尤其是近年来推广复盘、微课、绩效支持等方面的创新实践（我在很多企业进行了深入的探索，取得了显著成效，也由此获得了很多宝贵的第一手资料）。

本书不仅在理论上有所创新，更大的特色与价值在于实践的整合与突破。具体来说，本书的价值包括以下四个方面。

- **理论创新**

我们澄清了知识的定义，梳理了知识的多重属性，提出了“知识胶囊™”模型，以及“知识方程式”“智慧漏斗”“知识立方体”“三度金®”模型，定义了“知识炼金士”这一新兴职业，界定了知识炼金士必备的核心技能。

- **实践统合**

本书系统地提出了知识萃取和运营的方法论——PDA 模型；梳理了 18 种知识萃取方法，将其归纳为四大类策略；定义了 11 种知识封装方式、知识提炼的四种类型、知识运营体系的构成要素等框架。

- **应用指南**

本书介绍了知识炼金士必备的四项常用的知识萃取与运营技术，包括业务专家访谈与现场观察、复盘、团队共创引导、实践社群培育与运营；其中，详细介绍了诸如案例访谈、现场观察、复盘、知识集市、同行协助、内容策展等多种实操方法，有理论指导，有操作步骤，有实用的工具（模板），有注意事项与成功要素指南，可以马上付诸应用。

- **个人发展**

虽然本书主要面向企业（组织），但也详细阐述了个人如何运用五类知识萃取技术，把自己炼成专家，对于个人成长与发展有一定指导意义。

同时，本书所讲的各种知识萃取与运营的策略和方法，也是站在知识炼金士的角度上谈的，是成为“知识炼金士”、申请“知识炼金士”认证的基础读本。如果你在企业从事相关的工作（如你是团队管理者或项目经理等），本书将对你大有裨益。

本书的架构

本书共分 3 篇、9 章：基础篇（第 1、2 章）、组织篇（第 3 ～ 8 章）、个人篇（第 9 章）。各章之间的逻辑关系如图 0-2 所示。

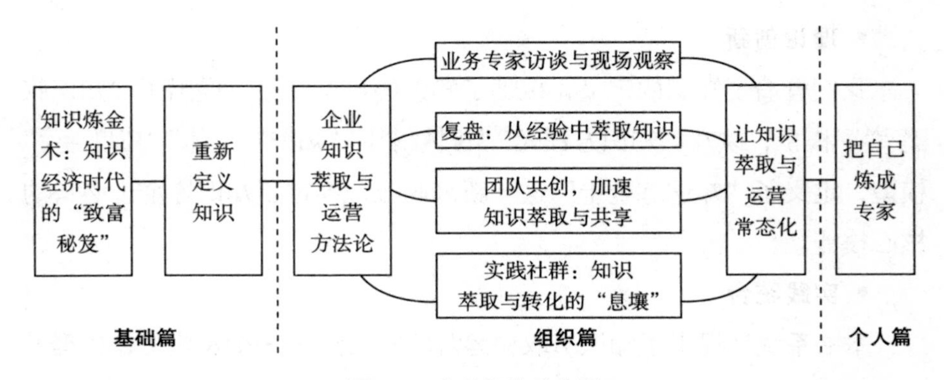

图 0-2　本书架构示意图

第 1 章简要阐述了知识炼金术的概念、实践由来，对个人、管理者与组织发展的价值，并界定了一个新兴的职业——知识炼金士。

第 2 章对知识进行了全新、系统的定义，阐述了知识的多重属性，提出了“智慧漏斗”“知识方程式”“知识立方体”“三度金®”等模型，并简要介绍了知识运营的 SECI 模型和企业知识管理。“知识”是知识炼金士最主要的工作对象和产品（“材料”），只有对“材料”了解透彻，才能成为一名好工匠。

第 3 章详细阐述了组织知识萃取与运营的方法论——PDA 模型，介绍了三个阶段（即精心准备、精致开发与立体应用）的主要工作内容与核心方法，系统地梳理了知识萃取的 18 种方法、知识封装的 11 种方式，并对其如何使用给出了行动指导。

第 4 ～ 7 章依次介绍了四类常用的知识萃取与运营技术，即业务专家访谈与现场观察、复盘、团队共创引导、实践社群培育与运营，分别给出了相应的案例、操作方法、流程步骤、工具模板及关键成功要素或注意事项。

第 4 章介绍了如何通过业务专家访谈与现场观察萃取知识，阐述了业务专家的标准、如何深入观察和对业务专家的案例访谈“五步法”。

第 5 章介绍了如何通过复盘来萃取知识，简要阐述了“复盘之道”——“U 型学习法”、通过复盘萃取知识的原则、常见误区及防范策略、操作要点，给出了“经验萃取单”和“教训记录单”两个模板，以及“复盘专班”的操作步骤。

第 6 章介绍了如何通过团队共创加速知识萃取，详细阐述了“知识集市”的创新性玩法、引导团队进行知识萃取共创研讨的“三步上篮法”操作步骤及引导关键要素。

第 7 章介绍了如何通过实践社群来萃取和运营组织知识，简述了实践社群的定义、应用实践社群来萃取与运营知识的四类策略、12 种具体形式，并介绍了同行协助、知识博览会及内容策展等三种技术，阐述了通过实践社群来萃取与运营知识的关键要素，不仅有世界银行、英国石油公司等机构的实践案例，还有具体的操作步骤和经验指南。

第 8 章探讨了如何在组织内让知识萃取与运营常态化，阐述了知识萃取的成长引擎，以及如何让人们保持参与知识萃取的热情，提高知识炼金士的技能，让更多人成为知识炼金士，形成企业的基本职能，改进组织文化等。

第 9 章阐述了成为专家的“石沙土林”隐喻、终身学习的核心能力、个人知识萃取的五种途径，是个人学习与修炼成为知识炼金士的行动指南。

附录 A 简要介绍了知识炼金士必备的核心技能和我设计的知识炼金士认证标准及流程，附录 B 给出了一些常用方法或工具的简介，供大家参考。

致谢

本书能得以出版，离不开机械工业出版社华章经管的优秀策划编辑张竞余先生。在两年多之前，当我产生写作本书的念头时，他就热切地鼓励我，早早地就签好了合同，并耐心地持续跟进，让我在繁忙的工作之余努力挤出时间坚持写作。

此外，感谢本书合著者王谋先生，他勤奋好学、谦逊温和。他是我多年的合作伙伴，具有丰富的管理咨询、组织发展、课程开发与知识萃取的项目经验。他对第 4 章业务专家案例访谈和第 6 章团队共创知识萃取的“三步上篮法”贡献了初稿，并对书中多处地方提出了重要建议。尽管如此，书中如有任何纰漏或谬误，应由我来承担全责。

感谢北京学而管理咨询有限公司的崔玲女士，她通读全文，并提出了一些宝贵的修改意见。

感谢我的女儿邱鹏锦（Sunny）为本书设计了封面和部分插图。

感谢北京大学光华管理学院董小英副教授、深圳蓝凌软件副总裁夏敬华博士、行者互联创始人吴庆海博士、“汇智中国”知识管理联盟主席王猛先生、AMT 咨询研究院葛新红院长、东软集团资深知识管理专家陈雪玲以及正中投资集团知识管理中心副总经理李光德先生等，为本书撰写了推荐语。感谢美国生成创造领导力研究中心创始人孟庆俊（Stephen Meng）先生一如既往、不遗余力的无私支持与鼓励！

最后，我要向已故的管理学大师詹姆斯·马奇，哈佛大学商学院大卫·加尔文教授、埃蒂纳·温格教授，知识管理大师野中郁次郎教授，中国古代儒学大师荀子致敬，他们的智慧滋养着我，给我启迪和力量。

感谢所有的实践者，他们的进取精神、好奇心、勇气与创新探索，激励着我，他们对我的厚爱与支持，也是我持续前行的动力。

让我们一起成为自己和所在企业的“知识炼金士”，以“知识炼金术”推动组织发展！

邱昭良

2019 年 7 月于北京

CONTENTS
目　录

PART2 第二篇 | 组织篇

PART 1 | 第一篇

基 础 篇

知识炼金术：知识经济时代的“致富秘笈”

CHAPTER1 第 1 章

什么是“知识炼金术”

“知识炼金术”(knowledge alchemy) 是我创造的一个名词。

在给出它的定义之前，让我们先看看什么是“炼金术”(alchemy)。

翻开辞典，你会发现，“炼金术”是中世纪人们研究与实践的一门科学，目标是将普通金属转化为黄金。⊖在中国，与此类似的是“炼丹术”，即古代道教徒或方士把汞、铅、丹砂等原料放进炼丹炉中，炼制成可令人“长生不老”或有特殊功效的丹药。虽然现代科学已经证明这种方法是行不通的，但它作为现代化学的先驱，在化学发展史上有一定的积极作用。通过对“炼金术”的探索和实践，人们积累了化学实验的经验，发明了多种实验器具，并认识了许多天然矿物。在欧洲，“炼金术”成为现代化学产生和发展的基础。

⊖ 英国培生教育出版有限公司 . 朗文当代英语辞典 [M]. 4 版 . 北京：外语教学与研究出版社，2004.

借鉴“炼金术”的名词和概念，我所讲的“知识炼金术”指的是：在具备一定条件的前提下，通过一系列精心设计和引导的过程，让个人或团队获得对完成其具体任务、解决实际问题有帮助的信息、方法或经验，并有助于提高其完成任务的能力。

按照这个定义，理解“知识炼金术”需要掌握四个要点。

- 预期目标：有价值的知识。

知识是指导人们在特定情况下（完成任务或解决问题）采取有效行动的一系列信息、经验或方法的组合，也与人们完成任务所需的“能力”有关。也就是说，知识是多层次的，有一部分是可以被记录、分享和传承的信息、经验或方法的组合（显性知识），还有一部分可以被人们记忆在脑海中，被理解和应用，从而形成内化于个体的能力（隐性知识）。同时，知识也是与场景、任务紧密相关的，需要被行动验证。培根曾说过，知识就是力量。知识是有价值的，是人们渴望获得的，也是知识炼金术的目标与产出。

- 知识萃取需要具备适宜的条件。

如同锻造或提炼高价值合金需要在适当条件下（温度、湿度等），按一定顺序投入某些材料一样，人们要想获得对其有价值的知识，也需具备一定的条件。例如，有掌握相关“知识”的人或其他形式的载体；掌握这些知识的人与知识需求方要相互信任，并有分享的意愿；如果是除人以外的其他形式的载体，知识需求方则需可以访问这些载体，并对其进行正确的赋义。

- 知识萃取是一个过程。

和提炼合金需要一定的锻造、混合、加压等处理过程类似，人们要想获得有价值的知识，也离不开一系列过程，包括访谈、研讨、知识提炼与创造、分享、应用、验证、更新等。

- 有效的引导需要具备专业技能。

知识萃取是一个微妙而关键的过程，其中会涉及参与各方复杂的相互影响，更像是“化学反应”，而不只是“物理整合”。事实上，如果只是简单、机械地套用本书中所讲的过程，不能用心领悟并创造条件，人们也可能无法实现有效的知识分享或学习行为。实践经验表明，具备相应的知识、技能与干预方法的“知识炼金士”，如同金属冶炼中的“催化剂”，可以改善知识萃取的效率和效果。

“知识炼金术”的实践流派

尽管业界还没有一个统一的术语与框架，但一些学者或机构、实践者已经进行过类似或相关的实践。从实践领域看，主要包括三个分支或流派。

1. 知识管理

知识管理是20世纪90年代末期兴起的一门科学，它起源于信息管理，其中一个主要研究领域就是如何从信息中提取出知识。其借助计算机技术，对知识挖掘进行了大量研究与实践，包括数据仓库、决策支持系统、商业智能、知识工程，以及知识图谱、人工智能（AI）、深度学习，等等。

除了这些比较“硬”的技术之外，也有一些学者从较为“软”的方面进行过探索。例如，知识管理专家南希·迪克逊（Nancy Dixon）和卡特丽娜·普格（Katrina Pugh）开发了一个过程，她们称为“知识收割引导”（facilitated knowledge harvesting），目的是加速知识收集和传播，改进团队的工作流程，促进知识的复用。[⊖]

这个过程包括五个重要步骤。

⊖ https://appel.nasa.gov/wp-content/uploads/sites/2/2013/05/NASA_APPEL_ASK_30i_harvesting_project_knowledge.pdf.

- 选择要进行知识收割的项目。
- 基于预先准备，对知识收割工作进行规划。
- 发现和捕获有价值的知识：将“知识载体”（经历过项目、获得了知识的项目成员）和“知识需求者”撮合到一起，使其直接对话，通过引导，促进、激发知识供方的反思，挖掘出成功或失败的根本原因，实现知识的显性化或转移给知识需求方。
- 发布或转移：通过组织内部的知识分享／交流机制或系统，如知识库、经验交流会等，将收割到的知识分享出去。
- 知识重用：对于有类似任务的团队，或者在类似情境中工作的团队，可以重复使用之前捕获的知识。

实际上，类似的探索有很多，如尼克·米尔顿（Milton，2016）认为，知识收割是一个将组织或场景中的知识文档化和整合的过程。[⊖]查尔斯·辛德（Charles A. Snyder）和拉里·威尔逊（Larry T. Wilson）指出，知识收割（knowledge harvesting）是一个整合的过程，使高绩效人士的隐性知识被捕获，并转化为具体的、可行动的“诀窍”，从而通过软件等转移给他人。奥利维尔·塞拉特（Olivier Serrat，2010）认为，知识收割是提取隐性知识并将其“包装”，以便他人采纳、应用这些知识，从而提升组织能力和保存组织记忆的一种方式。

从上述定义可见，知识收割涉及隐性知识的萃取以及处理，其目的是知识的共享和应用。

国内外也有一些企业，如华为、联想、英国石油公司、美军、世界银行等，进行过相关的实践。同时，也涌现了一些培训或咨询机构以及软件系统或产品供应商，帮助企业收集、撰写案例，搭建案例库、文档管理系统和内部交流社区、协同工作平台等，以收集、萃取和管理组织知识。

⊖ Nick Milton. Acquiring Knowledge from Subject Matter Experts, in Knowledge Service Engineering Handbook, ed. by Jussi Kantola & Waldemar Karwowski, CRC Press, 2016.

2. 复盘

从本质上看，我研发和倡导的“复盘”也是从人们实际经历的活动、事件或项目中，经过结构化的回顾、分析、反思等过程，提取出有价值的经验或教训，便于后续的行动和绩效改善。[1]

区别于一般的工作总结，复盘的目的在于从实践经验中学习，也是一个结构化的团队研讨过程。为此，必须选择最有价值的事项作为复盘的主题，选择适合的人员，营造适宜的氛围，并设计一个结构化的研讨过程，让人们可以回顾事件或活动的目标、对比结果，找出亮点与不足，并对其进行深入的分析、研讨、反思，找出成功的关键要素以及失败的根本原因，从中学到对未来行动改善有帮助的经验或教训。

经验表明，这一过程的质量和效果，在很大程度上受到复盘引导师的影响。根据我的研究，他们的职责包括营造并维持适宜复盘的氛围、关注过程、促进参与、保持中立，其核心目的在于让团队复盘（从行动中学习）变得“更容易”。这和“知识炼金士”是相似的。

作为知识管理与组织学习的一种机制，复盘的逻辑、流程与操作方法清晰、规范，虽然要做到位并不容易，但因其简单、实用而受到众多企业的欢迎，近年来产生了大量的实践，成为企业管理中一种基本的工作方法。

3. 课程开发

在学习和教育技术领域，课程设计与开发是一项核心技术。除了教学设计，人们相信“内容为王”，怎么萃取出高质量的内容，成了课程开发的基石。如果没有高质量的内容，再好的教学设计也是没价值的。因此，在这个领域，对于怎么进行知识萃取，人们进行了大量的实践。例如，在

[1] 邱昭良 . 复盘 +：把经验转化为能力 [M].3 版 . 北京：机械工业出版社，2018.

电子化学习领域，怎么与业务专家（subject matter expert，SME）合作，对其进行访谈、指导，是这一领域很重要的话题，有大量成果。

在国内，从事教学设计的咨询顾问，如李文德、孙波等，都对此有过一些实践和研究，出版过一些书籍或发表过相关论文。例如，在李文德（2016）提出的“情境化微课开发”方法中，萃取组织经验是核心环节之一。他认为，“组织经验”是介于通用的理论和具体实践案例之间的，具有企业特征的概括性知识和技能。孙波（2017）认为，最佳实践提炼是课程开发的基础，也是企业中的隐性知识转化为显性知识的过程，“从优秀员工身上挖掘经验，并且复制推广到普通员工身上，从而从整体上提升部门业绩，解决部门的业务问题”。

近年来，这一分支也发展很快，并积累了一些较为成熟的具体实践做法，如案例访谈、研讨引导等，一些企业也引进了这一技术，许多培训管理者、内训师等在实践和应用，在一定程度上推动了“知识萃取”概念的流行。

你为什么要掌握知识炼金术

无论你是一名普通工作者，还是企业管理者，或者专职或兼职培训师，掌握知识炼金术对你都具有重要的意义与价值。

1. 知识炼金术对个人的意义与价值

如果你是一名普通员工，通过掌握知识炼金术，你可以：

（1）干中学

研究显示，任何人都可以提高自己的能力，但如果你能学会以有效的方式来反思、学习和练习，更快速地总结、发现规律、提炼模型、构建自己的知识体系，你的进步就会更快。知识炼金术就是最有效的学习的方法，对于个人学习“新知”、掌握新技能大有裨益。

（2）“学会学习”

当今时代，我们会面临很多从未接触过的新工作、新局面和新挑战，如果只是掌握了过去的经验，你还不能游刃有余地应对环境的挑战。为此，你需要“学会学习”，知识炼金术通过专家访谈技术、信息搜集与分析、系统思考等技能与方法，让你洞悉本质、把握规律、更快进步。

2. 知识炼金术对企业管理者的意义与价值

如果你是企业家或管理者，通过掌握知识炼金术，你可以：

（1）促进自我提升

就像华为创始人任正非所讲，“将军不是教出来的，而是打出来的。”管理既是科学，也是艺术，各级管理者需要提高自己的领导和管理技能，最有效的方法就是“干中学”，通过系统化地回顾、总结、分析自己的管理实践，从中萃取到有效的做法，从而在实践中提升自身的领导力。

（2）指导下属，提升员工能力

众所周知，管理者负有指导下属能力开发的职责。事实上，如果下属能力强，管理者会很轻松，可将精力投放到自己应该关注的关键领域，做到“运筹帷幄”或“未雨绸缪”；相反，如果下属能力低下，作为其上级的管理者将疲惫不堪，需要事事亲力亲为，甚至为其下属的频繁出错而到处“救火”。对此，管理者应该掌握知识炼金术，指导下属员工掌握完成其工作任务所需的知识，并将其规范化、程序化，提升员工的能力。

（3）将个人能力转化为组织能力

一般而言，在企业成长初期，需要依赖少量“能人”或“高手”带动业务的发展。但是，随着企业规模的扩大，企业迫切需要形成组织整体的能力。如果还是像过往那样只靠少量“能人”，他们就会应接不暇、疲于奔命，成为企业发展的瓶颈。为此，一种可行的措施就是把他们头脑中的知识萃取出来，通过有效的赋能，形成组织的能力。

当前，对于许多快速成长中的企业来说，迫切需要快速发育组织能力、大批量地“复制”或规模化地培养人才，知识萃取将是制胜的必然选择。

（4）规范化运作，加速整合与融入

在组织中，总有少量个人或团队表现优异。将某个人或团队行之有效的最佳实践做法提炼出来、固化为标准或规范，可以提高组织整体运作的规范化程度以及组织绩效。这也是许多企业进行知识萃取的主要动因之一。

例如，在联想发展的早期，规章制度与流程都尚不健全，即使已有的制度与流程也需要快速更新、不断修改完善（因为业务发展变化很快）。为此，他们应用复盘的理念，快速建立并更新各项制度。其做法可简单归结为：

- 当你做某事时，首先看有没有相应的制度或规定。
- 如果有，遵照规定执行；做完之后，如果感觉过程中存在不合理之处，或者实际执行效果不好，及时进行复盘，找出自身的不足、有待改进之处，或修订、完善制度 / 规范。
- 如果没有，自己想办法先干起来；之后，快速复盘，总结、形成相应的制度与规范。

通过这个简单的逻辑，可以快速总结出规律，固化形成相应的制度、流程和规范，并持续更新、改善。

此外，在一些通过并购整合或社会招聘快速壮大的企业中，由于人员背景差异比较大，即使对于同一项工作或任务，大家的做法也不尽相同。在这种情况下，如果能通过知识萃取，让各方人员彼此分享自己的做法并研讨、提炼出适合本企业的最佳实践，不仅能够提高工作效率，而且有助于加速并购后的整合与人员融入。相反，容易酿成矛盾，降低组织绩效。

（5）快速迭代与改进，应对快速变化的外部环境

外部环境变化迅猛、复杂、不确定性强、模糊，企业必须平衡创新与效率之间的关系，不仅快速改变自己的产品、服务流程，而且要提高运作效率、实现盈利。为此，在变革与创新过程中，要快速萃取并共享来自一线的鲜活知识，这样才能更快地适应环境的变化。

例如，为了培养业务发展急需的战略性人才，华为基于业务的实际需要，萃取典型业务场景中的知识，开发成实战性很强的训练项目(包括系列在线课程和对抗模拟演练、考试等)，并让参训人员在训后去一线参与实际作战，之后再进行复盘，不仅有助于参训人员的能力提升，也能及时萃取实战经验，优化、改进训练与作战内容，以此构建了闭环的“训战结合”体系，有力地支撑了华为各项业务的快速发展与战略转型。

（6）快速培训，即用即学

在许多企业或行业中，员工流失率高是企业经营与管理中面临的严峻挑战。尤其是随着 90/00 后“千禧一代”或“Z 世代”[⊖]员工成为职场主力军，这一挑战愈发尖锐且日益常态化。因为新一代劳动者

⊖ 在西方社会学研究中，按照出生年代，将人口划分为不同的世代。“千禧一代”（the Millennials）也被称为“Y 世代”(Generation Y)，一般指的是 1980 年到 1995 年间出生的人，“Z 世代”（Generation Z）一般指的是 1996 年至 2005 年间出生的人。由于成长的时代背景不同，不同世代的人在就业、工作、消费、学习、社交等方面，存在较大的差异。

的特性之一是喜欢新鲜与变化，工作方式与形态愈发灵活化。对企业来说，相应的变化会带来两方面的影响：第一，伴随着市场与业务的快速变化，公司内部的组织结构、运作流程、管理风格及企业文化等，也要快速调整，否则就会“落伍”；第二，不仅需要让新招聘的员工快速上岗，也需要让现有员工快速掌握新的技能。为此，企业需要“快速招聘、快速培训、持续学习”。

为了应对这些挑战，在把组织与工作变得更加简单、明确、标准化、模块化、网络化的同时，企业也需要快速萃取一线实践经验，开发出场景化的微课或微学习内容，进行快速培训与赋能。对此，知识萃取将成为企业的一项基本职能与常态化工作。

事实上，近年来，知识管理的一个重要主题就是知识保留，也就是把有经验的员工头脑中的隐性知识或经验提取出来，变成可以被他人访问、传承、复制或推广的显性知识，从而避免因为员工离职或流失而导致组织失去宝贵的知识资产。正如某企业高管所讲：我们企业最大的损失是经验的流失。

同时，知识保留也有助于企业实现“可持续”运作。这一概念早在“9·11”事件之后就开始流行，近年来，因为需要应对越来越高的员工更新速度或流动率的挑战，知识萃取日益受到企业的重视。

（7）提高培训转化率

多项研究显示，在大多数企业中，培训转化率一般为10%～20%，也就是说，大部分培训努力是无效的，学习者参与了培训项目或活动，只有少量能够转化为影响其行为改变与绩效表现的有效努力。为了解决这一困境，我们需要从多个方面努力，包括使学习环境与应用环境尽可能地一致，使要转化的知识尽可能地符合学习者的真正需要和实际应用场景，并在教学设计、交付以及训后应用环节中采取有效的干预措施。对此，知识炼金术具有重要的意义和价值。

（8）打造外向型企业生态圈

当今时代，打破传统企业的边界、打造价值网或“生态圈”，已经成为一些领先企业的战略性选择。事实上，早在 2002 年，我在一篇文章中就指出：未来的竞争将不再是单个企业之间的竞争，而是会演变为不同企业群落之间的竞争。㊀

对此，企业需要明确自己的核心定位与竞争优势，将与价值交付相关的能力提炼为可以复制或传承的知识产品，通过赋能与运营，打造高效协同、共同演进的商业生态圈。

近年来，一些优秀企业组建了外向型企业大学或相应培训机构，也是在萃取、整理企业内部最佳实践做法的基础上，开发并运营知识产品的实践。

3. 知识炼金术对培训师的意义与价值

如果你是一位培训师，通过掌握知识炼金术，你可以：

（1）更好地提炼“干货内容”，做好课程开发

俗话说：巧妇难为无米之炊。无论是专业培训师，还是企业内部培训师，要想开发出精彩的课程，除了掌握课程开发与设计的专业技能之外，还离不开知识萃取——通过知识萃取，才能更好地提炼出“干货内容”。因此，知识萃取是课程开发的基础与核心环节之一。

（2）掌握引导技能、促进学习转化

现在，越来越多的培训师意识到，培训不只是给学员“讲授”或“分享”你所知道的信息，而是应该以学习者为中心，通过演练、反思、

㊀ 邱昭良 . 群落学习时代来临 [J]. 经理人，2002（12）.

研讨引导等手段，让学员参与进来、主动地思考，在激活其原有经验与能力的基础上，指导他们更好地吸收、理解新的信息，掌握新的方法与工具，并有能力和意愿在培训之后进行转化、应用，在他们实际的工作场景之中应用所学，真正地提升能力与绩效表现。这个过程可以看成是“知识萃取”的“逆向工程”，如果你能够掌握知识萃取的技能，就可以更好地指导学员“学以致用”。

知识炼金士：AI 时代新兴的金领职业

在古代，掌握“炼金术”的人被称为“炼金术士”（alchemist）或“方士”，虽然不乏骗人的“江湖术士”，但在他们当中，也有很多是科学家、发明家或博学之士，常常成为王侯将相的“座上宾”。

在今天，掌握了相关的技能，真正从事“知识炼金术”，帮助他人和组织通过知识萃取与运营创造更大价值的工作者，我称之为“知识炼金士”（knowledge alchemist）。

知识炼金士需要具备的知识、技能和经验包括（详情参见附录 A）：

- 对知识和知识管理的深刻理解。
- 对知识萃取方法论及过程的理解。
- 能根据实际情况，选择适合的知识萃取方法，并设计相应的活动或事件。
- 能熟练使用知识萃取相应的方法及工具，如复盘、业务专家访谈等。
- 具备优异的团队引导技能，能在知识萃取相应的活动或事件中激发参与者的积极性，维持团体动力，确保过程效率及最终效果。
- 具备丰富的团队引导经验，能有效处理知识萃取过程中可能遇到的各种挑战。

在我看来，鉴于知识炼金术的重要性，无论是个人还是企业，将来都会涌现出大量的“知识炼金士”，因为每个岗位、每个部门都需要运用“知识炼金术”进行知识萃取与运营。不仅依赖“人类智能”（human intelligence，HI）由人类来完成的任务，需要依靠知识炼金术来培养与传承，而且大量的由人工智能（artificial intelligence，AI）和机器人来执行的活动，更是离不开知识炼金士来赋能、维护。

因此，“知识炼金”将是未来智能化时代最受欢迎的新兴热门职业之一。

近年来，人工智能和机器人、深度学习技术发展迅猛，取得了长足进展，像世界经济论坛、麦肯锡全球研究所、全球经合组织（OECD）等许多机构都发表了基于 AI 的机器人和自动化技术对未来工作的影响报告。大家普遍相信，未来已来，下一波大规模的职业变动与技能挑战，已经开始了。

2016 年，世界经济论坛发表的一份白皮书指出，第四次工业革命与多重社会、经济和地理因素相互交织，会对很多行业产生颠覆性影响，导致劳动力市场的显著变革。新的工种会涌现，部分甚至全部地替代原有的一些工作。[⊖]

2017 年，麦肯锡全球研究所陆续发布了多项研究报告，指出：机器人、AI 和机器学习技术的突飞猛进，正在把我们人类推进自动化的时代，在很多工作活动中，机器已经能够媲美甚至超过了人类的表现，包括一些需要认知能力的任务。为此，在造福人类、企业和经济的同时，会对大量劳动者造成巨大影响。据他们估计，全球将有 1 亿～ 4 亿人失业、被迫转岗、学习新的技能或寻找新的工作。当然，自动化革命也会创造出很多新的工作。[⊜]

⊖ http://www3.weforum.org/docs/WEF_Future_of_Jobs.pdf.

⊜ https://www.mckinsey.com/mgi/overview/2017-in-review/automation-and-the-future-of-work/a-future-that-works-automation-employment-and-productivity; https://www.mckinsey.com/featured-insights/future-of-work/ai-automation-and-the-future-of-work-ten-things-to-solve-for.

2018年，OECD也发表了类似的研究报告，结果显示：接近一半的工作很可能受到自动化的显著影响，AI和机器人不能做的任务正在快速减少。[⊖]

这些知名机构一连串的动作，其实就是在告诉我们一个即将到来的变革趋势：AI和机器人会抢走很多人的“饭碗”。如果你不能学习新的技能，调整自己的技能组合，适应新技术，就会被淘汰。

那么，哪些新技能是有价值的呢?

以OECD的报告为例，他们认为，在未来有三大类技能是至关重要的：认知能力、社交能力、数字化技术能力。与此类似，世界经济论坛的报告也认为，到2020年，最重要的10项技能中，排在前三位的是：解决复杂问题、批判性思考、创造力，都与认知有关；紧接着排在后面的三项能力与社交相关，包括人员管理、与他人协作、情商；接下来，排在第7位的判断与决策、第10位的认知灵活性，也与认知能力相关；排在第8和第9位的是服务导向、谈判，与社交有关。

由此可见，提升认知能力、学会学习、学会思考，是个人应对这一大趋势变革的首要能力；其次需要掌握的核心技能是社交能力；当然，另外一个不容忽视的能力是技术素养及能力，因为未来工作的基本形态很可能是“与无所不在的机器人共舞”。

在我看来，知识炼金士的主要工作对象就是“知识”，他们不仅具备极强的认知技能，而且可以快速学习、提升社交能力与技术素养。因而，他们能够轻松地适应未来职场的新变化，得心应手，游刃有余。

不仅如此，在给很多工作带来挑战甚至颠覆性变化的同时，几乎所有机构都认为，自动化也会创造出一些我们意想不到的新工作——在我看来，“知识炼金士”将是其中之一。

举例来说，埃森哲公司2017年一项调查显示，全球超过1 000

⊖ https://www.oecd-ilibrary.org/docserver/2e2f4eea-en.pdf?expires=1551974192&id=id&accname=guest&checksum=1C43A79F6D2A6D4C80431E5A718444A2.

家大型企业已经使用或正在测试AI与机器学习系统，为此，它们需要招聘或使用掌握这些新技能的人才。该公司IT和业务研究主任H. James Wilson等人指出，AI驱动的业务与技术类工作主要包括三个类别，分别是培训者（trainer）、解释者（explainer）和维护者（sustainer）。培训者将教会AI系统它们应该如何完成各种任务，包括开发算法、指导编程等；解释者将作为技术和业务领导之间的桥梁，帮助澄清需求、确定方向；维护者将协助确保AI系统按设计运行，并应对意料之外的状况。[㊀]参考我对“知识炼金士”的技能描述，你会发现，知识炼金士的核心职责就是挖掘出工作活动或任务背后的知识，将其表述出来，只要这些“算法”或深度学习规律与技术手段结合起来，就会很自然地“创造”出AI与机器人。换言之，知识炼金士是赋予人工智能以智能的人，他们是AI的“创造者”“培训者”，而且可以成为“解释者”“维护者”。

因此，我认为，知识炼金士就是站在AI背后的人，是AI的创造者、赋能者，是机器人的共舞者，是自动化与智能化时代的“新生代”和“弄潮儿”。

由于“知识炼金术”包含一些微妙的特殊技能，不容易培养，至少在一段时间内，“知识炼金士”会出现供不应求的局面。相应地，“知识炼金士”将成为一个新兴的“金领职业”。[㊁]

㊀ https://sloanreview.mit.edu/article/will-ai-create-as-many-jobs-as-it-eliminates/?utm_source=twitter&utm_medium=social&utm_campaign=sm-direct.

㊁ 所谓金领，指的是掌握真正有价值的、企业运作不可或缺的知识或技能的稀缺人才，由于他们的收入比通常所称的办公室“白领”更高，因此被称为“金领”。

CHAPTER2
第 2 章

重新定义知识

本章将讨论知识炼金术的工作对象与产出物——知识。

虽然知识作为一个日常用语，人们每天都挂在嘴上，但实际上，对于什么是知识、知识具备什么样的属性、有哪些存在状态、如何相互转化等问题，很多人并没有深入地思考，也确实不是很容易就能回答上来的。

事实上，这些问题非常古老，非常基本，甚至可以追溯到人类有了思考和智慧的那一天起，也是很多哲学家毕生希望解决的难题。

本章会涉及一些学术话题，也有基于我个人研究的一些成果，读起来有些吃力甚至枯燥，如果你不愿意读这一章，可以跳过。但我相信，如果没有对知识的全新认识和深刻理解，你很难成为一名真正的“知识炼金士”，从俯拾皆是、看似平常的物质中炼出“黄金”来。

什么是知识？一个古老的世界级难题

“知识炼金术”研究、加工处理的对象是“知识”，目标产出物也是“知识”。但是，什么是知识？

这并不是一个很好回答的问题，甚至可以说是一个古老的世界级难题。从孔子“知之为知之，不知为不知，是知也”，到人们耳熟能详的培根的名言“知识就是力量”，无数哲人先贤都论述过什么是知识的问题。

早期（如古希腊时期和中国的前秦时期），知识被认为是通往真理的途径，是个人智慧与修为的对象与载体。如孔子认为“知人者智，自知者明”，荀子主张“古之人学为己，今之人学为人”。但是，文艺复兴至今，人们对知识的看法逐渐多元化，转变成一种资产、一个过程，以及更加工具化、实用化的组合。

让我们看看如下一些定义。

波恩（Bohn，1994）认为，知识深刻地反映事物的本质，可利用它进行预测、关联分析，制定决策。

达文波特和普鲁萨克（Davenport & Prusak，1997）认为，知识是结构性经验、价值观念、关联信息及专家见识的流动组合。知识为评估和吸纳新的经验与信息提供了一种构架。知识产生于并运用于知者的大脑里。在组织中，知识往往不仅存在于文件或文库中，也根植于组织的日常工作、程序、惯例及规范之中。

纳塔拉扬和谢卡尔（Natarajan & Shekhar，2001）认为，知识是经过人为的解读和人的经验充实之后的信息，它同时极度依赖于该信息所处的背景环境。知识也可以被认为是经过检验的行之有效的信息。

彼得·圣吉（Peter Senge，2000）认为，知识是产生有效行动所需的能力。

追溯人们对知识的定义与描述，我们可以发现，对知识的理解从来都没有形成统一或一致的共识。例如，Kakihara和Sørensen

(2002)认为，对知识的主流看法有如下四种：作为对象的知识(knowledge as object)、作为解释的知识(knowledge as interpretation)、作为过程的知识(knowledge as process)以及作为关系的知识(knowledge as relationship)。Alavi & Leidner，阿拉维和莱德纳(2001)则列举了对知识的六种研究视角，包括：①与数据和信息相比的知识；②作为一种认知与思维状态的知识；③作为一种被存储和管理对象的知识；④作为一种应用专业技能的过程的知识；⑤作为一种访问与获取信息的组织方式的知识；⑥作为一种影响行动的潜在能力的知识。

所以，知识真的是一个很复杂的综合体，人们对其有着多重理解。

在本书中，我认为，**知识是一种复杂的存在与过程，与人密不可分，是个体经由多种渠道获取信息并主动建构起来的心智内容及能力，可以让个人在应对挑战、完成任务和解决问题时采取更有效的策略与行动**。但是，知识也不只是停留在个体层面上，它也会经由协作、分享、交流等社会化机制，在团队或组织中进行人际传播，具有多种存在形态和交互过程。

正本清源，破除知识的六个迷思

由于知识的复杂性，在实践中，许多人对知识都存在诸多的认识误区（或称之为“迷思”），导致人们虽然在生活或工作中都使用“知识”这一名词，实际上却指的是不同的东西，或者有不同的理解，继而产生诸多的矛盾、分歧，甚至会陷入“对牛弹琴”的窘境。

为了更好地进行知识萃取与运营，必须正本清源，澄清对知识的认识，深入理解知识的多重属性。

概括而言，人们对知识的“迷思”主要包括如下六个方面。

1. 知识可以脱离开人单独存在吗

面对图书馆里浩如烟海的资料以及无垠的互联网，许多人都会认为，知识似乎是可以脱离开人而单独存在的。

但是，这个观念是错误的。

姑且不说图书馆中和互联网上的所谓“知识”都是人创造出来的，仅从知识的本质来看，那些所谓的“知识”只是信息，是我们每个人在建构知识过程中可以获取的资源。

事实上，知识离不开人。这不仅因为大多数知识存在于人的脑海中，也因为知识是人主动地进行知识建构的过程。在研究学习的社会建构主义学派看来，知识与学习是密不可分的，无论是知识的创造，还是知识的传承，都是一个个体在社会化环境之中主动地进行“解构”与“建构”的过程。

从这种意义上讲，知识与学习是“一个硬币的两面”。因为人有学习和思考能力，可以获取一些外部的信息，对其进行思考、理解、赋义，记忆或存储在大脑中，将其与其他信息联系或组合起来，并能在需要的时候，回忆、运用这些信息或组合（“组块”），从而指导自己采取有效的行动。

2. 存在放之四海而皆准的知识吗

一般而言，人们对知识的典型定义是：知识是人们经过长期实践，提炼出来并且被验证、被相信与传承的原理或真理。按照这种理解，“知识”要具备如下特征：①源自实践，高于实践；②可以被证实（justified）；③真实、正确（true）；④被信以为真（believed）。

那么，真的存在放之四海而皆准的知识吗？

严格来说，这种理解并不是知识的全部，而且并不确切。

首先，按照詹姆斯·马奇的看法，人所掌握的知识，既包括学术知识，也包括经验知识。前者是经由专家的系统观察和分析，然后经由权威（如书籍、网络、教师等）的传播，并经由直接或间接的实践检验被证明有效的知识；后者则是个人和组织从日常生活或工作经验中学习、获取的。在我看来，学术知识的抽象程度较高，适用面较广，我们在正规教育体系中所学的基础知识、原理、方法论大多属于这一类；相反，经验知识则具有“情境特殊性”，也就是与特定的情境相连，是在特定情境或与原始情境相似的情况下有效的实务做法，并不一定可以推广到其他情境中。因此，对于任何人来说，你头脑中蕴含的“知识”都是一个综合体，包含了大量抽象程度不同的信息、规则、原理、经验等。对于组织来说，“知识”的存在状态则更为复杂、微妙。

其次，虽然我不否认，有些“原则”或“真理”“方法论”有较大的适用性，但要想它们真正发挥作用，还是离不开个人在对其理解的基础上，在特定场景中，主动地进行应用、转化的过程。例如，有人可能拥有大量信息，也不排除掌握了一定具有普适性的道理，但是，如果那样的人在实际行动中并不能产生有效的行动，我们也不认为他是一个“有知识”的人，就像那个纸上谈兵的赵括。

事实上，知识不只是抽象的，更是具体的，与特定场景紧密相连。某些道理可以被传授、掌握，可能有一定适用性，但如果尚未被应用，它们仍然只是信息，只有当你在实际行动中真正运用了这些信息，帮你解决了某些问题，或者提高了你的行动效率与绩效表现，我们才能说它们是知识。因此，信息只有被行动者正确地理解、应用，体现出了结果，才能成为知识。也就是说，知识不仅包括信息，也离不开行动者对其的理解和应用。

所以，严格讲来，知识具有多个层次的抽象度，既有一些抽象度很高的方法论或原理、规律、定理等形式的东西（或称为“学术知识”

或“原理知识”），也有大量的生动、具体、鲜活的信息，包括一些特定的方法、经验等（或称为“情境知识”）。在本书中，我依据提炼萃取的精度或抽象度不同，将企业中的知识划分为三种类型（参见本章“三度金®”模型）。

从本质上看，不管是哪一种类型的知识，如果没有应用，就可能只是信息而不能称之为知识。我们每个人做出的每一项决策、得出的每一个结论，都是在特定场景下发生的，会参考一定的通用性原则，但也离不开具体化、个性化的一面。

3. 知识与行动有关系吗

在许多人看来，知识似乎只是和思考有关，是个人大脑中收藏或存储的某些东西。它和行动有关系吗？

正如野中郁次郎所指出的那样，与信息不同，知识总是“为了某种目的而存在”，它在本质上是与人类行动密切相关的。在我看来，任何知识都应与人的特定行为相关，离不开特定的情境。换言之，知识是指导人们在特定情境中采取适当行为的一些原理、经验或信息。不仅检验知识是否有效的标准是行动结果，而且人们运用知识的过程也是面向行动的。

即使是一些基本的概念或原理类信息、经验，也是如此，虽然它们可能不直接与某些任务相关，如 1+1=2、牛顿第一定律等，哪怕你以后不从事与科学相关的工作，它们也与你的行动有关，包括你的日常生活或在学校中的考试等。

4. 知识是某些东西或资产吗

很多人相信知识是有价值的，知识会被留存（记忆）在人的大脑中，也可以被习得或传承，因而，很多人将知识视为一种资产。典型的说法是“知识资产”“知识产权”“知识资本管理”等。

但是，知识真的是某些东西或资产吗？

并非如此，多数知识是一种认识，存在于人的脑海中。虽然有些知识可以用语言、文字来表述，但离不开人的主动参与，如上所述，知识是一个人主动地进行信息处理和应用的过程，不可能脱离开人而独立存在。

在我看来，组织中的知识就像水库中的水，是动态变化的，既是存量，也是流量。在某个时点，组织成员大脑中都保持着一定水平的信息记忆，这是存量，也是荀子所讲的“心”有“藏”。一个人越注意学习，平时接触或可获得的信息越多，学习能力越强，知识存量就越大（参见图 2-1）。

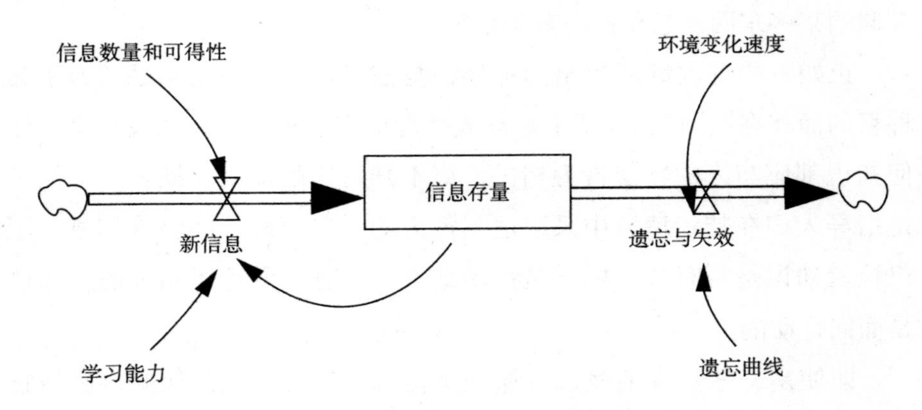

图 2-1　知识既是存量，也是流量

但是，知识并不是静止的，它时时刻刻处于变化之中。一方面，知识与学习密不可分，通过学习，我们可以获得新的数据、事实等信息或经验，并提高我们处理和应用信息的能力；另一方面，如果长期不用，信息也会被遗忘，或者由于环境变化而失效，从而降低信息存量。

5. 知识只是信息吗

正如知识管理起源于信息管理、情报与文档管理一样，许多人一谈到知识，也往往认为它就是以各种形式存储与传播的信息。

这也是人们对知识的常见误区之一。

事实上，在我看来，知识是一个复杂的综合体，它包含大量的信息、经验、规则（我们可以称之为“心智内容”或信息、素材），也离不开人对这些内容的加工与处理过程（我将其称为“心智活动”或“思维过程”）。因此，简言之，知识不只是信息，也包括对信息的处理与应用，是一种能力，且始终处于动态变化之中。

一方面，知识离不开内容，甚至有些知识本身就表现为一定形式的内容（信息，有时也被人们称为“知识资产”）。从具体表现形态上看，以内容存在的知识可能非常庞杂，有各种存在状态，也在持续地动态变化着。最常见的表现形式就是语言和文字，有些会被记录、呈现出来，有些则驻留于人类的大脑中，在人与人之间口耳相传。

另一方面，这些内容并非知识的全部，只是知识的一部分，也不可能孤立地存在，因为这些内容离不开人的参与。正是由于人的主动参与，才能将它们获取或创造出来，对其进行加工或处理，并将其分享出去、加以利用，并保存下来，慢慢改变了它的形态与内容。这一部分主要涉及人的思维过程，也是知识不可分割的一部分。正如彼得·圣吉所言，知识是人们的一种能力，帮助其有效地采取行动，以应对内外部的挑战，从而更好地实现个体或组织的目标。

从二者的关系看，不可分割，相互增益。我认为用中国古老的太极图来形容较为合适（参见图 2-2）。

图 2-2　知识既是内容，也是过程

首先，如果这些内容（素材）离开了人，被孤立地存储或保留在某个地方，不被访问，它们一点儿价值也没有。我们人类之所以保留一些素材，就是为了教育和传承、使用。如果有些素材没用了，它们就会慢慢被淘汰。相反，随着人们生产、生活的需要，人们会创造出一些新的素材，并将其以某种形式存储或传承下去。人们常说的一句话是“畅游于知识的海洋”，其实并不准确，严格地讲，这句话应该改为“畅游于内容或素材的海洋”。

其次，一个人或机器无论记住了多少内容（素材），如果不能对其加以理解，将其与其他信息联系、组合，并在某些场景下回忆或使用，同样是没有价值的。

所以，知识从本质上讲也是一种技能，是获取素材、对其进行处理并应用于实际情境与任务之中的能力。从这种意义上讲，知识如同太极，素材数量或能力水平是一种存量；我们的思维活动或过程是流量，受这些素材的影响，也要依靠这些素材；但与此同时，思维活动或过程也会动态地作用于或影响这些素材，使其发生变化。

就像光既是波，也是粒子一样，知识也具有这一特性，既是内容，也是过程。

6. 知识只是个人层面的现象吗

众所周知，人是智慧型动物，有获取并处理信息、做出判断与决策的思考能力。只有个体才能学习。那么，可以说知识只是个人层面的现象吗？

这种理解也是片面的。

毫无疑问，知识与个体相关，大量信息存储在员工的头脑中，组织中的成员也会持续不断地接收大量新信息、提升自己的能力。如果个人完全不与他人交流、独立地完成各自的工作，他们头脑中蕴藏的知识内容及思维过程就是个人的知识。

但是，人是社会性动物，在当今时代，个体几乎不可能完全脱离开群体或他人而独立存在。在现代企业中，个人也不是在真空中完全独立地工作，他们总是会与其他人、部门或组织发生这样那样的社会联系。在这个过程中，由于每个人都有学习和知识处理的能力，因而，事实或经验、规则等信息内容，也可以经由人际交往过程，得以产生、流动，促进每个参与个体心智内容与思维过程的改变。从这个意义上讲，知识也是一种社会现象与过程。其中，个人之间可以相互学习、创造并共享知识；同时，有些知识会变成团队或组织共有的知识，甚至会变成组织的标准作业程序、规章制度、政策甚至文化，从而不再因为个别成员的离开而造成组织知识的流失。

因此，知识既是个人的，也是组织的。在企业等社会组织中，知识的存在形态与扩散范围非常复杂（参见本章“企业知识的魔方”一节相关内容）。

智慧漏斗：知识是连续分布的综合体

如上所述，在谈到什么是知识时，人们经常会提到数据、信息、智慧等概念，许多人混淆不清，搞不明白这些概念或名词之间的区别。

这是很正常的。一方面，由于知识本身的复杂性，要解释清楚这些概念并不太容易；另一方面，由于每个人的理解不同、对各个名词赋予的定义有差别，导致人们众说纷纭，从而莫衷一是。

对此，我建议大家参考如图 2-3 所示的“智慧漏斗”模型，从四个层面来界定和理解知识的构成。

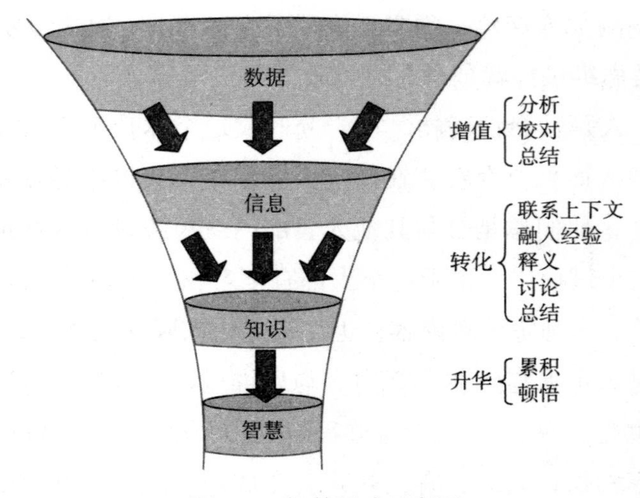

图 2-3 智慧漏斗示意图

1. 数据

知识最基本的存在形态与来源是数据（data）。简言之，数据是关于实践的一些离散的、互不关联的客观事实、图片或数字，没有特定的环境，其本身缺乏关联性和目的性。如果离开了特定的场景，孤立的数据是没有意义的，例如小明、1.78、2008、北京等，但数据是产生信息的基本原始材料。如数字 1.78，如果没有任何场景，只是一个空洞的概念。如果用于测量，加上长度单位，无论是 1.78cm，还是 1.78km，都有了意义。

2. 信息

将相互关联的数据联系起来，进行适当的组合、分析，人们通常将其称为信息（information），可以传播、复制。

正如德鲁克（Drucker，1970）所说，信息是“具有关联性和目的性的数据”，是编制好的数据，是一定情境之下的数据。例如“小明的身高是 1.78m”“北京 2008 年举办过奥运会”等，它们都是不同数据的集成和按照一定规则的组合，其本身是有意义的。通过分类、计算、浓缩、更正等多种不同的方式（Davenport & Prusak，1997），对数据附加价值后，可以把数据转化为信息。信息必须反映出数据的准确性，应能被及时地发送和方便地访问，以及适用于用户解决问题的需要。

3. 知识

在特定的场景中，把相关的信息联系起来，融入自己的理解，对其进行解释、讨论，形成对自己有价值的行动决策。此时，信息就被转化为了知识（knowledge）。正如南希·迪克逊（Dixon，1999）所讲，知识是特定场景下，人们在头脑中对信息及其在行动中的应用之间所建立的有意义的联系。

在某种程度上讲，区分信息与知识并不容易。对此，著名知识管理学者野中郁次郎（Nonaka，1994）指出，虽然知识与信息常被交替使用，但二者有着明确的区别：信息是数据流，而知识是通过信息的流转被创造和组织起来的，并被锚定在持有者的承诺与信念中。伯恩（Bohn，1994）认为，数据直接来源于传感器，反映了变量的测量值；信息是“组织化或结构化的数据，也就是说要放在上下文中，并赋予其特定含义”；而知识则深刻地反映事物的本质，可以利用它进行预测、关联分析、制定决策。彼得·圣吉（Senge，2000）则认为，知识是产生有效行动所需的能力，信息则是帮助我们产生有效行动的资料。因此，信息与知识是有区别的，尽管这种区分并不非常明显。

简言之，知识是结构化的经验、价值观念、关联信息及专家见识的流动组合，是有一定环境的信息，加上对于怎样运用它的理解。它为评估和吸纳新的经验和信息提供了一种构架。知识产生并运用于知识工作者的大脑中。在组织中，知识不仅仅存在于文件或文件库中，也大量存在于员工的头脑之中，并根植于组织机构的日常工作、程序、惯例和规范之中。可以通过比较、联系上下文、连接、交谈等方式（Davenport & Prusak，1997），将信息转换为知识。

4. 智慧

当个人学习、积累了一定的知识，并深入探寻、相互连接，可能发现隐藏在知识背后更深层次的智慧（wisdom）。如艾利（Allee，1996）认为，知识是能够沟通和共享的经验，智慧是获得和运用知识的能力。

由此，广义上看，知识是一个从数据到智慧的连续综合体：许多相关的数据构成了信息，信息加以提炼就构成了知识，知识的长期积累与应用、升华可以形成智慧。这样，从数据到智慧，层层递进，紧密相连，形成了一个“漏斗”（参见图 2-3）。

当然，也有不少学者认为，这种分类方法并不科学。一方面，数据、信息、知识、智慧是一个连续分布体，并不存在明显的界限，很难将其截然区分开来；另一方面，许多人对知识抱有模糊的看法，而广义的知识，事实上包含了上述几种类型的不同组合。

知识方程式与“知识胶囊™”模型

基于知识的特性，我认为，从实操的角度看，可以用一个通俗的公式来定义知识，即：

$$K = f(A, B, C, D, E, F)$$

其中，

K 指的是知识，它是一系列其他元素组合的函数（function），也就是说，它受其他元素的影响，也会受到其他元素相互作用的影响。

A 指的是人员或知识的代理（agent）或行动者、使用人。在我看来，知识离不开人，同样的一些信息、规则、经验，对于不同的人来说，存在不同的价值；因为不同的人有不同的信息与技能组合，其在不同的场景中，面临同样的挑战，可能会做出不同的应对行动，这样，我们可以认为他们有不同的知识。同时，知识的使用者在完成某些任务时，或多或少地从中学习、获得或更新自己的“心智内容”与思维过程。在这个过程中，他们也不可避免地会与其他参与者打交道。因此，人是知识活动的灵魂、中枢。

B 指的是行动（behavior），行动者基于分析，做出某个或某些举动。这是知识的具体展现或作用过程，其中可能涉及很多微妙而深入的思维、意识与情绪活动。

C 指的是场景（context）。因为知识离不开人，与行动相关，需要人的主动学习、建构、应用过程，而任何学习与应用都不是在真空中，而是在特定的场景中发生的，所以，知识都有其场景。

D 指的是目的（destination），也可以被称为挑战（challenge）或问题（question）、任务（task），它们是知识的“靶向”或目的、价值或用途。简单来说就是，知识是干什么用的，用于解决什么问题、完成什么任务，或应对何种挑战。

E 指的是信息内容（entity），是存储在某种介质上或人们的头脑中，用于进行推理、分析和思考的内容。基于当前的情境，为了完成特定工作任务或解决问题，行动者会综合使用自己过去积累的经验，或从外部获得的信息，并在头脑中进行一系列信息搜集、处理、分析与决策等思维活动。

F 指的是结果反馈（feedback）。有效的行动更容易取得预期的结果，而如果应对举措不当，结果则可能不理想。因此，基于行动结果的反馈，使用者可以判断效果，并决定采取后续的行动。当然，行为

的影响可能有延迟，也可能是间接或复杂而微妙的。

f指的是函数（function），也就是说，知识是一个综合的信息获取与处理过程，与特定行动者、情境与任务或问题相关，可能包括下列五个过程。

（1）情境与任务分析：作为能动的主体，人会主动、实时地侦测并分析特定情境、任务。

（2）信息搜集、处理与决策：在大脑中回忆自己过去经历过或听到、看到的信息（人们经常将其称为“经验”），或从外部可用的途径获取相关的素材或信息；对于获取到的这些信息，人的大脑会进行综合处理，可能包括理解、分析、联系、比较，并考虑其与当前情境的关联，进行推理、思考，制定相应的行动决策。

（3）主动行动：基于分析、判断，运用所获得的信息，指导自己采取某个或一系列应对措施。

（4）反馈与调整：任何行动都会产生或大或小的影响，带来特定结果，基于观察到的行动结果反馈，人们会将其与自己的预期目标进行对比、分析、思考，从而做出采取或不采取后续行动的决策。如果符合预期，则可能不再采取进一步的行动；如果目前的结果不太理想，行动者可能会根据反馈信息，再次执行情境与任务分析、信息搜集、处理与决策、行动等过程。

（5）信息与经验更新：对于行动的结果，行动者会进行观察，获取反馈信息，做出思考与判断，不仅导致个人所持有的素材（信息）发生了改变，也有可能引发其思维过程、偏好或模式的变化，并被其记录下来或分享出去，从而导致集体的素材库或经验发生改变。

让我们举例来说：

小王（人）是某电信公司营业厅（情境）的导购员，他正在接待一个来现场办理套餐变更业务的顾客（任务），因为小王对新的资费套餐

标准（信息）已经烂熟于心，于是他向客户做了介绍（行动）。客户表示理解了（结果反馈），但是提出了一个问题（目的），这可把小王难住了（新的挑战或任务），于是他赶紧去翻查手册（外部信息），并向主管请教（外部信息），终于搞清楚了，客户也满意地离开了。之后，小王把这个问题和答案记录了下来（思维活动），自己感觉学到了一些新东西（增长了经验）。

在上述例子中，“小王”是执行者（A）；他的目的（D）是为客户办理电信业务并解答客户的疑问；小王必须回忆并复述（行为，B）自己已经记住的信息（E），必要时还需要根据目标对象（客户）的反馈（F），从外部（其他人或资料）获取信息（E）；上述过程发生在某个时间与营业厅这个空间构成的情境（C）之中。

在上述过程中，所有这些要素有机地组合起来，相互影响，使人在特定的场景中可以有效地采取行动，提高自己的能力和绩效。对此，我将其称为“知识胶囊™”（参见图2-4），一是它看起来像一个“胶囊”，二是它体现了知识是人在特定场景中经由获取信息、理解、分析、做出判断、决策及行动，然后持续地获取反馈的循环过程，可以解决问题、完成任务或应对挑战，就像“胶囊”类药品需要经过人的消化、吸收而产生疗效一样。

在“知识胶囊™”模型中，概括而言，知识不仅是一系列信息素材，它们会动态地变化，也包括对这些信息素材的搜集、加工、处理等思维活动。同时，它们都是发生在特定的情境之中，是特定人员有目的的一系列过程。

具体来说，知识体现为：使用者（A）在特定情境（C）下，为了完成特定任务或解决问题（D），综合运用既有的经验或新的素材或信息（E），做出某个行动或一系列行为的组合（B），从而获得一定结果。基于这些反馈信息（F），行动者判断结果是否符合预期，从而再次重复上述过程，采取或不采取进一步的行动。

与此同时，人在行动（B）过程中，会从外部获取一些信息（E）或从大脑中提取出、回忆起一些经验（E），对其加以理解、分析，判断其如何指导自己的行动，甚至创造出新的素材，从而学习到一些新的经验、巩固或调整原有的经验（E），使个体的心智内容与思维过程发生变化。

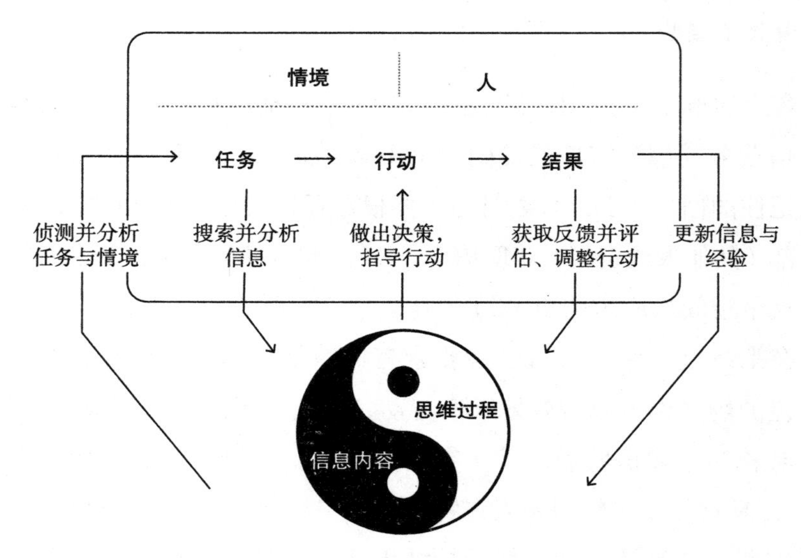

图 2-4 “知识胶囊 TM”模型示意图

如果把这个过程比喻为一场演出，情境就是舞台、背景，如果离开这个时空，小王所掌握或能访问的那些信息可能就派不上多大用场了。在这个舞台上，小王是“演员”、主角，他具有能动地学习、分析、行动的能力，通过自己的上述能力与具体行为，掌握并应用了相关的信息，完成了特定任务，并积累了更多的信息。

企业知识的魔方

对于任何个人和组织而言，知识都是非常复杂而微妙的，也总处于动态变化之中。为了更好地理解组织中的知识，我们可以拿一个魔方来打比喻。想象一下，在某一个时刻，让一个组织中的各种知识都静止下来、固定不动，它们可能分别以不同的形态，处于魔方这个立方体的不同位置上（参见图 2-5）。

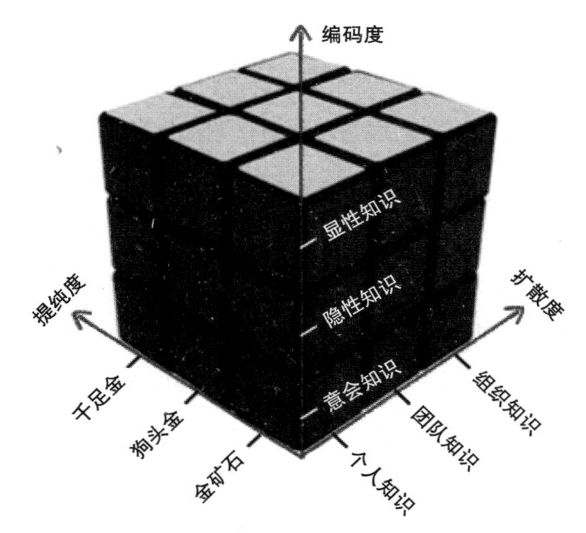

图 2-5　知识有三个维度的特性

1. 存在形态：显性知识和隐性知识

组织中大量知识可能处于不同员工的头脑之中，有些则表述为流程、文档、课程等形式。这也被称为知识的认识论。事实上，这也是研究知识的一种基本分类方法——由波兰尼（Polyni，1958）提出的显性知识（explicit knowledge）和隐性知识（tacit knowledge）两大类别。

一般认为，显性知识是可以形式化、制度化和用语言传递的知识，具有规范化、系统化的特点，易于沟通和分享。如果组织内部已经有了相对成熟、完备、经过检验有效的文档，有很多专家，而且专家可以清楚地向非专家讲述这些知识，在这种情况下，知识较容易整理，有助于提高效率。

相反，隐性知识是那些表现形式不是很清楚而且没有明确记录的知识，常以专业技能的形式存在于个人行为中，如那些非正式的难以掌握的诀窍、技能、个人独特的技术和技巧，以及个人的某些思维方式等。

隐性知识是高度个性化的知识，具有难以规范化的特点，不易传递给他人，但它是处理关键事务中最有价值的知识，与核心能力相关。隐性知识难以观察、表达和传播，它的共享方式是不固定的。员工之间牢固的信任关系可以帮助他们交流工作、个人甚至隐蔽的信息，从而促进隐性知识共享。

当然，还有一些学者认为，隐性知识也分为非正式和难以明确的技能或手艺（常被称为诀窍，“know-how”），以及更为内隐的，涉及信念、价值观及心智模式等“认知”层面，“只可意会不可言传”的意会知识（野中郁次郎，2005）。

因此，如果知识是零散的，没有文档、资料，也没有全面了解情况的专家，或者即使有，这些专家也没有时间或意愿来分享这些知识，或者将其表述出来非常困难，在这种情况下，知识萃取难度很大。有时候，有些专家有很多年的经验、训练，做起某件事情来已经非常熟练了，几乎可以不经思考，例如开车、游泳。要想将这类知识萃取出来，也并非易事。

2. 分布格局：个人知识与团队知识、组织知识

在任何一个时刻，组织中的知识都可能分布于不同的范围。例如，有的完全隐藏于员工个人的头脑中，有的为团队共享，有的是组织乃至行业都掌握的。这也被称为知识的存在论。

虽然从严格意义上讲，只有个体才能创造知识，但组织是由个体

组成的，每个个体都是能动的主体，因而，知识既是一个个人现象，也是一种社会存在。除了从认识论的角度讨论其存在形态之外，还可以从知识的扩散度方面对其加以区分。也就是说，知识既存在于个体的头脑之中，又为团队所共有，甚至放在公司的知识库系统中，变成了组织运作的规范、制度与流程，存在于人际之中，虽受个体成员的影响，却不完全依赖于某个成员。

从实操的角度看，如果某一些“知识”只有一个人知道，他不告诉别人，别人也无从观察或接触到，这样的知识就属于个人知识；如果一些知识在团队层面上进行分享，或者可以让团队成员接触到，但是分享或接触的范围仅限于团队，它们就可以被界定为团队知识；如果一些知识可以被全体组织成员接触或访问、使用，比如写成了一份文档，放入公司的知识库，或开发成了课程，变成了组织的制度、流程或规范，或者被设计成了一些专用设备或工具，那么，这些知识就可被称为组织知识。

此外，知识分布也可从空间维度进行梳理。例如，“持有”特定知识的个体或团体是位于组织边界内部，还是外部，这决定了某个组织获取知识的途径。

将这两个维度组合起来，我们可以盘点知识的分布状态，如表2-1所示。

表2-1 知识分布盘点表

	内部	外部
个体	个人总结 个体经验（隐性知识）	外部专家、顾问 其他外部人员
团体	团队协同工作文档共享 团队的规则、经验与“诀窍” 团队工作流程、制度与规范	其他团体的“诀窍” 其他团体的经验与规则
组织	知识库系统（显性知识） 约定俗成的经验或规则 公司流程、制度与规范	其他组织的知识 社会的经验与规则

3. 提纯度：三度金®

除了上述两个维度之外，任何一种知识都有不同的提纯度，也就是被提炼、加工的精度，或与实践操作的契合度（或紧密相关程度）。例如，根据“智慧漏斗”模型，广义的知识包含数据、信息、狭义的知识与智慧等形态，会经历不同的思维活动处理。在我看来，这可以被称为“提纯度”，也就是说，其被思维加工、提炼或抽象的程度不同。

一般说来，在企业中，知识依其提纯精度不同，可以被概括为三个层次。以黄金的提纯度来打比方，我将其称为知识的“三度金®”模型（参见图 2-6）。

这三个层次依次是：

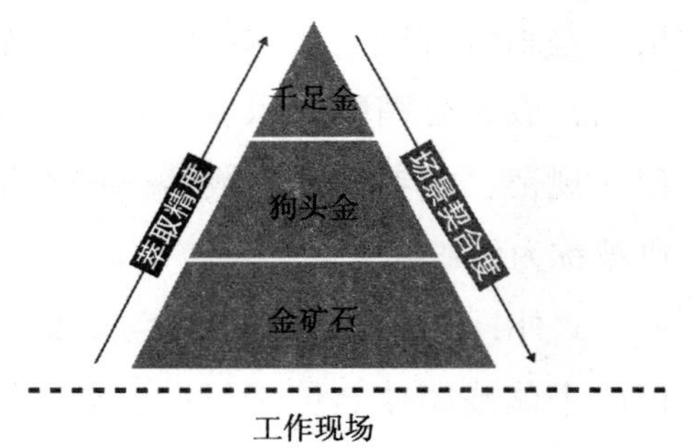

图 2-6　知识的“三度金®”模型

（1）金矿石——原始级知识

这是一些较初级的知识，如一些具体事件的记录（案例）、原始工作文档，或员工自发提交的总结性文档或个性化的思考等，其中可能包含着一些经验，但这些经验并未被明示出来，而是包含或体现在具体的事件或活动、工作之中，就像包含黄金成分的金矿石一样。这些资料、文档可以作为进一步加工、提炼最佳实践经验或标准打法的素材。事实上，材料分析法与业务专家访谈也是知识萃取的常用方法。如果能够找到一份有价值的工作文档或一位真正懂行的业务专家，对于知识萃取来讲是特别有帮助的。

在企业中，这一类的知识数量众多，分布较为分散，有些是员工头脑中的记忆，有些则可能以文件、记录等形式，存储在许多公司内部建立起来的档案库，或知识库、文档或内容管理系统中。

需要注意的是，相对于上述显性知识，大量原始级知识蕴藏于员工的头脑中，这也是组织的“金矿石”。这体现在许多业务专家的分享、日常交流与工作之中。

（2）狗头金——初加工级知识

将若干相关的原始素材进行加工、提炼，将其中蕴含的值得推广或坚持的做法、不奏效的要点整理出来，就像从金矿石中淘洗、冶炼出来具有一定纯度的“狗头金”一样，形成一些提示、参考、流程、教程或最佳实践（best practice），也就是为完成某项工作或解决某个问题、应对某项挑战，通常能取得良好效果的做法及其相关联的信息（如某种技术、方法、工具、设备、过程、活动步骤或机制等）。

这个层次的知识来源于具体的事件或工作，但并不是某个具体事件的记录，而是某一类工作或事件的应对方法；同时，它们也并非高度抽象的原理或原则，只是适用于某些场景或某类情况。

（3）千足金——精加工级知识

如果将“狗头金”进一步提炼、“精加工”，也就是说，分析其背后的原理或精髓，总结出具有较广适用性，能够经得起推敲和较多实践应用检验的规则、做法或工具，并经过了“教学设计”（即考虑了人们如何学习这些知识或技能），就可以让人们更方便地学习或使用。这是经过提炼的知识，如同“千足金”，被广泛学习和传授，如一些经典的原理、方法，它们可能以书籍、培训、教练、指导等形式存在并传播。

在课程开发实践中，内训师基于萃取的知识，面向目标对象，设计相应的教学过程，将其开发成业务课程或主题微分享，都可视为从“狗头金”到“千足金”努力的体现。

需要说明的是，并不是所有知识都需要提炼成为“千足金”。事实上，随着知识提炼纯度的提高，其与实际应用场景的距离越来越远（与场景的契合度越来越低）。这类知识在应用时，人们需要学习、理解，并将其与实际场景相联系，进行必要的拓展或演绎（学习转化）。就像被干燥、压缩过的汤料包一样，需要放入沸水中稀释、还原。从某种程度上讲，这样可能还不如一些“狗头金”更有针对性，更加“原汁原味”、栩栩如生，更加便于使用。

知识运营的循环：知识转换与管理

不仅组织中的知识分布与存在状态异常复杂（其也总是处于动态变化之中），各种状态与分布的知识也存在着相互转化与变换的可能。

1. SECI 模型

日本学者野中郁次郎、竹内弘高认为，新知识是通过隐性知识和显性知识之间的相互作用创造出来的。从知识的认识论和存在论两个维度看，知识的转换（knowledge conversion）共有四种模式——这就是著名的“SECI 模型”（参见表 2-2）。[⊖]

表 2-2 知识转换的 SECI 模型（Nonaka，2006）

从……到……	隐性知识	显性知识
隐性知识	社会化 socialization	外显化 externalization
显性知识	内隐化 internalization	组合化 combination

所谓 SECI 模型，指的是根据要转换的知识从转换前的状态（是隐性知识，还是显性知识）到转换后的状态（是隐性知识，还是显性知识），共有四种策略。

⊖ 野中郁次郎，竹内弘高．创造知识的企业 [M]. 李萌，高飞，译．北京：知识产权出版社，2006.

（1）**“社会化”**（socialization）：**从隐性知识到隐性知识**

如果希望把一个人头脑中蕴含的隐性知识转换成另一个（或一些）人理解并掌握的隐性知识，那就要在一个社会化场景（或环境）之中，为参与知识转换的双方创造共同的经历或体验，建立信任、促进交流，例如观察、模仿、练习、师徒指导等，通过耳濡目染、言传身教，历经时日，才能实现。这种模式或策略被称为社会化（也被译为共同化）。

（2）**“外显化”**（externalization）：**从隐性知识到显性知识**

如果想把隐性知识转换为显性知识，就可以采用所谓“外显化”（也被译为“表出化”）的策略，即持有隐性知识的个体，以文字、动作、图像 / 影像、比喻、类比或模型、概念、故事等方式，将隐性知识表述出来，使其转化为可以被编码、传播的显性知识。一般地，人们所说的狭义的“知识萃取”往往指的就是这一过程。

但是，需要注意的是，由于隐性知识的本质特性，有些隐性知识难以被表述出来，即便做了萃取的努力，以语言和文字、比喻等形式表述出来的也有可能“词不达意”或不精准、有差异或歧义。学习者的主动参与、积极实践，以及相关个体之间的对话，对于有效的知识转换往往也是必不可少的。

（3）**“组合化”**（combination）：**从显性知识到显性知识**

如果要将显性知识转换为另外的显性知识，可以采取“组合化”（也被译为“联结化”）的模式，也就是说，将各种被明确表述出来的显性知识加以组合、传播或联结，使其可以被访问、加工与整理。在当今时代，信息无所不在，传播效率很高，任何人，在世界的任何一个角落，几乎都可以借助智能手机或其他联网设备，获取各种文件，参加各种会议或在线学习项目，个人也会主动地对这些显性知识加以比较、分析、组合或重构，从而产生新的理解与表述。这也是知识萃取的主要形式之一，包括材料分析、内容策展、专家访谈、团队共创等，都是主要或部分地基于这一模式。

（4）“内隐化”（internalization）：从显性知识到隐性知识

将显性知识转换为隐性知识的过程被称为“内隐化”（也被译为“内在化”）。例如，要想将以文字、图表等形式表述的显性知识，如标准操作手册、最佳实践案例等，内化为员工真正理解并践行的隐性知识，这个过程离不开个体的主动参与，包括大量的行动、反思。

按照野中郁次郎的说法，组织的知识创造是一个“隐性知识与显性知识持续相互作用的动态过程”，需要创造成员之间共同体验、分享与交流、互动的“场”，鼓励有意义的对话或集体反思，并促进现有知识的相互连接以及“做中学”。因此，上述四种策略既是知识共享的模式，也是知识创造的机制，对于知识萃取而言，有重要的参考与启示价值。

2. 知识管理

谈到知识转换，不得不提“知识管理”（knowledge management）。

尽管知识管理的实践源远流长（有学者认为，知识管理几乎像人类历史一样悠久，从早期人类传承钻木取火的经验，围绕篝火交流狩猎信息或心得，到作坊中的手工艺人以“师徒制”的方式来习得或传承相关技能，都是知识管理的实践），但是，学者们一般公认，知识管理作为一个专业名词或研究学科，是在20世纪90年代末期才出现的，之后逐渐受到研究者和企业家的重视，成长迅猛。

截至目前，知识管理无论是作为一个学科，还是一项企业管理实践，都已经取得丰硕的成果，无论是深度，还是广度，都蔚为大观。限于篇幅，本书无意对知识管理展开论述，但从知识炼金术的角度看，需要理解和掌握的知识管理话题包括但不限于：

- 知识的定义与构成——什么是知识？知识由哪些东西构成？
- 知识盘点、评估与规划——从业务运作和战略发展的角度看，组织（包括员工和业务部门）需要哪些知识？组织知识目前的掌握度、分布状况、存在形态如何？需要学习、掌握哪些知识？应该采用什么样的策略去获取这些知识？相应的行动计划与组织部署如何？组织在知识管理方面采取的干预措施，成效如何？
- 知识创造——知识从哪里来？个人与组织如何创造出新的知识？如何实现组织知识的增值或拓展？
- 知识共享与传播、应用——如何让组织成员在需要时以适宜的方式获得其所需的知识？如何促进知识的共享与重用？
- 与知识管理相关的文化、制度及要素——妨碍人们获取与共享知识的因素有哪些？组织如何建立适宜的文化氛围与政策、机制等，以促进知识创造与分享？
- 知识治理：组织成员及部门对知识管理负有哪些职责？它们如何分工与协作？各级领导如何更好地发挥对知识管理的影响力？
- 技术应用：从早期的文档管理、信息管理，到 Web2.0、数据仓库、文本分析、网络分析，乃至现在方兴未艾的知识建模、知识图谱、大数据、人工智能等，都一直是知识管理研究与实践的热点话题。

PART 2 | 第二篇

组 织 篇

第3章 企业知识萃取与运营方法论

CHAPTER3

在电视剧《我的兄弟叫顺溜》中，王宝强扮演的顺溜自幼随父亲狩猎，练成了神枪手，他却认为自己之所以有这样的好枪法是天生的，训练不出来。在其中一个桥段中，营长让他给战友们讲讲“为什么枪打得那么准”，顺溜憨憨地说：“我没什么经验，就是瞄准，开枪就行了。”营长又耐心地进行引导，问他开枪的时机、怎么瞄准等，他都答非所问。对了，后来，他补充了一句：“我的枪法就是通过每天晚上瞄蚊子练出来的。”

如这个案例所示，在企业中，类似顺溜这样绩效优异的业务专家并不在少数，他们经过反复练习掌握了某项技能或“摸到了门道”，却不能很清楚地把其中的“诀窍”萃取、表达出来，结果只能是自己会、教不了别人。

相反，如果能够把射击的诀窍萃取出来，经过训练，每个战士的射击成绩都可以得到提高。果然，后来，文书翰林分析出了射击的操作要领，并将其总结成了一个口诀：“鬼子上山，瞄他的头；鬼子下山，瞄他的脚……”这口诀易学易记，通过让更多战士诵读、记忆，大家把握住了关键，提高了射击本领。

这就是知识萃取的力量。

那么，到底如何进行知识萃取呢？

解构知识萃取的要素

“萃取”作为一个化学术语，指的是“在混合物中加入某种溶剂，利用混合物的各种成分在该溶剂中溶解度不同而将它们分离”[⊖]。相应地，知识萃取是借鉴化学物质萃取、提炼，或“炼丹”、冶炼、铸造等隐喻，采用科学的方法与工具，经过一个系统化的流程，将隐藏在员工头脑与工作实践中的“知识”提炼成结构化或标准化的知识成果，从而可以供团队或组织成员共同使用。

1. 铸剑的启示

为了了解知识萃取的精髓，我们选取了《荀子》中关于铸剑的一段精练的论述，以此提炼出知识萃取所需的核心要素：

“刑范正，金锡美；工冶巧，火齐得，剖刑而莫邪已。”(《荀子·强国篇》)

翻译成现代白话文，就是说：如果模具端正、铜和锡的质量好，冶炼工匠技艺高超，火候得当，配料齐备，那么，打开模具，就能铸造出莫邪宝剑的毛坯。

荀子在这里说的是铸剑的过程，其核心要素包括四个方面。

- 模具：你希望铸造出来的宝剑是什么形状、模样？这是目标，要明确、清晰。

⊖ 中国社会科学院语言研究所词典编辑室．现代汉语词典（修订本）．北京：商务印书馆，1996.

- 材料（原料与配料）：俗话说，“巧妇难为无米之炊”，如果没有高质量的铜和锡，以及齐备的配料，根本不可能铸造出宝剑。
- 工匠：要铸造宝剑，离不开技艺高超的工匠，他们掌握配方、工艺，知道各种材料的配比和投放顺序，也熟悉并能调节“火候”，这是铸造出宝剑最关键的因素之一。只有真正优秀、技艺高超的工匠，在其他条件都合适的情况下，才能铸造出宝剑。
- 火候：铸造是一个连续而微妙的过程，需要在一定熔炉中，精心调配温度、湿度等条件，以确保各种材料发生高质量的物理、化学反应。

2. 知识萃取的五味要素

以此类比，根据我的体会，要想从日常实践工作中萃取出知识，必须具备的条件包括五个方面。

（1）目标、模板与方法

明确需要萃取哪些知识（what），最好能有范例、模板与操作方法，如同“刑范”。

（2）人与资料

如第 2 章所述，知识有不同的存在状态，其中，人是知识的主动建构者和“宿主”，人的头脑中蕴含着大量的隐性知识；同时，有些知识也被“编码”，写成了经验总结、标准操作规范，或被开发成了课程或音视频资料等。这些是知识萃取必需的“原材料”，如果没有合适的人参与，几乎不可能凭空创造出高质量的知识，就像没有高质量的原材料无法铸出宝剑一样。为此，要找到掌握或能创造出所需知识的人或资源（who）。

（3）知识炼金士

就像冶炼工匠，知识炼金士作为引导师，设计并引导知识萃取的过程，塑造并调节“场域”氛围。

（4）萃取过程

需要设计并引导一个知识研讨的过程（how），让持有知识的参与者进行分享、研讨，从而产生出所需的知识。

（5）容器或环境（when & where）

任何知识萃取都发生在特定的“场域”之中，包括特定的时间、空间、人员之间的关系以及氛围，“场域”的质量也会直接影响知识研讨的过程，如同铸造宝剑时熔炉的“火候”会影响铜和锡等材料的化学反应一样。

因此，知识萃取是一项系统工程，也是一个社会化的知识建构过程，需要人的主动参与，其中包含高度复杂而微妙的思维活动，也离不开适宜的氛围和过程的干预（或引导），既是科学，也是艺术。

PDA：知识萃取与运营“三部曲”

基于我的实践，我认为，知识萃取与运营包括三个阶段，分别是准备（preparation）、开发（development）、应用（application），简称 PDA 模型（参见图 3-1）。

正如《礼记 · 中庸》所云：“凡事预则立，不预则废。”任何事情要想成功，都离不开精心的计划与准备。所以，知识萃取的第一阶段是精心准备，主要包括下列几项工作：

- 明确知识萃取的范围。

- 定义知识萃取的目标与预期产出。
- 选择匹配的知识萃取方法及人员。
- 制订知识萃取的计划，并正式启动项目。

准备（preparation）	开发（development）	应用（application）
• 明确知识萃取的范围 • 定义知识萃取的目标与预期产出 • 选择匹配的知识萃取方法及人员 • 制订知识萃取的计划，并正式启动项目	• 基于选定的萃取方法，规划相应的工作内容 • 多方位收集信息 • 综合、分析、提炼 • 快速开发原型，制订验证计划，并对其进行验证与优化	• 基于预期产出及应用场景，进行知识成果的封装、打样，输出合适的成果 • 多渠道发布并立体地推广 • 对知识萃取项目的效果进行跟踪、评估 • 基于评估和业务发展，提出下一步行动建议

图 3-1　知识萃取的 PDA 模型

若准备阶段的各项工作执行到位，明确了要炼出什么金子，哪儿有金矿石，用什么方法，需要哪些人分别做什么事，要用到哪些设备、设施与资源，如何组织，大致进度如何等，可谓“万事俱备，只欠东风”。

之后的第二阶段是精致开发，也就是按照事先的筹划，把相关的各项工作推进到位，把金子炼出来。这是知识萃取项目的主体过程，主要工作包括：

- 基于选定的萃取方法，规划相应的工作内容。
- 多方位收集信息。
- 综合、分析、提炼。
- 快速开发原型，制订验证计划，并对其进行验证与优化。

在开发完成之后，要进行知识成果的立体应用，确保萃取到的知识可以真正产生价值，这是知识萃取项目的第三阶段。主要工作包括：

- 基于预期产出及应用场景，进行知识成果的封装、打样，输出合适的成果。
- 多渠道发布并立体地推广。

- 对知识萃取项目的效果进行跟踪、评估。
- 基于评估和业务发展，提出下一步行动建议。

下面，详述各个阶段及其主要工作。

精心准备

虽然很多公司和管理者之前或多或少都做过一些类似的知识萃取工作，但有意识地以规范的方式加速这一进程，对于各级管理者或“知识炼金士”来说，都还比较陌生。因此，认真地进行准备，就显得更加重要而迫切。

按照我们的经验，准备阶段的主要工作包括四项。

1. 明确知识萃取的范围

《庄子·内篇·养生主第三》云：“吾生也有涯，而知也无涯。以有涯随无涯，殆已。”意思是说，我们每个人的生命与精力都是有限的，而知识是无限的，因此，如果你没有明确的目标，不设定自己要学习的知识范围，那就像在浩瀚无垠的知识海洋中漫无目的地游泳一样，会累死。

同样，企业内外部的知识也是“无涯”的，在开始知识萃取之前，明确知识萃取的范围与目标，搞清楚你想萃取哪些范围、什么方面的知识，是至关重要的。因为知识萃取是一个很庞大的系统工程，组织中每个员工头脑中都蕴含着大量的知识，而且在持续、快速地变化之中，理论上，你几乎不可能把所有知识都萃取出来，事实上也没有这个必要，而且这样做也不经济。为此，你需要明确知识萃取的范围。

那么，怎么设定知识萃取的范围呢？

（1）确定知识萃取范围的指导原则

需要指出的是，知识萃取并不轻松，要想萃取出真正高价值的知识，需要具备真功夫，并付出巨大的心力。

基于个人的实践经验，我认为，设定知识萃取的范围，可以参考以下三项原则（参见图 3-2）。

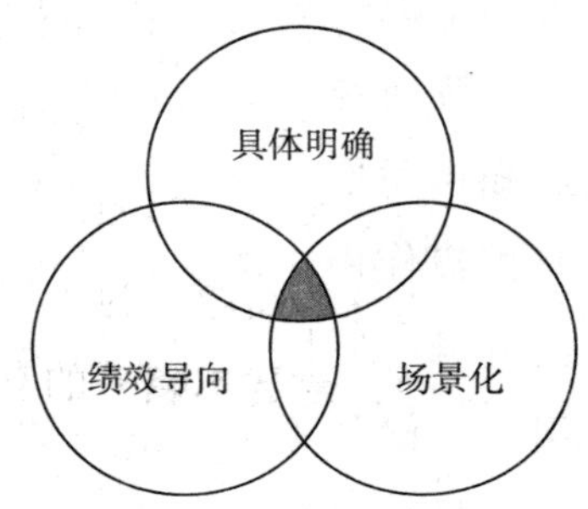

图 3-2　设定知识萃取范围的三项原则

1）具体明确

知识萃取的目标越具体、明确，其范围越好控制，也越容易选择参与的人员与适用的萃取方法，从而获得高质量的成果。相反，如果知识萃取的目标范围很大，比较模糊、笼统，要么让人无从下手，要么只能泛泛而谈。

同时，知识萃取也可以被视为一个项目。任何项目都要平衡时间、资源投入以及产出物的质量与数量。如果你的项目范围很大，有两种可能：要么在有限资源投入的条件下，做得比较粗略，让大家觉得没有什么用，或者产生不过如此的感觉；要么资源投入巨大，时间拉得很长，让各方疲劳不堪，影响对项目的评价。

因此，一开始知识萃取范围要小，最好比较明确具体，这样可以做得更细致一些，从而见到效果。例如，可以先选择某一个具体的业务流程，或者一个小的知识领域（如某一个场景或问题）。

一些研究结论也支持这一做法。例如，詹姆斯 · 马奇在《经验的疆界》一书中认为，在一些可以反复练习形成专门能力、相对独立、狭小的领域，经验是重要的智慧源泉。但是，在因果关系复杂、练习机会较少的领域，经验并不是可靠的好老师。

2）绩效导向

就像业界流行的一句俗话说的那样：任何不以绩效改善为导向的学

习发展项目，都是“耍流氓”。知识萃取也要与工作/绩效相关，找出并帮助解决影响工作绩效最突出的问题，无疑会获得业务部门的支持，有利于提高知识萃取项目的成功率。

特别是对于业务改善有关键制约作用的明显“短板”，如果能够通过知识萃取，找到快速提升的“诀窍”，对于展现知识萃取项目成果，有积极作用。例如，某电信公司一段时间内出现了用户销号、加速流失的棘手问题。为了解决这一问题，他们通过知识萃取，找到了挽留用户，使其不销号的有效话术，并制作成微课，快速推送给营业厅服务专员。这在一定程度上降低了月度销号总量，遏制住了用户流失的不利局面。

3）场景化

如上所述，知识是离不开场景的，越鲜活、接地气的知识，越能快速转化。因此，萃取的知识最好与目标岗位/人群的应用场景紧密相关，这样能解决某类人特定的业务需求。

要萃取的知识场景化越明确，就越容易选择需要访谈的业务专家，找到相应的资源，萃取出的知识成果也越可能包含活生生的具体“干货”内容，而不是空泛的理论或说教。

此外，知识萃取场景化，也可以更好地应用、产出实效。因此，萃取知识应选择常见的业务问题，找到业务运营中的重点、热点或难点、易错点。

（2）确定知识萃取范围的步骤

基于以上原则，确定知识萃取范围的步骤如下。

1）聚焦业务难题

实践经验表明，聚焦于业务难题是知识萃取项目快速见效的重要条件。

常见的做法包括：

- 聚焦于某个岗位或某类人员，找出对他们绩效影响大、发生频率高、掌握难度大的典型场景或任务。
- 从业务目标或最终交付结果出发，推导出关键任务或场景。
- 采用绩效改进（HPI）技术，分析绩效差距的原因，包括人（worker）、工作流（work flow）和工作环境（workplace）方面的因素。对于人的因素，除了态度之外，知识、技能方面的差距均可以通过知识萃取来调整；对于工作流方面的因素，也适合通过知识萃取来修补短板、优化流程、形成规范，从而促进绩效提升。

2）梳理相关工作流程，并进行任务分析（RTA）

在确定了业务难题之后，如果业务难题较为明确，“颗粒度”较小，本身即可作为知识萃取的主题。如果业务难题涵盖较多的工作流程，或比较复杂，则需要界定与其相关的工作流程，并对其进行分解，细化为较小的“组块”。在这方面，可以参考的做法是项目管理与流程管理中经常使用到的“工作分解结构”（work breakdown structure，WBS，参见附录 B）。

之后，运用课程开发与绩效支持系统设计中常用的“快速任务分析”（rapid task analysis，RTA，参见附录 B）法，对其进行分析，确定每一项任务的重点、难点。按照莫舍和康莱德（Mosher & Concrad，2012）的说法，快速任务分析可以实现下列三项基本目标：①确定具体的工作任务；②识别相关的知识；③将工作任务与相关知识按照业务流程组织起来。因此，对于知识萃取来说，RTA 也是有价值的。

当然，在这一步中，不必详细阐述相关的知识内容，列出完成这些工作任务或解决与此相关的核心问题、关键挑战所需的知识清单即可。这些都可作为后续萃取的工作任务。

3）汇总、评估，确定知识萃取范围

对于每一项任务，明确操作前提条件（在什么情况下才能操作或不能操作)，各项输入（信息、原材料、设备等)、输出（交付成果及验收标准)，明确可能遇到的常见变化，以及重点环节（不可逆的)、难点（任务复杂、烦琐，一般人不易掌握，或需要特别的技能 / 训练)。以上都是值得萃取的知识。

在此基础上，可以通过不同的方式，对其进行评估，识别出适合提炼的主题。

例如，可以从公司需求的迫切性和知识的独特性两个维度进行评价，得出如图 3-3 所示的矩阵。

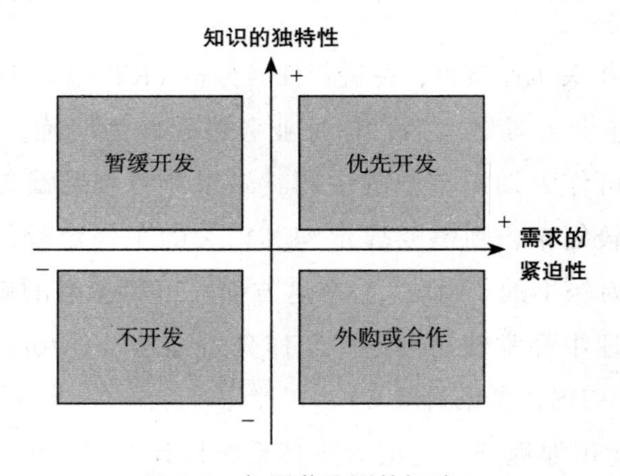

图 3-3 知识萃取评估矩阵 1

如图 3-3 所示，对于公司需求迫切且独特性强的知识（价值高，而且没有办法从外部获得)，应该优先开发；对于需求迫切，但没有太多独特性的知识，可以考虑通过外购的方式引进，或以合作的方式来开发；对于那些公司独有但需求并不迫切的知识，可以暂缓开发，在有余力时再进行开发；对于既不迫切也不独特的知识，并没有太大的开发价值，应勇敢地舍弃。

除了上述两个评价指标之外，还可以从开发难度以及价值高低两个维度，对拟开发的主题进行评估。所谓开发难度，可能与下列因素有关：①拟开发的知识是否复杂、微妙、难以掌握或描述？②公司内部有无掌握此项知识的业务专家？他们的能力如何？③公司内部是否有具备相关经验的知识炼金士？所谓价值，主要看拟开发的知识对业务的重要性及可能产生的影响，即如果具备了这项知识，它能带来哪些影响，能创造多大的价值。结合你所在公司或部门的实际情况，可以将评估结果放到如图 3-4 所示的矩阵中去。

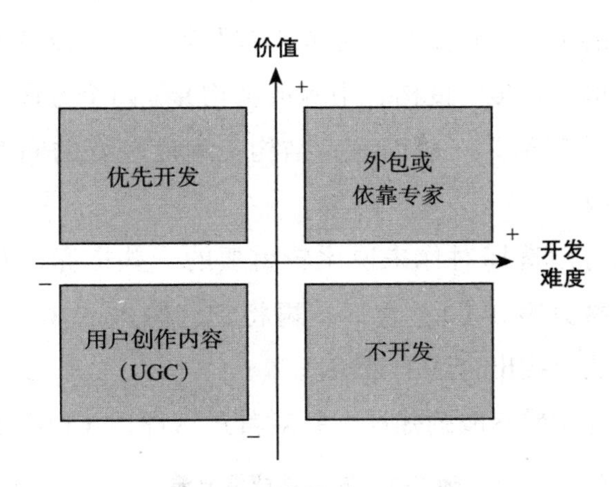

图 3-4　知识萃取评估矩阵 2

如图 3-4 所示，对于那些开发难度低但价值很高的主题，应该优先开发，可以快速见效，投资回报率高。对于开发难度高，而价值也很高的主题，也可以考虑，但鉴于开发难度高，应该“把好钢用到刀刃上”，建议采用外包或依靠专家的策略。一则可以提高成功率，避免自己陷入“花了很多时间却收效甚微”的窘境；二则也是公司学习知识萃取方法、锻炼队伍、树立标杆的机会。对于萃取难度低而价值也不高的主题，建议采用用户创作内容（UGC）的策略，让用户参与进来，知识炼金士通过提供一些基本的帮助或支持，就可以快速产生大量的内容。虽然通过 UGC 模式开发的内容，可能存在质量参差不齐的状况，但因为这些内容萃取难度并不高，而且价值也不高，所以，这种策略还是可以接受的。对于那些萃取难度高，同时价值却不高的主题，可以暂不考虑。

此外，还有其他一些实践者提出了不同的评价方式，如孙波（2016）认为，可以从内部专家数量、技能独特性两个维度，确定哪些主题内容适合进行最佳实践萃取。对于内部优秀专家多、技能独特性强的主题，由于其他公司没有相关技能，内部专家又多，具备相关的知识萃取条件，可以作为重点，优先开发。李文德（2016）认为，可以从任务主题的类型（操作、人际或思维及其组合）以及问题本身的清晰、明确或结构化程度（良构、中等或劣构）等两个方面，对拟萃取的知识进行分类、评估。一般而言，结构化程度较好的问题或操作型任务，较容易萃取。

总之，你可以选择对你来说比较重要的一些指标，对拟开发的主题进行评分（参见表 3-1）；之后，再将它们填入图 3-3 或图 3-4 之类的矩阵之中，从而找出合适的策略。

练习：确定你想萃取的知识，并对其进行评估（利用表 3-1）。

表 3-1 知识萃取评分表

萃取主题	价值	需求迫切性	技能独特性	开发难度	内部专家数量

2. 定义知识萃取的目标与预期产出

在确定了知识萃取范围之后，要进一步明确项目的目标，也就是具体达到哪些预期结果。从实际运作的角度看，除了要界定预计产出的知识成果（具体交付形态），通常还要界定相应的知识转化服务，例如，产出几门课程、几本教材、几本学员手册或操作指南，培训多少内训师或销售代表等。有时候，也会以定量的方式定义出实现的改善，或解决什么问题等。

知识萃取项目包括多种类型的产出，包括编写案例报告、开发知识文档、标准操作程序、工作辅助工具、微课；在此基础上，可进一步开发在线学习模块、培训课程，举办知识分享活动，实施在岗训练计划，优化或再造业务流程，以及部署绩效支持系统等。

预期成果不同，所需具备的能力、投入的精力也有很大差异。例如，孙波（2017）认为，萃取出来的最佳实践传播形式包括五种：岗位操作流程与宝典、培训课程、岗位辅导材料、工作辅助工具、案例。庞涛（2017）认为，最佳实践萃取的产出是多样的，按照产出要求从高到低依次为：业务精品课程、操作手册、微课、案例和绩效支持工具（如话术、学习参考资料）。⊖

按照本书第 2 章中提出的知识“三度金®”模型，精品课程或设计精美的在线学习模块是“千足金”，要达到这样的产出，不仅需要萃取出真正有价值、可落地的“干货”内容，还要进行教学设计，促进学习转化，难度的确很高，所需投入的资源也很多。

相对而言，岗位操作流程 / 手册、微课或短平快的在线学习课程、工作辅助工具是“狗头金”，不一定具备精心设计的教学体验，但是有很强的针对性，贴近场景，也有一定的适用性（也就是说，不能只是某个特定场景中的特例），开发难度适中。

案例报告、知识文档则属于“金矿石”，只要确保事实内容阐述完整、准确、便于使用就可以了，不必考虑其是否也适用于其他场景。相应地，此类知识成果开发难度较低，速度更快。

其他产出成果，如部署绩效支持系统、改造或优化业务流程、知识分享活动、在岗训练计划，是基于萃取的知识产品的应用，参照“三度金®”模型，知识分享活动与在线训练计划比较容易组织，属于“狗

⊖ 庞涛. 引导最佳实践萃取工作坊的 4P 实操要点 [EB/OL].https://mp.weixin.qq.com/s/RmgWA8KSkrpzpCM46Iid2Q.

头金”；改造或优化业务流程、部署绩效支持系统，无论是所需的管理支持、资源投入，还是实施难度与周期都比较大，如果实施到位的话，可以划归“千足金”的范畴。

3. 选择匹配的知识萃取方法及人员

“炼金”离不开原料，萃取知识也需要选择知识的载体或“宿主”——谁拥有或知晓所需的知识（内部还是外部）？这些知识处于何种状态（是显性知识，还是隐性知识）？依据知识或知识宿主的不同状况，选择不同的萃取方法。

南希·迪克逊（Dixon，2016）等认为，影响知识收割的因素有10项：①知识对组织的重要性；②知识的属性（独特性、显性还是隐性）；③是否需要马上转移；④知识主题的复杂性；⑤组织层级与政治；⑥知识接受者的差异；⑦团队分散程度；⑧团队规模；⑨引导类型；⑩是否需要外部观点或验证。⊖

根据我的实践经验，我认为，选择知识萃取方法，主要需要考虑知识的可得性、知识属性（显性知识或隐性知识）以及分布状态（内部还是外部）。

（1）知识萃取之“降龙十八掌”

具体而言，依据不同的知识状态，知识萃取面临的挑战有如下13种情况，相应的方法共18种。

1）如果公司内部存在你希望获取的显性知识，也就是说，在公司知识库或档案室里，已经存在整理好的文档或规范，那么，你可以利用“**知识图谱**”（knowledge graph，参见附录B）【方法1】或“**内容**

⊖ https://www.slideshare.net/KMChicago/km-chicago-knowledge-harvesting.

策展”（content curation，参见第 7 章）【方法 2】技术，对相关的资料进行比较、分析，对其进行二次加工，或从中发现新的知识。

2）如果公司内部不存在规范的显性知识，但是公司外部（如同行或协会、第三方咨询或服务机构、研究机构或其他社会组织等）已经开发出了相应的显性知识产品，且无须培训，则可以通过**外部采购**【方法 3】，获取这些知识，经过内部的消化、吸收，根据本公司的实际情况加以裁剪、应用。

3）若外部有相应的知识产品，但需要公司派出人员进行培训、学习，则可派出业务专家参加**外部培训**【方法 4】，学习之后进行转化，将所学应用于实际工作。在此基础上，可综合采用其他方法，进行“内化”或进一步萃取、加工。

4）如果公司内部和外部都不存在显性知识，可以进一步看公司内部能否找到相关的业务专家。如果公司内部有业务专家，而且业务专家具备知识萃取能力且可以自主、全力参与，则可以他们为主，进行**经验萃取与课程开发**【方法 5】。

从实操的角度看，近年来，随着复盘、经验萃取、案例开发、课程开发（内训师培训）或微课设计与开发等技术日益普及，越来越多的内训师、业务专家或培训经理具备了部分知识萃取的能力，可以随时随地进行知识萃取与运营工作。当然，其效果也取决于组织内部很多因素与条件，例如领导重视、企业文化、激励机制与全方位的支持等（参见第 8 章）。

5）若公司内部有具备知识萃取能力的业务专家，但无法深度参与或主导知识萃取项目，则可让其进行**复盘**【方法 6】，在此基础上，进行知识梳理，在内部进行**知识分享**【方法 7】，或者将其开发成**微课**【方法 8】、**撰写案例**【方法 9】，或**整理标准操作程序**（SOP）【方法 10】。

例如，在京东，京东大学会定期召集一些业务专家，采用类似

TED 演讲式的内部分享模式（他们称之为 JDTalk），让业务专家分享某一个方面的经验，现场录制下来或直播出去，形成公司的知识视频片段。如果有整体的策划，坚持一段时间，就可以形成一个知识领域内体系化的微内容，是简单易行的知识萃取方法。

同样，近年来，很多企业，如联想、万达、伊利、华为等，导入了复盘这样一种从经验中学习的方法论，简单易行，各级管理者或业务骨干都可以掌握复盘的操作，在自己的实际工作中随时随地进行复盘，从中提取经验教训、沉淀形成标准操作程序，并在内部进行分享，或进一步开发成微课。

事实上，复盘是业务专家个人进行知识萃取、微课开发、案例撰写以及团队共创的主要方法，也是知识炼金士进行业务专家案例访谈的主要参考框架。因此，虽然我们在这里把复盘作为一种知识萃取方法，但从本质上看，它是知识萃取的“底层技术”，广泛应用于多种方法之中。

需要提醒的是，通过复盘萃取到的知识质量可能参差不齐。换言之，通过一次复盘，如果各方面条件不到位，也可能萃取不出有价值的知识。实践经验表明，一个合格的复盘引导师有助于提升团队复盘的效果（邱昭良，2015）。因此，如果条件允许，在组织内部培养一批合格的复盘引导师，有助于提高复盘和知识萃取的质量；同时，把有相同或相似项目经验的人集中起来，在他们分别进行复盘的基础上，召开“复盘分享与知识萃取研讨专班”（参见第 5 章），是将复盘与团队共创相结合的知识萃取方法。

6）如果公司内部业务专家不具备知识萃取能力，但公司决定培养他们，使其掌握知识萃取能力，从而形成公司内部主导的知识萃取与运营能力，则可以**对 SME 进行赋能**【方法 11】，使其学会知识萃取相关的技术，如复盘、微课 / 课程设计与开发、案例开发等，成为企业内部兼职或专职的“知识炼金士”之后再以其为主进行知识萃取。

例如，在华润、国网电力、山西省儿童医院等，选拔了一批业务骨干，对其进行微课设计与开发培训赋能，部分学员获得了“企业微课开发导师”认证，在企业内部可以带领、指导业务专家进行微课开发。在数月时间内，他们开发了上千门高质量的场景化微课（或微内容），效果显著。

当然，这种方法投入小，但知识萃取的质量可能不如专业机构或知识炼金士主导的知识萃取项目高。所以，若公司预算充足或充分重视、想确保效果，也可以聘请知识炼金士或外部机构，启动**知识萃取项目**【方法 14】，从中提炼经验。

7）如果公司内部找不到业务专家，或者虽然有业务专家，但他们不具备知识萃取能力，而且通过赋能业务专家难以满足自己对知识萃取速度和质量的要求，公司可以评估一下自身能否主导知识萃取开发。如果公司希望内部主导，则要根据是否存在相关主题的实践社群，来做相应的取舍：若存在相关**实践社群**【方法 12】，它们是非常理想的知识萃取与运营主体，可通过举办知识创新与分享主题活动，或内容策展，利用社会化学习的方式，促进知识的创新与共享。

需要说明的是，对于很多人来说，实践社群可能是一种稍感陌生的方法，但它其实是知识管理领域非常重要的一种机制。一旦培育起了实践社群，并能维持其生命力，它就可以在相当长的时间里成为一种持续的知识管理机制。当然，发起并维持实践社群非常不易，需要细心呵护（详见第 7 章）。

8）若不存在相关主题的实践社群，在公司内部不存在具备知识萃取能力的业务专家，可以采用**复盘**【方法 6】或**团队共创**【方法 13】的方式。此时，需要公司内部具备合格的知识炼金士，或聘请外部机构进行有效引导。

近年来，随着企业对知识萃取的日渐重视，一些公司会聘用或培育复盘引导师或知识炼金士，在内部指导其业务专家进行复盘，或组织相关的业务专家通过团队研讨，进行案例开发、课程开发。从本质上看，这些都是知识萃取的实践。

9）更为常见的情况是，公司内部没有知识炼金士，业务专家也普遍不具备知识萃取能力，但是，这些知识可以被内部开发出来。为此，公司需要聘请外部专业的机构或经过认证的知识炼金士，启动一个**知识萃取项目**【方法 14】。

知识萃取项目通常由知识炼金士主导，他们未必是内容方面的专家，其主要职责在于引导，关注的是过程，引导公司内部业务专家进行研讨、共创。从本质上讲，知识的来源主要是公司内部的业务专家。

10）如果拟开发的知识非常专业，一般的知识炼金士没有内容方面的积累或造诣，难以胜任，内部业务专家也不具备知识萃取能力，公司可能需要聘请内容方面的专业机构进行**定制开发**【方法 15】，由外部顾问调研、综合分析、提炼知识成果。

定制开发通常由某一领域的专业研究或服务机构来执行，项目参与人员一般是外部或行业内容专家，信息来源不是委托方，而是外部。二者有着较明显的差异。企业可以根据实际情况，酌情选择。

需要注意的是，相对于复盘、团队共创、内部课程开发等方法而言，定制开发代价高昂，运作周期长，有时候定制开发出来的知识产品也不一定完全符合委托方的实际情况，或者需要转化应用。在实践中，这一做法仅适用于公司内部不存在业务专家，且无开发能力，或者公司迫切需要掌握这项知识的情况。

无论哪种情况，我们强烈建议，公司应尽可能选派内部业务专家深度参与到知识萃取或定制开发项目之中，并且高度重视对业务专家的赋能，实现知识与技能的转移、内化。

11）若公司内部不存在业务专家，该项知识也很难被研讨创造出来，但是，若市场上或同行企业中存在这方面的专业人才，公司可以通过**人才引进**【方法 16】，获得这些特殊人才，并对其进行知识萃取。

12）若无法引进人员，但外部有相应的专家（也就是，该项知识以隐性知识的方式存在于外部专家的头脑中）或专业的服务机构，公司可以通过**聘请外部专家**【方法 17】，作为长期的顾问，对公司内部人员进行培训、指导，或提供咨询服务，并在服务过程中，消化、吸收专家的知识，实现内化。

前面提到的“**外部采购**”【方法 3】，前提是外部机构已经整理出来相关的显性知识产品，有现成的知识产品可以直接采购；而“**聘请外部专家**”或进行咨询，是外部没有可用的知识产品，采购的是外部专家头脑中的隐性知识。在这种情况下，一定要增加社会化交往的机会，促进隐性知识的转化，而不只是看最后提交的报告或交付物（显性知识）。

13）若外部没有相应的专家或人才，但存在最佳实践，可以组织内部业务专家成立项目组，进行**标杆学习**【方法 18】，基于从外部获取的最佳实践，进行创新或开发。

当然，若外部没有任何资源，只能走内部开发的路子，可以参考上面提到的复盘、知识萃取项目、赋能 SME、团队共创，以及微课、案例开发等方法。

表 3-2 列出了上述三个维度不同组合之下可采取的知识萃取对策或方法。

表 3-2　如何选择知识萃取的策略与方法

如果……	如果……	如果……	如果……	如果……	如果……	则……
公司内部有显性知识						• 知识图谱 • 内容策展
公司内部无显性知识	外部存在显性知识	可以直接购买				• 外部采购
		需要培训				• 外部培训
	外部不存在显性知识	公司内部有业务专家	业务专家具备知识萃取能力	可以深度参与或主导		• 内部课程开发 • 知识萃取项目

（续）

如果……	如果……	如果……	如果……	如果……	如果……	则……
				很难深度参与		• 复盘 • 专家分享或讲座 • 微课开发 • 撰写案例 • 整理标准操作程序 • 知识萃取项目
			业务专家无知识萃取能力	可以深度参与或主导		• 赋能业务专家
				不能深度参与	有实践社群	• 实践社群 • 知识萃取项目
					无实践社群	• 复盘 • 团队共创工作坊
		公司内部无业务专家	知识可被创造出来	需要专业内容机构		• 定制开发
				无需外部内容机构		• 知识萃取项目
			知识很难被创造出来	外部有可引进人才		• 人才引进
				无可引进之人才，但外部有专家		• 外聘专家
				外部无专家或人才，但存在最佳实践		• 标杆学习

在选择相应的方法时，也可以参考如图 3-5 所示的决策树。

需要注意的是，上述方法并不是相互排斥的，在实际项目中，要根据具体情况，将上述方法综合起来使用。

（2）知识萃取项目组人员构成

不同方法所需的投入及人员有很大差异。一般来说，必不可少的参与者包括业务专家、项目赞助人以及知识炼金士。

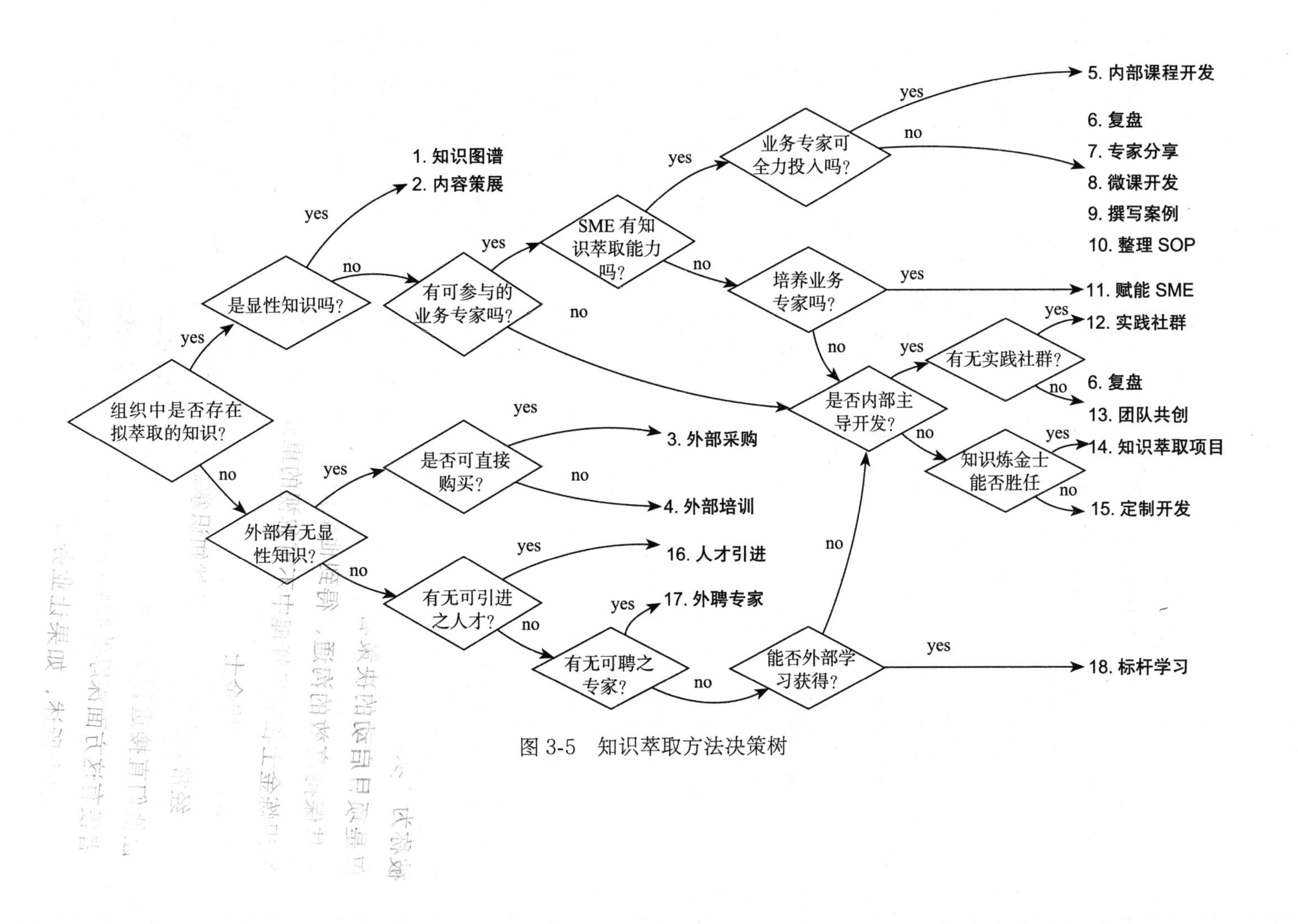

图 3-5　知识萃取方法决策树

1）业务专家

每个岗位上都有一些能手或专家，他们经验丰富，办事效率高，绩效表现好。这些人常被称为SME，他们在某一个领域具备丰富的实践经验，不仅绩效表现在一段时间内保持着稳定的优异，而且具有较高的专业知识与技能，可以灵活处理与该领域工作相关的各种挑战。

如果企业中存在这样的业务专家，而且其具有很强的逻辑思维、总结与表达能力，他们自己可能就已经进行了不少不同程度的知识萃取（或总结、梳理）。但是，在大多数情况下，企业中的业务专家都不具备这么高超的能力，他们有的虽经验丰富，却说不出其背后的“所以然”；有的容易陷入具体的业务或技术细节，忽略大局，或无法“化繁为简”；有的只能就事论事，无法抽象、提炼出一些框架或普遍奏效的做法；有的则缺乏同理心，语焉不详，想当然地认为“这有什么难的，别人都应该会啊”。为此，他们需要成为“知识炼金士”或得到“知识炼金士”的指导，以便使知识萃取更加高效。

2）项目赞助人

正式的知识萃取项目要想开展，离不开相关的人员投入、资金以及应用的推动，尤其是涉及业务专家、业务骨干参与，不可能仅凭一己之力静悄悄地进行，必须得到业务部门负责人的支持。此类人员常被称为“项目赞助人”（sponsor），他们拥有调动资源的行政权力，不仅是项目启动的决策者，也是项目的推动者。如何说服项目赞助人，与其保持高效的沟通，得到他们的信任与支持，并进行项目验收，是知识炼金士在项目管理中不可忽视的重要工作。

3）知识炼金士

经常有人会质疑：既然知识掌握在业务专家手中，那么为什么不能让他们直接进行知识萃取呢？许多“知识炼金士”并不了解业务，或者没有这方面深厚的经验与专业，他们有什么价值？

如上所述，如果让业务专家自行进行知识萃取，他们会存在诸多的局限，实际效果并不理想——你只要看看截至目前，你所在企业有多少有价值的“知识”是业务专家自行总结的，这个问题的答案就一目了然了。举例来说，很多业务专家的总结或描述非常模糊，不具可操作性。

例如，某位项目经理总结项目成功的关键原因时指出：项目成功的关键在于领导重视。

或者，我们成功的根本原因在于把握住了客户的“痛点”。

他说的这些可能都是对的，但怎么让领导重视呢？怎么准确地把握客户的“痛点”呢？许多人并没有进行过认真的思考，许多人甚至基于自己的“直觉”来做出分析、判断。

相反，知识炼金士掌握了关于知识的知识，他们具备访谈或团队引导的技能，可以通过提问，引导业务专家进行深入思考或团队共创，提炼出可以复制、推广的“干货”内容。虽然他们可能不会比业务专家更精通业务，但他们的价值也是不可忽视的，他们的技能和业务专家也是互补的，二者的紧密合作会发挥更大作用。当然，如果你既懂业务，又掌握了知识炼金术，那就更理想了。

此外，知识炼金士可以根据实际情况选择知识萃取方法，主持知识萃取工作，并负责项目管理。

4）其他人员

除了上述几类人员之外，根据项目目标以及所选定的方法，项目组可能还需要具备其他相关技能的人员。例如，如果项目产出包括课程开发，项目组中可能需要具备课程开发技能的专业人员；如果选择的是标杆学习、聘请外部专家等方法，则需要熟悉标杆学习的人员或外部专家。

4. 制订知识萃取的计划，并正式启动项目

基于萃取范围、资源可得性、投资、项目组的能力、业务需求与

时限要求等因素，制订出适合的知识萃取工作计划。

在实际项目中，有时会召开“定位会议”（scoping meeting），目的是让项目赞助人与关键利益相关者讨论并确定知识萃取的范围，批准你初步拟订的计划，并获得相应的资源支持。通常，定位会议需要邀请项目组成员、项目赞助人、SME 代表、最终用户和业务部门有决策权的领导参加。

会议的主要内容包括：

- 介绍知识萃取项目的目的与目标。
- 回顾已进行的工作及初步发现（如高阶流程图等）。
- 对萃取范围的分析以及建议。
- 项目初步计划。
- 主要风险及所需的资源支持。
- 需要决策或讨论的问题。

精致开发

准备就绪之后，要按照选定的知识萃取方法，组织项目组相关成员，进行一系列知识萃取的工作，以提炼出有价值、高质量的知识成果。

这是项目的主体阶段，可能持续数周甚至数月，主要工作包括以下四项。

1. 基于选定的萃取方法，规划相应的工作内容

基于选定的萃取方法或其组合，根据项目总体计划安排，要进一步分解、细化具体的工作内容，并匹配相应的人员和资源。不同的方法难度不一，所需的资源、时间和人员也有很大差异。

掌握相应方法的优劣势、适用条件、实施难度，以及所需的时间、人员等，既需要知识炼金士具备相应的知识，也需要其具有一定的经验。

2. 全方位收集信息

根据工作计划，组织相关人员，进行材料分析、现场观察、业务专家访谈、团队研讨，尽可能多地获取萃取知识所需的高质量信息。

（1）材料分析

如果公司内部或外部存在相关的显性知识，或企业中已经初步整理了一些案例素材、复盘资料、经验总结文档，或微课、手册、工作辅助工具等资料，散见于企业内部各处，也需要对这些资料进行收集、整理、分析，这样可为知识萃取打下良好的基础，或起到事半功倍的效果。

值得一提的是，在材料收集阶段，应该视野广阔，不要过于聚焦于企业内部的实践，包括业界通行的一些原理、知识、模型、方法论，以及行业（同业或异业）领先企业的最佳实践经验等，都可以作为提炼、分析时的参考，也可用于业务专家访谈等环节。

一般地，知识炼金士往往会在知识萃取项目正式启动前，在确定知识萃取范围之后，对组织内外部的知识资产进行盘点，列出资料清单，并在定位会议之后，让相关部门进行收集。在项目正式启动之后，首先对这些资料进行深入阅读、分析，然后再进行现场观察或业务专家访谈。

在材料分析中，要注意鉴别材料的来源、质量、正确性，进行比较分析和实地验证，不能“照单全收”。

（2）现场观察

如果企业内部不存在业务专家，也没有现成的显性知识，或者业务专家不懂得知识萃取技术，或无法深度参与或主导知识萃取项目，则需要以知识炼金士为主。为此，需要选择典型任务或场景，让知识炼金士深入业务现场，对实际操作过程进行观察（相关技术参见第4章），以获取第一手资料，了解业务高手、一般人或新手的差异，在此基础上进行知识萃取。

对此，需要知识炼金士与业务部门的项目负责人紧密合作，制订现场观察计划，确定需要实际了解哪些信息。

（3）业务专家访谈

由于现场观察费时费力，除非迫不得已，一般知识萃取项目并不严重依赖现场观察。相应的替代性做法是业务专家访谈（参见第4章）。也就是说，以知识炼金士为主，对业务专家进行一对一或一对多的访谈，从他们身上、嘴里获取所需的信息。

为此，需要明确访谈哪些人、如何访谈，在业务部门领导或知识萃取项目组成员的协助下，与访谈人进行一对一的面谈或一对多的小组座谈。

如果可以安排，应尽可能进行一对一的面谈，不要通过电话或网络视频会议等方式进行远程访谈，因为这里面可能包含大量的隐性知识，现场面谈更有利于深入挖掘，了解背后隐藏的一些微妙之处。但是，对于一些在异地工作或异常繁忙的业务专家来说，要想征求他们的意见，通过电话、社交软件或视频会议等方式访谈，有时几乎是唯一选择。

有时候，也可以进行一对多的焦点小组访谈。这些方法各有优劣势以及相应的用途（参见表3-3）。

表 3-3　三种访谈方式各有优劣势

	优势	劣势
一对一面谈	• 被访谈者没有顾虑，可能更容易表达真实的观点 • 容易建立信任和亲密关系	• 花费时间较多 • 整理、分析的工作量较大
小组座谈	• 效率高 • 有利于甄别真正的高手 • 可以防止个人的局限	• 参与者可能存在各方面的顾虑，从而影响其充分表达真实观点
电话或网络访谈	• 便于组织，节省时间	• 由于沟通方式自身特性的限制，访谈效果可能受到影响

（4）团队研讨

如果公司内部存在SME，而且SME可以深度参与或主导项目，或者要萃取的知识无法从外部获得，但是可以通过研讨创造出来，在这些情况下，可以组织团队研讨（参见第 6 章），集思广益，进行知识萃取的研讨与创造。

对于团队研讨，一般是以若干业务专家为主，知识炼金士作为团队研讨的引导者，需要明确参与人与引导者、确定研讨过程及所用的方法之外，还要明确研讨目的与产出。

需要注意的是，在实际项目过程中，收集相关的信息并不是一蹴而就的，常见的做法有两个：

- 在进行初步的访谈或资料收集之后，考虑修正萃取范围、目标，或调整相应的策略与计划。
- 按计划进行了必要的资料收集之后，根据原型的反馈及提炼的需要，再组织一次补充性资料收集。

需要说明的是，有些隐性知识从本质上讲是难以被显性化的。对此，要找到掌握相应知识的专家。知道谁知道什么，也是需要收集的信息之一。

（5）借力实践社群

若公司内部存在相关知识领域的实践社群，可通过发起主题知识活动、内容策展等方式，借助实践社群进行知识萃取（参见第7章）。事实上，通过实践社群，更容易找到业务专家、组织团队共创研讨。

3. 综合、分析、提炼

在收集到一定信息之后，需要采取适当的方法，对其进行综合、分析、提炼，开发知识内容（诀窍）。这一步也许是最为微妙的。一方面，这些欲提取出的“知识”因应用场景的千差万别而存在诸多变数；另一方面，很难精准地用语言表述出萃取、提炼的规则或过程，这离不开知识炼金士的经验与能力，甚至直觉与智慧。

在这一步中，主要工作包括如下几方面。

（1）信息分析

信息分析通常包括对比、分类、关联、差异分析等。

对于流程性工作，可按照任务描述、流程步骤、挑战与关键、方法与工具，以及常见问题等框架，来整理访谈或观察发现。对于问题解决类任务，应收集并分析关键场景、基本的逻辑与原则、可能用到的特殊方法、常见变化等信息。

在分析过程中，难点在于透过现象看清本质，从繁杂中把握关键，从具体中抽取一般，从噪声中识别信号。因此，应善于利用对比、聚类、分层、关联等方式，找到一般性的规律和底层的关系。

一般来说，信息分析的主要内容包括但不限于：

- 排除偶然因素或个案做法。为了“去伪存真”，对于你找出来的关键要素，一定要追问它们是否可以被重复验证，还是与你观察到的场景中的某些特定因素有关系，或者是个案做法。虽然在信息收集的过程中就应始终遵守这一法则，但因为这是知识萃取的“底线”，怎么强调都不过分，因此，在信息分析过程中，应进行相互比较、交叉印证，再三确认。

- 把握重点或关键。进行知识萃取，从某种意义上看，类似于“沙里淘金”，你会遇到大量纠缠在一起的细节，很多都是无用的，但是，真正的关键可能就隐藏在看起来不起眼的某些细节里面。为此，既要关注细节，又要“去粗取精”、透过现象看本质，同时关注整体、把握关键，不过分深究细枝末节。
- 发现模式或趋势。通过把相同或相似的事件联系起来，可以发现一些共性的模式、潜在的趋势，以及内在的关联。例如，可以使用“行为模式图”（pattern of behaviors），找出不同变量之间的关联关系。比如说，每年春节后，都可能出现一波“用工荒”。
- 确定先后顺序。对于任何一项工作或问题，都可以分解成一系列有先后顺序的步骤，通过综合分析不同的案例，可以发现常用或相对奏效的步骤。常用的方法包括流程图、网络图等。
- 梳理制约关系。在不同的步骤或活动之间，可能存在一定的相互影响或制约关系。这决定了它们之间的逻辑关系。比如，必须先挖地基，然后才能开始盖房子。为此，要考虑某一项任务的前置条件或制约因素。
- 确定因果或相关关系。有些活动或要素之间存在一定的关联或因果关系，如客户满意度越高，重复购买或推荐他人的概率就会越高。为此，可以通过常识、原理或专家访谈，找出不同变量之间的因果关系，或采用“散点图”等技术，以定量的方式，找出变量之间确切的关联关系。
- 确定层次。在梳理关系时，除了考虑时间顺序、横向的联系、因果或关联关系，也要考虑纵向的层次，也就是说，两个实体或概念是并列的，无交叉，还是相互包含，有重叠或交叉。对此，可以参考金字塔法则，对其进行梳理，以达到“相互独立、完全穷尽”、条理清晰、逻辑严谨。比如，在项目管理中，可以使用“工作分解结构”（WBS，参见附录B）的方法，对各项工作及其关系进行分解。

- 找出其背后的原理。进行知识萃取，不仅要“知其然”，还要“知其所以然”。要想确保可重复、可验证，就应尽可能找出其背后的支撑原理。
- 如有，找出专用工具或提高效率、提升效果的方法。对于有些任务或操作，一些专用的工具或方法，可以提高效率，确保质量或效果。例如，在很多菜谱中会出现一些模糊的表述，比如“盐少许”，在这种情况下，如果有一个专门的工具，如特制盐勺或喷枪，就可以更为精准地操作。

需要说明的是，对于某一具体的知识萃取项目来说，进行哪些信息分析，需要根据具体情况来确定，并不是上述各项工作都要进行。

（2）进一步挖掘专家的经验和智慧

在进行了信息分析之后，就其中的一些关键点或者需要澄清、确认的地方，可以对业务专家进行补充访谈，或者定向地现场观察，进一步挖掘专家的经验与智慧。

在实际操作中，也可采用“敏捷开发”的思路，在初步提炼出骨干内容、制作出原型之后，再找业务专家进行初步测试，获得他们的反馈，并通过观察，进行优化、调整。

（3）提炼诀窍

也有人将这一过程称为“建模”（modeling）、“制图”（picture）。这一步骤是关键点，也是难点，需要发挥萃取者的创造性，并把握好“度”，既不能过于抽象，整理出一些“正确的废话”，也不能过于具体，只是一些特定场景下才有效的做法。

基于实践经验，李文德（2016）提出了“两头凑”的做法，也就是说，一方面自上而下，从一些经典理论或模型开始，结合实际情况，对其进行定制和具体化；另一方面，自下而上，总结、归纳，提炼出一般性的模型或框架。孙波（2017）将这一过程称为“看到全景图”。一般而言，典型方法包括：

- 自上而下（top-down）。从一般性的原理、原则或理论出发，将其具体化，整理出一些可操作或行动的做法。
- 自下而上（bottom-up）。从实际案例或具体场景下的有效做法出发，将其抽象化，提炼出一些可复制、推广或适用于同类场景下的一般性做法。

需要注意的是，对于不同的主题，需要提炼的程度也应有差异。比如，按照问题的性质（是实际问题，还是抽象的或理论性问题）与情境的稳定性（是相对稳定、固定或具体的情境，还是复杂或变化的情境），在提炼诀窍时，可以参考如图 3-6 所示的矩阵。

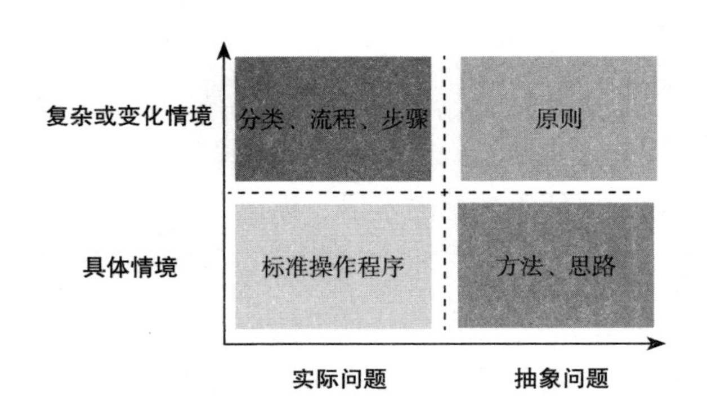

图 3-6　提炼诀窍的类型

- 对于具体情境下的实际问题，应尽可能详细、具体地提供标准操作程序。
- 对于具体情境下的抽象问题，应给出可操作的方法、解决问题的思路或原则，最好有典型故事、案例等，以便于理解，以及转化、应用。

- 对于复杂或变化情境下的实际问题，应识别主要特征，明确关键要点，区分类型，给出大致的流程、步骤。
- 对于复杂或变化情境下的抽象问题，虽然并不是适合的知识萃取主题，但若涉及，应考虑提炼出若干原则。

基于实践经验，这一步的操作注意事项包括如下几方面。

1）口诀化表达

对于提炼出的要点，最好能够整理成“口诀”，从而便于记忆与传诵。例如，企业管理中著名的“PDCA”(也称为“戴明环”)、“SWOT（优势、劣势、机会与威胁）分析”，或者微课设计的“六定七步法”等，都是典型案例。

2）以使用者为本

必须考虑到谁是萃取的知识成果的使用者，以及他们的知识与技能水平、具体使用的场景(如时间、地点等)。例如，如果使用者文化程度不高，萃取的知识成果就不能用过于抽象或高深的名词术语，最好通俗易懂、简明扼要。

3）符合规范

在特定行业，要使用规范的术语、标识，包括相关的符号、图标、插图或图片等，不说“外行话”，避免歧义。

4）结构化呈现

如果知识内容涉及操作步骤或若干条目，需要根据其内在的逻辑关系，考虑它们的顺序及层次，做到条理清晰。在这方面，可以参考诸如“金字塔原理”等结构化表达的方法。

5）多用图表

相对于文字，结构化的图表在信息呈现方面往往具有更大的力量，这可能就是西方人常说的“好的图表胜过千言万语”的原因之一。在信息呈现方面，常用的图表包括决策树、流程图、问题解决指南（troubleshooter)、检查清单（checklist）等（概要介绍及使用指南参见表 3-4）。

表 3-4　常见的工作辅助图表类型

图表类型	简要说明	适用情况
提示语或指示牌	• 给操作者简单地提示行动要点	• 工作环境复杂 • 用最简单、快捷的方式来支持工作 • 不影响工作 • 与工具或设备结合
样例	• 示范性案例，展示期望的工作成果 • 给操作者展示一个范例或样子（期望产出的成果），供比照、参考	• 用图片、模型或复制品作为参考，比文字更简单易懂 • 成品由若干项目组成，有唯一正确的结果，利于质量控制 • 初次接触或操作
剧本或脚本	• 提供给操作者所需执行或作为备忘参考的文本	• 新员工或操作不熟练，传递信息时不具说服力 • 要求准确表达
数组或速查表	• 列出完成工作任务时可能用到的相关信息、情形及其组合，供备查	• 完成工作需要从大量信息中挑选 • 这些信息因为易变、复杂而不值得或不容易记住
决策表或决策树	• 为操作者提供制定一项决策所需的信息，帮助其梳理不同的选项及其关联关系或组合，做出正确决策或评估	• 工作中可能面临几种不同的选项，必须加以区分和选择，以妥善应对 • 适合无经验的新员工
图示	• 以图表、图像、图画、图纸、照片或符号等形式，说明一项任务的操作过程或事物的原理 • 展示完成一项工作的正确顺序	• 任务包括一系列步骤 • 相对于成品的样子，掌握操作步骤更重要（适合初学者） • 执行任务的顺序很关键
检查清单	• 列出需要完成或检查的所有项目，以备提醒或引导、记录工作输出结果或检查事项	• 确保工作是完整的，无遗漏 • 检查与质量控制 • 紧张、繁忙或初次执行任务
流程图	• 描述完成特定工作任务需要进行的所有步骤、决策点及其相互关系	• 完成工作的任务有顺序，但操作者不一定从头开始执行 • 提供整个工作的全景图，而不是某个具体工作
工作表（电子）	• 给操作者提供预先设置好公式或逻辑关系的电子表格或程序，以供填写或计算得出结果	• 包含计算或数学公式，减少出错 • 让操作者使用标准格式或固定步骤 • 提供样例
故障排查表 / 问题解决指南	• 帮助操作者系统地界定问题或解决对策	• 操作者需要通过几层或几个阶段的分析，逐渐排除或深挖，找到真正的问题和答案 • 对于初学者或新手来说，问题或情况比较复杂，可根据指引，系统分析和解决

资料来源：Joe Willmore. Job Aids Basics[M]. ASTD Press, 2006.

除此之外，管理学中常用的“矩阵”、层次关系图示法等，也是一些图形化的呈现方法，如本章中提到的“知识萃取主题评估”“知识封装的方式”等，用到的就是矩阵；马斯洛的需求层次论、迈克尔·波特的竞争力分析模型（常被简称为“五力”模型)、“钻石模型”、卡普兰教授提出的“平衡计分卡”等，用的就是层次关系图示法。矩阵和层次关系图示法的优点是简单直观，容易抓住关键，缺点是只能容纳两个维度或展现构成要素之间的逻辑关系（并列、串联或递进等），不太适用于特别复杂的情形，否则可能导致过度简化。

小贴士：妙用图表

最好用流程图、决策树等工具来记录、表述SME完成工作的步骤、其中的关键判断等，而不只是用一大堆文字。

一般来说，选择合适的工作辅助形式，需考虑业务、使用环境、使用者及目的或效果等因素。为了帮助大家选择合适的工作辅助工具，乔·威尔曼（2006）梳理了一张决策表（参见表3-5），供大家参考。

表3-5 如何选择合适的工作辅助工具

如果……	并且……	则采用……
你需要一个模型或范例作为比较或参考		样例
顺序很关键	执行者要从头开始	图示
你需要确认无一遗漏	顺序并不重要	检查清单
遣词造句很关键，或必须精准		脚本或剧本
任务中包含计算或要填写正确答案		工作表（电子）
你想操作者使用固定的方法或格式		工作表
需要从多数据中进行选择	数据经常变化	数组或速查表
需要从大量数据中进行选择	制作一个工作辅助比记住这些信息更容易	数组或速查表
必须诊断或从几个选项中选择正确答案		决策树或决策表
必须诊断或从几个选项中选择正确答案	之后进行一次或更多次其他选择，以选择正确答案	故障排查表

（续）

如果……	并且……	则采用……
正确的顺序很关键	执行者可能不是从头开始	流程图
正确的顺序很关键	执行者需要“全景图”	流程图
执行者只需要记住少量信息	没有顺序、流程、规则或格式要求	提示

资料来源：Joe Willmore. Job Aids Basics [M]. ASTD Press, 2006.

此外，还应根据工作环境来选择最适合的技术，并考虑到这些技术的普及性，同时根据用户的经验来适当变通。

4. 原型、验证

一般来说，在完成了提炼之后，封装、发布之前，知识炼金士要向项目发起者和负责人汇报，并根据需要，选择适当的方法对知识成果进行验证，以确保这些知识成果具备正确性、针对性、适用性、概括性、典型性。只有经过验收评估的知识，才能进行正式封装、发布和后续推广。

为此，需要开发原型（prototype），并制订验证计划，验证产出成果的有效性，并进行必要的优化或调整。

原型技术是在设计思维、加速创新中广泛使用的一种方法，它可以简洁的方式将初步设计出的工具、模板、流程指南或话术等呈现给真实的用户，从而获取反馈、验证可行性，明确改进方向。

在进行初步访谈之后，可以快速整理成原型，将结果发送给知识需求方，也就是目标用户，确认方向有无偏差，并了解尚存的差距（即他们还需要了解什么），以此为指导，进行更多深入的访谈。

同时，在萃取出了知识内容之后，需要根据预期的产出形式，开发少量原型（不必具备完整的功能，只需体现基本的内容、功能与框架），以便以最小的成本、最快的速度，找到“先锋用户”进行验证，确保方向的正确性、内容的有效性，以及与目标用户需求、应用场景的契合度。

在开发出了原型之后，需要制订一个验证计划，明确验证的方式、程序、人员及时间。

可供选择的验证方式包括两类。

- 简单的验证方式是召开知识萃取评估会，邀请业务部门领导、业务专家代表、典型用户等参加，进行研讨。
- 深入的验证方式是进行实地测试，找出一批目标用户，让他们学习并应用，观察应用过程，评估实际结果。

实际上，知识萃取项目往往并非线性的，不会一蹴而就，而是经过多次迭代。在初步开发了原型之后，进行验证，可以加快萃取速度，提高效率；之后，基于验证中得到的反馈信息，进行优化、调整。

立体应用

在我看来，知识萃取并不是一个阶段性的项目，而是组织持续进化必不可少的一项基本职能。为了让知识萃取有效地服务于公司的经营、管理与运作，需要考虑下列事项：

- 如何充分利用萃取出来的知识？
- 如何让人们在需要时最便捷地找到他们所需的这些知识？
- 随着公司内外部环境的快速变化，之前正确且有效的知识会不会已经过时或失效了？
- 后续的改进方向有哪些？

为此，在完成了知识萃取的主体工作之后，要对知识进行封装（即确定其呈现方式），并通过多种渠道发布和推广，之后，还要对其效果进行持续的跟进与评估，确保其效果，并发现后续的改进措施。

本阶段主要工作包括如下四个方面。

（1）封装、打样

基于预期产出及应用场景，要将萃取到的知识成果进行封装，也就是确定其呈现方式及必要的组合，同时制作一些工具、范例或模板等，使其更容易被使用。

1）封装（packaging）

在梳理出内在逻辑或模式之后，要将相关的知识内容、技能点进行“包装”，使其更便于人们使用。一般来说，常见的“封装”方式包括以下 11 种。

- 案例：访谈过程中发现的典型案例，可以整理成案例报告，不仅有助于后续教学、培训参考，而且可以放入公司内部知识库留档，便于后续知识萃取项目使用或供员工查阅。
- 知识文档：很自然地，许多知识萃取项目的输出成果是一系列知识文档，公司可将这些知识文档放入内部知识库（或案例库、文档管理系统等），供员工学习或检索、参考。
- 知识分享：在输出案例、知识文档并对其进行存档的基础上，公司可组织专题的知识分享或研讨会，召集相关人员，进行集中学习。
- 工作辅助工具（job aids）：有些知识可以解决工作中的一些问题，或提高工作效率、准确性，或更加高效地应对任务中的挑战或困难，可以将其开发为诸如检查清单、流程图、决策树等工作辅助工具，以便在需要的时候及时使用。
- 在岗训练（on-job training，OJT）计划：可以将萃取出来的知识成果教授给岗位上的业务专家、资深员工或管理者（如班组长等），由其作为师傅，对其他员工进行在岗指导和训练。
- 标准操作程序（standard operation procedure，SOP）：企业

可将萃取出来的流程或操作类知识编写为标准操作程序，作为制度或规范，让操作者遵照执行。

- 微课：如果萃取出的知识场景化程度比较高（也就是说，这些知识与某些具体场景相关），可以将其开发为微课。相对于正式的面授课程，这样不仅难度较低，而且可以更高效地应用、转化，改善绩效。⊖
- 在线学习模块：基于一系列微课与工作辅助工具，可以开发成在线学习课程。
- 课程：如果萃取出的知识对许多人都有价值，包括后续加入的人员，为了强化学习、应用效果，企业可以组织内训师或聘请外部专家，将其开发成内部课程，以便对相关人员进行规范的训练。

需要说明的是，课程开发是一项专业性很强的“技术活儿”，如果要确保开发出的课程质量，最好聘请外部专业机构，即便由公司内部培训师来开发，也最好是接受过相关训练的人员。

- 部署绩效支持系统：近年来，部署绩效支持系统为每一位工作者提供及时（just in time）、直接（just for me）、足够（just enough，刚刚好）的支持，成为很多企业的必然选择。相对于正式学习（如课程和混合式学习项目），绩效支持更加贴近工作场景，综合利用人、物、信息技术等手段，直接服务于业务操作，间接地提高人的能力，而不是通过教学设计，发展人的知识和能力。

需要说明的是，设计并实施绩效支持系统需要创新思维和积极探索，感兴趣的读者可参阅我牵头翻译的《创新性绩效支持》。

- 优化或再造业务流程：由于萃取出的知识来自实际的业务流程，企业可以将其整合到业务流程之中，实现业务流程再造或优化。

⊖ 关于微课的设计与开发，参见：邱昭良，等. 玩转微课：企业微课创新设计与快速开发[M]. 南京：江苏人民出版社，2016.

上述 11 种方式难度不同，与业务的结合程度（“嵌入度”）和结构化程度（“正式化程度”，也就是说是否有明确的目标和结构，并对其内容和实施过程进行了设计与监控）均有差异（参见图 3-7），相应地，对业务的影响及产生的价值也有差异。

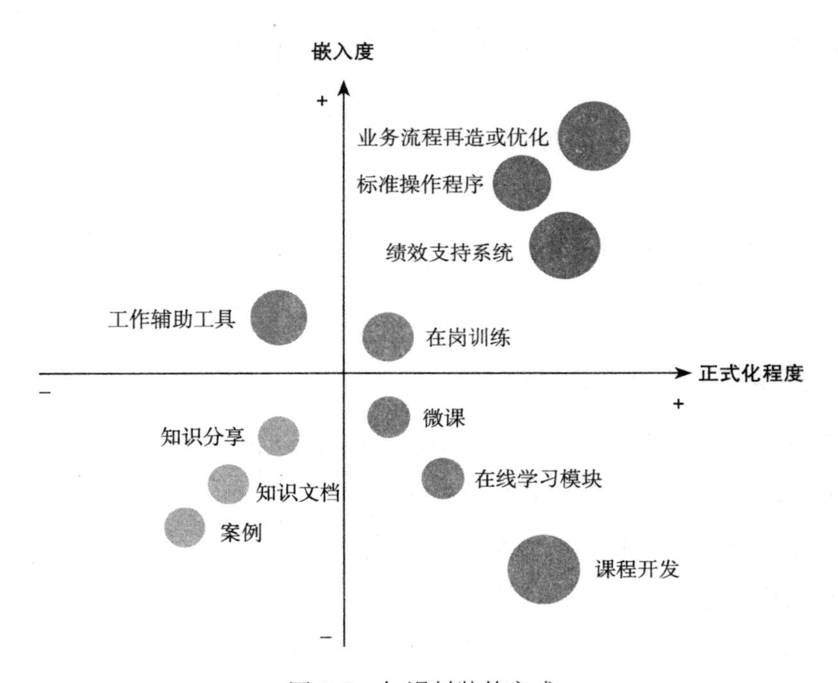

图 3-7　知识封装的方式

注：图中圆圈的大小表示该种方式的难度。

对此，企业需根据知识需求方的使用场景及特点、资源与条件，综合考虑，选择最适合的一种或几种知识封装方式。

需要考虑的因素包括：

- 哪些人会在什么情况下使用这些知识？
- 他们喜欢什么形式？是电子的，还是人，或者纸介质？
- 对他们来说，最可能和最便捷的访问方式是什么？
- 在需要时，他们能否理解并独立地正确使用？
- 这些知识是必备的强制性要求，还是可以选择参考使用？

- 这些知识最好何时部署到位？
- 企业是否具备相应的能力、资源及条件（如 IT 系统、开发能力、资金等）？

这一步可能需要方法论专家、学习设计与课程开发专家、业务部门的主管和专家、组织发展顾问等人员参与。

2）开发配套的工作辅助工具

封装好的产品可能包括一系列手册、工作辅助工具、操作指南、备忘录，以及样例或案例等。有的会以课程（或微课）的形式呈现出来，有的是一些文档或印刷品，有的则是一些专门化的电子表格、程序，甚至是特殊的定制工具。

（2）多渠道发布并立体地推广

基于项目预期目标，结合使用者的实际状况，确定发布策略，尽可能采取多渠道、立体化的推广模式。

可能的发布与推广策略或途径包括但不限于：

- 开发课程或微课，对目标使用者进行培训或训练。
- 将知识成果纳入公司知识库或文档系统。
- 开发专用的工作辅助工具，包括书面材料、软件系统或工具装备等。
- 在业务现场，部署工作辅助工具或搭建支持体系。
- 将知识成果变成操作规范，纳入工作流程。

对于难以显性化的知识，可以通过师徒制、同行协助（参见第 7 章）、知识集市（参见第 6 章）等方式，促进知识需求方和知识持有人之间的社会化交流。这些可能也是需要考虑的发布渠道。

（3）评估

从目标用户（知识使用者），以及业务部门、项目赞助商几个方面获取反馈或使其参与评价，了解知识萃取项目的效果。

评估的维度或指标包括但不限于：

- 效果（effectiveness）——是否达到了预期目标，解决了问题？
- 价值（impact)——对工作效率和效果的提升或帮助作用有多大？
- 针对性 / 适用性（relevance）——使用起来是否顺手、方便、直截了当，不生涩、难懂，或需要使用者理解之后再做一些裁剪或调整才能使用？
- 效率（efficiency）——价值与投入之间的比例，是否经济？
- 可持续性（sustainability）——对于其他一些状况或未来可能的场景是否仍然有效，或有指导意义？
- 延展性（extension）——下一步比较重要或迫切需要进行知识萃取的是什么？

评估的方式可以是定量、定性或者定量与定性相结合，具体手段包括问卷调研、主观评价、小组座谈等。

（4）**保持更新，并优化调整**

在公司中，知识萃取应该作为一项基本职能持续存在，而不是一个阶段性的项目，因为“知识”总是处于持续的动态变化之中，企业的各项工作以及内外部环境也都在不断调整。因此，对于萃取出的知识产品，要定期评估，或者建立起评估机制，让使用者或者业务部门来监控、反馈其有效性。一旦发现环境变化或知识产品失效，就立刻反馈，启动更新工作。

同时，在知识萃取项目结束之后，基于知识萃取项目评估以及公司业务发展，知识炼金士可以提出下一步行动建议。

知识萃取与运营的四项策略

以上，我们从方法论的角度谈了知识萃取与运营的基本框架。无论是由内部知识炼金士来操盘，还是聘请外部咨询顾问，一般都会经历这些阶段，涉及其中或多或少的工作。

从实操的角度来看，依据项目运作的主体（以内部为主，还是外部为主）、运作复杂度（是简易或标准产品，还是复杂或定制产品），可以把知识萃取与运营的 18 种方法分为四大类（参见图 3-8）。

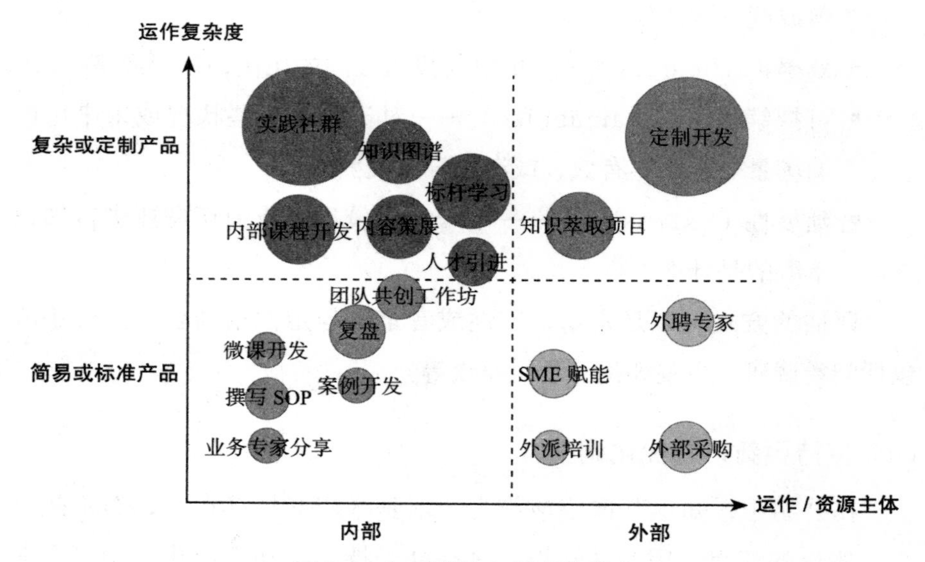

图 3-8 知识萃取与运营的策略

注：图中圆圈的大小表示该种方式的实施难度。

1. 内部轻运营

所谓“内部轻运营”，一是以内部为主，不需（或只是很少地）借助外部资源；二是运作复杂度不高，只需少量的训练（甚至不需要专门培训），让相关人员掌握相关技能，即可组织与实施。

近年来，随着移动学习、微课、社会化学习、绩效支持等一大批新兴学习技术的快速普及，越来越多的企业开始探索“轻型学习体系”（邱昭良，2016）。相应地，知识萃取与运营也涌现出了很多“轻运营”方法，包括但不限于以下几方面。

（1）业务专家分享

在企业内部，一些有知识萃取能力的业务专家可能在工作中或利用业余时间，总结出了一些经验，可通过工作会议或专门的分享机会（如每周或每月例会），或借助公司内外部的分享与交流工具（如公司内部的在线学习平台、知识管理平台、视频会议以及主流的社交媒体等），进行知识分享。

这种方式简单易行，但需要 SME 具有知识萃取的能力、意愿以及时间等条件。由于知识萃取的核心环节由 SME 自行完成，知识萃取成果的质量可能因人而异，较难控制。尽管如此，这也是公司应该大力鼓励或倡导的知识萃取与运营机制，其价值包括：

- 由于难度较低、便于组织，可以长期坚持。
- 可以形成一些“狗头金”或“金矿石”（参见第 2 章），为知识图谱、内容策展以及专门的知识萃取项目二次加工或深度提纯，提供了原材料。
- 有助于锻炼各级干部或业务专家的知识萃取能力，因为他们要做分享，必然会做一些准备，强迫自己对已有的知识进行梳理、加工，这对他们来说，既是一个学习机会，也是一次锻炼、提高知识萃取能力的机会。
- 有助于形成持续学习、分享的组织氛围。

（2）撰写标准操作程序

整理或撰写标准操作程序（SOP）往往被视为部门的工作任务之一，但这项工作本身就需要 SME 基于自己对工作操作经验的理解，将其加以整理、规范化，并表述出来，从本质上看，这也是一个知识萃取的过程。

撰写 SOP 需要 SME 的深度参与，若各部门领导有这方面的意识并重视、支持，组织起来并不困难。根据工作任务和 SME 的能力，具体所需时间变化很大。

（3）微课开发

近年来，面向特定场景，解决一些具体问题、操作与任务的“微课”受到越来越多企业的重视。作为一种轻型知识萃取与分享的机制，微课的制作与实施难度低，所需时间也比较少。比如，对于任何一个零课程开发基础的业务专家来说，只需 2 天时间，即可学会微课的选题、设计及制作，并亲自制作出一门在线微课。

（4）案例开发

在一些公司中，让业务专家开发案例，也是一种常见的知识萃取方法。但是，具体操作起来差异很大，有的可能就是发起一次“案例大赛”，让员工自行准备，然后提交一份案例报告，进行评比与表彰、奖励；有的则可能会对员工进行案例开发的辅导，提供一些支持（如制作一些案例开发的微课或培训，提供模板与操作指南、改进反馈等），或者作为一个项目，持续一段时间。

与业务专家分享类似，这种方法也是难度不高，一般的业务专家经过少量训练，均可掌握，但是，要想萃取出高质量的精品案例，并不容易，需要合格的知识炼金士的辅助与引导。此外，在一些知识萃取项目中，进行业务专家访谈或团队共创研讨，也会使用到案例（参见第 4 章）。

（5）复盘

通过复盘进行知识萃取，需要业务专家（尤其是实际参与项目或活动的人员）亲自参与。为了确保复盘的效果，也往往需要合格的复盘引导师（参见第 5 章）。

具体步骤与工作可以参照邱昭良博士研发的引导团队复盘的“三

阶九步法™”。⊖

至于周期与时间，根据议题复杂度、参与人员数量及能力、问题多少等，实际的复盘会议短的话可能只需要 1 ～ 2 小时，长的甚至持续 2 ～ 3 天。

（6）团队共创

要组织以知识萃取为目的的团队共创研讨会，如“复盘专班”（参见第 5 章）、“知识集市”（参见第 6 章），也需要提前策划与准备，通常要至少提前数日或数周，研讨会本身可能半天或 1 ～ 2 天，之后要整理会议纪要并持续跟进。相对而言，这种方式实施难度不大，也容易快速见到效果，近年来受到越来越多企业的重视。我们的实践经验表明，研讨会设计、过程引导以及后续跟进是团队共创会议效果的关键影响因素（参见第 6 章）。

2. 内部开发

俗话说，一分耕耘一分收获。虽然上述轻运营的方法实施难度较低，但它们都存在一些潜在的风险，包括：知识萃取涉及的范围有限，萃取出来的知识成果质量可能参差不齐，或专业度不够。为此，组织仍需发展内生的专业知识萃取能力，对于与组织战略、关键业务息息相关的核心知识，借助专业的知识炼金士或外部专业机构的力量，进行重点开发。

相关的做法一般包括如下几点。

（1）内部课程开发（含 e-Learning 课程）

这是目前最主要的知识萃取方式之一，在许多公司中，通常会聘

⊖ 邱昭良 . 复盘 +：把经验转化为能力 [M]. 3 版 . 北京：机械工业出版社，2018.

请外部机构，对内部培训师或业务专家进行培训（有时被称为“对培训师的培训”，train the trainer，TTT），使其掌握相应的内容萃取、教学设计与交付技能。在一些大型企业或成熟度较高的企业大学中，也有掌握相应技能的专业人员。如果具备这个条件，公司可以通过相应的机制，或启动内部项目，让他们参与进来，进行课程开发（含面授培训和在线学习课程）。

由于开发面授培训课程需要较专业的技能，大多数业务专家或内训师都需要数天乃至数周的专业培训与练习。如果开发电子化学习课程，也需要经过专业培训，掌握相应的设计与开发、制作技术（含软件工具）。

对于大多数公司而言，基本上都没有专职的课程开发人员，参与课程开发的内训师或业务专家都是利用业余时间或从日常工作中挤时间，对此，公司一般会给予一定的激励或支持，一些公司也出台了内训师选拔与管理制度，并由培训部或企业大学来推进此项工作。

（2）内容策展

在许多大型企业中，都成立了知识管理部（或中心），负责对公司文档、信息的管理以及知识运营等工作，一般也会搭建专门的知识管理系统，进行显性知识的收集、整理与共享；许多知识管理部门还会参与到业务之中，推动诸如复盘、经验收割等机制，同时利用 Web2.0 技术，通过内部网论坛、社交媒体工具、百科等协同工具，或定期举办知识分享与交流活动，促进知识的萃取与分享。对此，“内容策展”是一种行之有效的实操方法（参见第 7 章）。

同样，由于实践社群是由具有相同或相似工作实践的一群人构成的一个社团组织，其自然地会关注或聚焦到特定的知识领域中，因而，在实践社群中，“内容策展”也是一项常用的方法。

内容策展的质量与策展人的水平息息相关，要采用这种方法，最好能找到具有相关经验或资质的专业人员，也可以选拔有潜质的业务专家，对其进行赋能，使其成为合格的策展人。

一般而言，在进行“内容策展”时，需要成立正式或非正式的联合工作小组，提前数周乃至数月进行准备、实施，根据选定的发布渠道，协调公司内外部的 IT 人员或行政、推广人员，选择相应的软件工具，搭建相应的网站，或搭建物理的展示空间。

（3）知识图谱

近年来，随着大数据和人工智能技术的突飞猛进，“知识图谱”（参见附录 B）成为知识梳理与分析的一项关键技术。

知识图谱是由谷歌公司在 2012 年提出来的一个概念与相关技术，初衷是从语义层面理解用户的意图，更好地查询复杂的关联信息，从而提高搜索引擎的能力，改善搜索质量和用户的搜索体验。随着人工智能技术的迅猛发展，知识图谱逐渐成为 AI 的关键技术之一，并得到了越来越多的应用。

虽然知识图谱目前主要应用于智能搜索、智能问答、个性化推荐、内容分发等领域，但在现实世界中，很多场景都适合用知识图谱来表达。因此，知识图谱具有广阔的应用前景，尤其是在知识萃取领域，知识图谱将是一个有力武器。

比如，一个实践社群由很多成员（实体）组成，他们之间又有多种多样的联系和属性。如果能够用知识图谱将其梳理、表述处理，就可以了解该领域的知识结构。

再如，在做内容策展（参见第 7 章）时，策展人有时需要梳理某一专题内容的知识脉络。此时，知识图谱就是一个很实用而有力的工具。

此外，在一些公司中，如谷歌，已经开始使用知识图谱来进行知识的归集、连接与运营。资料显示，谷歌公司的知识图谱中包含 5 亿个实体、35 亿个关系，实体类型有 1500 种，关系的类型有 35 000 余种，且在持续、高速扩充。

需要强调的是，如果采用“知识图谱”技术，不仅需要知识炼金士掌握相应的技术与工具，而且需要根据实际主题，评估工作周期与所需的时间。

（4）实践社群

如果组织内部已经存在相应的实践社群，知识炼金士就可以和社群负责人（或协调人）联系，举办专题的知识研讨与创造活动。大型的知识研讨与分享活动，如世界银行的知识博览会（参见第7章）、IBM的创新大研讨，可能需要成立组委会，提前数个月进行筹备，会期2～3天，涉及人员多达万余；相反，小型的知识分享与研讨活动，如英国石油公司的“同行协助”（参见第7章）或“知识集市”（参见第6章），则更容易组织，可能只需要为期半天或1～2天，加上之前的设计、筹备以及后续的跟进，也只需数周。

关于实践社群的培育及知识萃取实务，请参见第7章。

（5）标杆学习

俗话说，榜样的力量是无穷的。“取人之长，补己之短”，向他人学习，尤其是向先进、榜样学习，是一种重要的组织学习机制，也是组织知识萃取与运营的途径之一。当企业内部或外部存在可以参考或学习、借鉴的最佳实践时，可以启动一个标杆学习（benchmarking）项目（参见附录B），通过一个系统化的流程，将自己的产品、服务和经营管理方式，与行业内或者行业外优秀企业的最佳表现或实践进行比较，找出差距，制定措施，实现持续改进。

（6）人才引进

如果企业内部没有业务专家，且很难通过研讨的方式把这些知识创造出来，而外部有企业急需且可以引进的人才，则企业可通过人力资源招聘的渠道，如猎头等，让人才为我所用。

3. 外部整合

对于大多数企业而言，在不具备内部知识萃取能力的情况下，可以通过与外部合作，整合外部资源，进行知识萃取。主要做法包括如下几方面。

（1）知识萃取项目

不同于内部课程开发，知识萃取项目通常是由外部顾问主导的。企业可以根据自己的实际需求，选择有资质和能力的服务机构或顾问，定义好项目目标、验收标准、时间和预算，借助外部专家的力量，启动一个专门的项目。

在知识萃取项目中，进行现场观察与业务专家访谈的工作量及时间，依据项目范围、企业内部资源状况及交付成果等因素，变动很大，短则数日，长则数月。

（2）定制开发

从本质上看，定制开发属于一种特殊类型的知识萃取项目，由既懂得知识萃取，又是内容专家的机构或咨询公司、知识炼金士来操盘。

以知识萃取为目的的定制开发项目，通常持续数周或数月。

4. 外部购买

如上所述，如果外部存在可用的显性或隐性知识产品，或者需要利用“外脑”，可以通过外购、外聘或外训的方式，进行知识萃取。

（1）外部采购知识产品

毫无疑问，这种方法只有在外部确实存在你所需要的知识产品的情况下才可以采用。为此，你需要在明确了自己的需求之后，提前做一些功课（当然，最好能与一些高质量的知识产品供应商保持持续的联系），之后视公司的情况会走一些采购流程，需要的时间差异很大。

（2）外聘专家或咨询

若公司内部没有相应的能力或资源，而外部有专家，可以聘请专家，作为常年顾问，为企业提供服务。当然，也可以聘请专家阶段性地为企业服务，或启动一个咨询服务项目。

虽然外聘专家采购的是服务，但大致流程、操作规范与外购知识产品类似或略有差异，关键在于选择适合的专家、界定服务的范围与目标、预期产品与评价标准。

（3）外部培训并转化

这种方法与外购知识产品类似，区别在于采购的是知识产品还是服务，具体实施形式包括派出人员参加外部的培训，或者聘请外部培训机构来公司内部进行培训。

需要特别强调的是，培训之后的学习转化是一个系统工程，涉及很多因素，需要格外关心。

（4）赋能 SME

对公司内的各级管理者、业务专家进行与知识萃取相关的赋能培训（参见附录 A），使其掌握业务专家访谈、复盘、微课设计与制作、案例撰写等技能，是将知识萃取与运营技能内化、提升组织知识管理能力的重要措施，也是近年来很多企业在推动知识萃取方面采取的一种常见方法。

从某种意义上讲，这种方法不是孤立的，和其他方法也不在一个维度上，例如，对于内部不具备知识萃取能力的企业来说，仅仅赋能 SME 并不是在做知识萃取，而是为依靠 SME 进行后续的知识萃取提供了先决条件。在 SME 赋能之后，他们采用学习到的技能与方法，诸如微课、案例开发、复盘、内部课程开发等，进行知识萃取。

目前，市面上已经有不少机构提供多种多样的 SME 赋能服务。虽然学习转化率因受多种因素的影响而有差异，但相对于其他一些方法，赋能 SME 所需的时间、投入较小，往往只需数日的培训或联合执行一个项目，从总体上来讲，投入产出比还是很高的。

以下，我们将重点关注企业内部轻运营与开发两种策略，分四章详细阐述四类常用的知识萃取技术，分别是：业务专家访谈与现场观察、复盘、团队共创、实践社群。

CHAPTER4 第 4 章 业务专家访谈与现场观察

《荀子·劝学篇》中讲道，“学莫便乎近其人……学之经莫速乎好其人”。说的是：学习的途径，没有比找到对的人，并心悦诚服地向良师请教更为迅速、有效的了。因此，要想萃取到所需的知识，最有效的方法是向已经掌握相应的知识并熟练具备相应技能的专家请教。

IDEO 联合创始人汤姆·凯利指出：与其自己按常规摸索，不如找到真正的专家，观察他们是如何解决问题的。事实上，敏锐的观察是创新的有力来源，也是知识萃取的基本技能。

从实践来看，找到真正的业务专家，通过访谈、观察或者召开研讨会，萃取出有价值的知识，是近年来市场上主流的知识萃取模式，其呈现形式为内部课程开发、案例开发、微课开发、撰写标准操作程序以及知识萃取项目等，通常是由外部机构或内部受过训练的知识炼金士主导，并需要企业内部业务专家的深度或一定程度的参与。因此，业务专家访谈与现场观察是知识炼金士常用的技术与必备技能。

找到业务专家

业务专家是对特定的流程、职能、技术、机器、材料或设备等有全面、深刻而透彻理解的个人，他们通常在相关领域打拼了很长时间，对各种问题有丰富的经验和深入的洞察。找到这样的业务专家，无论对于知识萃取，还是创新与业务发展，都具有重要意义。

事实上，在做知识萃取时，如果能找到真正适合的行家，可能事半功倍，否则就会费时费力却效果不佳。

那么，到底应该怎么找业务专家呢？

在我看来，要找到真正的专家，你需要参考下列注意事项。

1.“典型”“标兵”或“优秀人物”

真正的专家往往都会表现突出，他们是那些真正明白了诀窍、在多数情况下都能持续表现优异的人，因而很容易成为“标兵”或“优秀人物”。因此，那些真正依靠自身实力获得持续而稳定的高绩效的人，可能是我们寻找的 SME。你可以通过查阅公司或部门历年的绩效考核记录，以及领导推荐来找到相关线索。

在这里，需要注意的重点是：①“凭借自己的实力”而不是靠关系或凭运气；②能够应对大多数情况，持续地取得优异绩效，而不只是短期内的高绩效。

2. 有较强的表达能力或分享意愿

许多 SME 往往只是“低头拉车”，自己心里有数，却没有意愿和能力分享给他人，而真正优秀的 SME 既会做，也能说，因为他们参透了事物的原理与诀窍。就像柳传志所说：“真把式，既会说，又能做；

假把式，只会说，不会做；傻把式，只会做，不会说。”事实上，很多SME可能已经开发了大量专业内容。

为此，你可以看看哪些人定期更新自己的博客或发表文章、演讲，或者留意那些在公司内部网或论坛、知识库以及专业实践社群（CoP）等地方积极参与讨论、分享，或有自己独到见解的人。

当然，这只是作为辅助参考，因为许多专家往往因为能力优异而承担着重要的业务工作，并没有太多时间进行知识整理或分享。

3. 人脉与口碑

因为在一个行业或领域内的时间长，大多数SME都拥有广泛的人脉和良好的口碑。为此，你可以通过某个领域的专家推荐，或通过访谈，了解某个人的口碑，或观察其在专业社群中的活跃度，以此判断某个人是否为合格的SME。

4. 职称、资质

因为从业时间长、绩效表现与能力优异，许多SME具有他们所在专业领域的认证证书或行业地位与口碑，往往也具有较高的职称、资质或荣誉。

虽然职称与资历不等同于能力，但从总体上来看，它们往往是能力的表现。

5. 持续的学习意愿与能力

在当今时代，许多行业的知识都在快速更新，尤其是一些高科技领域，更是日新月异。真正优秀的 SME 能够始终处于领先地位，而不是僵化或保守，这要求他们具有持续学习的意愿与能力。对此，你可以从 SME 是否定期参加行业会议、培训或研讨会，以及对最新知识或技术的掌握程度来判断其是否与时俱进。

业务专家的特质及甄选线索如表 4-1 所示。

表 4-1　业务专家的特质及甄选线索

特质	甄选线索
依靠自身实力，取得持续而稳定的高绩效	• “典型”“标兵”或“优秀人物” • 领导推荐
有意愿和能力分享	• 内外部分享与总结文档 • 论坛、社群活跃度
有丰富的人脉和良好的口碑	• 口碑 • 专家推荐 • 专业社群活跃度
职称、资质	• 职称、荣誉 • 专业资质、学历
持续的学习意愿与能力	• 对最新知识与技术的掌握程度 • 持续学习的经历

在甄选业务专家时，需要提醒的要点包括：

- 多花一些时间，审慎选择是值得的。

选择合适的 SME 对于后续知识萃取过程至关重要。如果没有真正的专家参与，即便你所有过程与方法都正确、到位，也几乎不可能萃取出高质量的知识。为此，一定要认真甄选。即使多花一些时间，也是值得的。

- 综合判断，把握重点。

有时候，你的后备人选很难完全符合上述所有条件。为此，要综合判断，不能仅凭其中一两条标准就草率决定，例如，尤其不能只看经历、职位、证书，或领导推荐。

同时，要把握重点，看候选人是否真的有“干货”并善于学习、总结、表达。如果一个人有很强的学习、总结能力，即便他资历尚浅，也可能会发现关键。相反，如果一个人经历很丰富，但没有学习、总结能力，这就像荀子所说的“闻之而不见，虽博必谬”，他的经验很可能是经过缓慢积累而形成的，并不见得是正确或高效的。

此外，在一个项目组中，也不要只有一位业务专家，可以考虑选择多位业务专家配合你的知识萃取项目。

- “听得见炮火”很重要。

在很多情况下，一些业务专家可能已经脱离一线业务许多年了，他们虽然也了解一般的处理原则，但从知识萃取的角度看并不理想。想象一下，假如和你合作的一位专家，5 年之前是车间主任，而这 5 年，他都在机关“蹲办公室”；或者你找的是一位技术工程师，大学毕业，但一直在工程部画图纸，并没有在一线生产部门实际操作的经验。在这种情况下，他可能会了解一般状况，但是，对于当前具体的状况、日常操作中遇到的实际挑战与需求，尤其是我们在知识萃取时不可或缺的场景信息，并不了解。如果仅依赖这样的业务专家，我们萃取出来的知识很可能是“干瘪”的或者已经过时了。因此，找到实际在一线作战的人或者是能“听得见炮火”的指挥官，更有价值。

让业务专家参与进来

业务专家一般都很忙，他们没有时间与你见面；即便挤出了一点宝贵时间，也没有耐心，深度参与；更严重的问题是，许多业务专家根本就没有多大兴趣或意愿来帮助你。

所以，知识炼金士既要争取到领导的大力支持，又要“搞定”业务专家。理想的情况是，让业务专家全程参与你的项目，不仅敞开心扉，积极贡献他们的经验、信息与见解，而且主动参与创造、提炼。由于他们是业务专家，对内容非常在行，他们的主动参与，对于保证知识萃取的效果至关重要。

1. 让业务专家敞开心扉

只有敞开心扉，愿意倾囊相授，才能在访谈或团队研讨中畅所欲言。但是，在实际工作中，因为各种因素限制，业务专家有时候会有各种各样的顾虑，除了思维与表达能力限制以及的确有部分知识“只可意会，不可言传”，难以清晰表述之外，激发业务专家进行知识分享的热情也是知识萃取项目成功的关键因素。

（1）借口“忙”，不参与

对策：提前进行充分准备，提高访谈效率，尽量少占用业务专家的时间。的确，业务专家往往都是业务部门的骨干，日常事务繁忙，虽然知识萃取项目也很重要，但往往并不紧急，如果占用业务骨干很多时间，一则可能影响业务，二则可能招致业务部门领导的反对，影响项目顺利推进。

（2）害怕“教会徒弟，饿死师傅”

对策：让业务专家明白知识萃取的价值，并采取得力措施给予奖励。

在许多公司中，知识有时候是你保住工作职位的权力，或者“教会徒弟，饿死师傅”。因此，要让业务专家明白知识萃取对于自己、他人和组织的价值，主动地重视并参与其中。

1）知识萃取对于业务专家的价值

- 知识萃取本身是对自己知识的梳理，受益最大的仍是业务专家。
- 向知识炼金士学习如何梳理知识，学会如何学习，提升自己的能力，对于个人未来发展具有重要意义和价值。
- 通过与其他业务专家相互切磋，不仅可以拓展自己的视野，学到仅凭自己摸索无法掌握的新经验，而且可能激发、创造出新知识。

2）知识萃取对于他人的价值

- 帮助他人。
- 对于自己的下属，可以让他们更快上手，更好地独立工作，减少自己的指导或工作负荷。

3）知识萃取对于组织的价值

- 形成规范，提升组织运作绩效。
- 挖掘最佳实践，提升组织智慧。

2. 必要而到位的奖励

应该采取得力措施，给予业务专家奖励。这些措施包括如下几方面。

- 精神激励：在大多数公司中，知识萃取项目并没有太多的奖金，因此，对业务专家的奖励更多的是精神激励，包括访谈中的认可与鼓励、领导的认可、公示与内部沟通，以及对萃取成果的命名等。
- 在绩效考评、晋升方面给予倾斜或优先考虑。
- 适当的物质奖励。

3. 创造机会，降低难度

就我们在一些企业与业务专家的交流经验来看，许多人并不是不愿意分享，而是没有机会。的确，在日常工作中，大家都忙于完成工作任务，领导也没有安排正式的机会进行分享与交流。即便是公司或部门立项的知识萃取项目，领导指定或交代了业务专家接受访谈的任务，但他们仍然有大量事务性工作，难得有正式的机会与场合进行经验的梳理和分享。

为此，应该在企业内部多创造一些机会。比如定期（如每周五下午）举办经验交流或分享会，排好顺序，让大家轮流分享；或者，在公司或部门内部设立研究课题，成立问题攻关小组。这些都是行之有效的做法。

同时，应该尽可能地降低业务专家分享的难度，让他们没有心理或精神负担，可以自然地进行交流。比如，不要求非得做 PPT，不要求开发成课程，不要求提交正式的报告，不要求登录一个刻板乏味的系统，不要频度过高，等等。

4. 组建同盟

按照美国学者埃弗雷特·罗杰斯（Everett M. Rogers）教授提出的“创新扩散”理论，对待一个新事物，人们会有不同的态度：有的主动发起；有的积极跟进；有的会暂时观望，“等等看”；有的怀疑，即便已“成气候”，只是不情愿地跟进；有的则冥顽不化……对于知识萃取这一新事物，各级管理者和员工也会如此。就像民间谚语所讲：要想走得快，就一个人走；要想走得远，就一群人走。如果能够找到对待新事物有热情、愿意主动发起或积极参与的一群人，建立起“同盟”，相互支撑、激励，肯定比一两个人单打独斗更有力量、干劲高，且更加持久。

5. 形成氛围

个人的行为无疑会受到其所处环境的影响。无论是项目组、部门的“小环境”，还是整个组织大的氛围，都会影响业务专家的参与度。对此，你应该争取获得直接领导的支持，让他们以实际行动展示出对知识萃取的认可、重视，不仅“命令”业务专家参加，而且在平衡项目与日常工作之间展现出对知识萃取的支持。

同时，也应在组织内部进行适量的传播、推广，让大家不仅认识到组织对知识萃取的重视度，也知道自己如何参与其中、对个人和组织有什么价值，为知识萃取项目的顺利推进创造良好的氛围。这都有利于业务专家的参与。

案例访谈

业务专家参与知识萃取最主要的形式是接受访谈，参加研讨，提供专业见解、案例、实践做法，一起提炼“干货”内容，并参与评估、验证等。其中，知识炼金士最核心的技能之一是对业务专家的访谈。

1. 选择适当的访谈方式

对业务专家的访谈，主要方式有三种，各有优劣势（参见表 3-3）。你可以根据情况，选择适当的访谈方式。

（1）一对一面谈

如果能约到业务专家的时间，和他们进行 1 ～ 2 小时甚至更长时间的当面交流，可以直接、高效地了解到业务专家的见解。如果准备充分，还可以进行深入的交流、探讨，这对于知识萃取项目的成功是至关重要的。

事实上，对于某些情况来说，访谈甚至是不可或缺的获取信息的方式。例如，对于操作类的任务，专家是怎么做的比较容易观察；对于人际类任务，专家是怎么说的、怎么做的，也相对容易观察；但对于思维类任务来说，现场观察就非常困难。尤其是很多工作都是综合性的，既需要动手、动口，也需要动脑、用心。通过现场观察，能看到专家是怎么做的，听到专家是怎么说的，但难观察到专家是怎么想的，内心是什么感受、企图和动机，也就难以知道他们为什么这么做，背后的动机是什么。如果不能“挖”出这些深层次的东西，萃取出来的东西可能只有“形”，而没有“神”，甚至会走形、变味儿。所以，必须对专家进行深入的访谈，才能全面地萃取。

（2）焦点小组或集体座谈

如果无法一对一访谈，可以将相关一些业务专家集合起来，通过结构化的研讨方法，让大家共同研讨、碰撞。通常使用的方法包括座谈会、焦点小组、世界咖啡汇谈等（详情参见第 6 章）。

（3）电话或网络访谈

在许多情况下，一些重要的业务专家可能抽不出时间当面接待你，也可能因为差旅、异地办公等原因无法参加座谈会，但由于他们的意见不可或缺，不得不通过电话、视频会议或社交软件等方式进行沟通。

在进行电话或网络访谈时，需要注意尽量简短、聚焦，为此，提问要明确、具体，并确保不受干扰。

2. 善用故事（案例）的力量

在对业务专家进行访谈时，许多人往往上来就直接问专家有什么经验。比如，问管理经验丰富的专家“你的管理经验是什么”，问销售经验丰富的销售专家“你的销售经验是什么”。

试想一下，如果你是被问到的专家，面对这样的问题，你会怎样回答？

除非这个专家事先已经做过深入分析和系统思考，否则，面对这类问题，要么回答不了，要么只能笼统地告诉你一些“正确的废话”。如“做好计划很关键”“要取得领导的支持”“要准确把握客户的需求”……这些结论对于完成任务可能是重要的，也没有错，但是，如果萃取到这个程度，其他人其实是没法操作的，也就很难进行复制。

正如我们在第 2 章所讲到的，知识是和情境相关的。要让专家说出他的经验，最简单而有效的方法是先就某个主题场景，请专家“讲故事”，也就是分享他们的真实案例。因为案例是专家亲身经历的，他们也能够比较自然地去回忆。他们鲜活的经验蕴藏在案例故事里面，通过对案例的复盘和深度剖析，可以真正挖掘出专家的经验。所以，案例挖掘是专家访谈的核心。

詹姆斯·马奇指出：故事讲述和模型建构是人类形成智慧的两种基本活动。虽然“经验由复杂的、随机的、部分可观察的过程产生的事件流构成”，无论用故事讲述，还是模型构建的方式来阐述经验，都存在诸多局限，使得经验不是“完美的老师”，但故事是我们理解经验的主要方式之一，也是分享经验最好的方式之一。

一般而言，案例对于企业发展和员工个人发展，有以下几项关键作用。

（1）案例中蕴含着专家的经验，易于大家学习

相对于原理、方法论等“干货”而言，案例是一种直观、感性的学习资源，有场景感、画面感，不仅更有趣，而且可以让学习者联想到事件的上下文，更容易理解、赋义，便于学习。

（2）通过案例总结的方法利于借鉴、传承

相比外部案例，企业内部案例为第一手案例，场景更真实，和实际工作更相关，学习应用更有效。也就是说，学习者在遇到一个挑战时，更容易回忆起某一个类似场景下的案例，从而促进学习转化。

（3）成功案例可以给大家带来信心和力量

戴夫·格雷认为，故事能将事实转化为行动的规则，是包装和分享你的信念的最完美方式。的确，企业变革和业务发展过程中的成功案例，可以帮助团队和新人树立信心。例如，新产品推广案例、新市场开拓案例、疑难客户投诉处理案例、组织变革案例等。

所以，在业务专家访谈时，一定要利用好案例，挖到好案例。

3. 什么样的案例是好案例

成功案例就是好案例吗？未必。如果案例一帆风顺，平铺直叙，没有挑战性，学习价值也就大打折扣。相反，通过遗憾案例、失败案例总结出新手应该避免的雷区，也很有学习价值。

从知识萃取的本质看，好案例通常具备以下特点。

（1）典型

案例场景不能特例化。如果案例不典型，或者没有可能重复的场景，这样的案例价值就很有限。因为一旦场景变化了，案例中的做法可能就不适用了。为此，应选择工作中的典型客户、典型场景，或遇到的典型挑战与问题。只有典型，才能让学习者感觉到这个案例是工作中经常会遇到的，具有代表性，你梳理出来的方法才更有价值，便于操作者“学以致用”。

（2）挑战

正如马奇所说：任何故事或模型都是对真实世界在一定程度上的简化。好的故事讲述者应在两个相互冲突的目标上保持平衡：既贴近现实，精妙复杂到显得有趣且彰显智慧，又必须容易到足以让人理解。⊖

⊖ 詹姆斯·马奇．经验的疆界 [M]．丁丹，译．北京：东方出版社，2017.

因此，好案例应能充分展现出在完成工作任务过程中遇到的挑战、难点，在保持必要细节的前提下，突出重点。

面临挑战、冲突，专家会激活自己的智慧，运用已有的经验来处置，通过深度分析专家克服冲突的方法才能找出“知识金矿”。同时，这些冲突、挑战也可以更好地激发学习者的兴趣，避免平铺直叙带来的索然无味。

（3）深入

案例不能缺少过程，直接讲结果，这样会丢失许多关键细节；不能只讲怎么做（行为），不讲为什么这么做（思维决策过程）；更不能把正面案例写成了表扬稿，把反面案例做成了检讨书。

好案例要能够还原前因后果和关键细节，充分展现出专家和一般人的区别，便于深入剖析专家的行为过程、思维模式以及关键动机，才能“知其然，知其所以然”，避免“邯郸学步”或“东施效颦”。

4. 如何获取好的案例

那么，我们怎样得到好的案例？是由专家自己来写，还是聘请专人？

在实际工作中，很多企业往往通过提供案例模板或范例的方式，让业务专家自己来撰写案例。这样做的好处是可以得到大批量的案例，但风险是案例的质量往往不高。

除去专家本身工作繁忙、没有时间等因素以外，专家自己写案例，也存在着诸多挑战。比如：专家觉得自己的很多做法是理所当然的，往往写不透，容易忽略细节；许多人可能只是列举一大堆具体的行为，简单地“记流水账”，要么要素不全，要么没有深度。很多具体的行动可能只是那个操作者在所处的特定时间、场合下采取的措施，换了另外一个人、另外一个场景，未必可以完全复制那个措施，而是应该根据某些原则灵活处置。否则，就会出现詹姆斯·马奇所讲的，由于经验具有的三个特性，即经验的鲜活性、启示的模糊性和诠释的灵活性，导致从经验中学习并不可靠。

在实际应用时，我们建议采取下列补救措施。

（1）按范围与开发难度分级

企业案例根据涉及范围不同，可以分为组织级案例（如企业战略、整体经营管理、变革管理）、团队级案例（如项目管理、团队销售）、个人案例（如营销、服务、技术问题解决）。其中，组织级案例和团队级案例因为涉及人员多、周期长、开发难度较大，往往需要由专门的团队负责。个人案例因为范围小、主题聚焦，开发难度相对较小，可由知识炼金士和业务专家协作完成。

（2）对业务专家进行赋能

为了让组织将知识萃取能力内化，需要给业务专家赋能，不只是给他们一些简单的模板或范例，如“案例开发的 STAR 框架”（参见附录 B），而是对其进行更有深度的指导，让其掌握撰写合格案例的技能。

（3）结构化的案例访谈

针对重要性高的主题，让知识炼金士使用结构化的案例访谈技术（参见本节“案例访谈‘五步法’”），通过深入访谈，挖掘出案例中蕴含的有价值经验。

（4）对案例进行比较分析

虽然我们不否认人们可以从哪怕是一次性的事件中进行学习，或者从具体经验中找到一般性规律，但更有意义的是，我们应努力通过比较、分析，通过反复观察、把握关键、明确适用条件，尽可能解析出鲜活经验中蕴含的真正知识。

5. 案例访谈“五步法”

虽然STAR框架简单、易于操作，但是，如果只是单纯地采用STAR结构，案例访谈的深度往往受到访谈者个人经验与能力的限制，新手很难开发出高质量的案例，并进而萃取出有价值的知识。

基于我们的项目实践，下面介绍的案例访谈“五步法”可以比较深入地还原案例，并通过深度剖析，一步一步地挖出专家案例“金矿石”中的“金子”。

概括而言，案例访谈应遵循以下五个步骤（如图4-1所示）。

图4-1 案例访谈的流程

（1）第一步，分享典型案例

请专家介绍案例的整体概况。可以参考上述STAR框架，也可以参考记叙文格式（如表4-2所示），记录下时间、地点、人物、事件、起因、过程、结果。

表4-2 案例概要记录表

时间	
地点	
人物	
事件	
起因	
过程	
结果	

这一阶段的主要目的是获得案例概貌，不追求细节，因为一开始就陷入细节中，会失去对案例整体感的把控。因此，访谈过程中不要轻易打断专家，以便使被访谈者以轻松的方式展开故事。

虽然在这一步中不强调细节，但也要防止空洞，尽量做到要素完整（参考 STAR 框架或记叙文要素）。常见的误区是，有过程但没结果，或者只讲结果，没讲过程。

在了解了案例概貌之后，访谈者应判断专家分享的案例是否与知识萃取的主题相关或一致；若不一致，要及时和专家明确主题，然后请其重新分享。

需要注意的是，有的专家在访谈时容易“跑题”，按照自己的兴趣点，谈了一大堆与主题无关的内容，或者变成“吐槽”。此时，访谈者要及时把专家“拉回来”，聚焦于主题。

（2）第二步，划分主要阶段

在了解了概貌之后，要请专家按照时间顺序或逻辑关系，把案例划分为几个主要阶段。这样更容易对案例建立起整体结构。

不同专家对阶段的划分可能不一样，我们应尊重被访谈者自己的划分方式。如果被访谈者一时回答不上来，访谈者可以通过举例的方式，给专家介绍一些常用的阶段划分方法，比如 ADDIE、PDCA 等，以便启发业务专家进行阶段划分。[⊖]

如果知识炼金士已经就访谈主题进行过比较深入的理论研究，或者以前曾访谈过较多类似案例，也可以给专家一些输入，或和专家共同探讨，但最终的阶段划分一定要专家本人确认，以利于后续的详细展开。

（3）第三步，还原案例细节

针对第二步确定的主要阶段，请专家逐一还原案例细节，如这个

⊖ ADDIE 是课程开发或系统构建等工作常需开展的五个阶段，分别是分析（analysis）、设计（design）、开发（development）、实施或交付（implement）、评估（evaluation）；PDCA 也被称为“戴明环”，分别对应以下四个英文单词：plan（计划）、do（执行）、check（检查）、act（调整行动）。

阶段的难点或关键点是什么，你当时具体是怎么做的，为什么这么做，成效如何，把它们一一记录下来（如表 4-3 所示）。

表 4-3 案例细节记录表

难点或关键点	
怎么做的	
为什么这么做	
结果和影响	

在这一步，需要注意的要点包括如下四项。

1）找到难点或关键点

可以通过提问，请专家明确哪些是值得关注的重点。或者，如果你曾对访谈主题做过深入研究，或针对这一主题已经访谈过多个案例，也可以把收集到的难点或关键点和专家分享，让专家进行选择、确认或补充。

2）把握重点，追求关键细节

在第一步专家分享案例时，已经介绍了一些内容，如果在这里不能把握重点，只是让专家再重复，或者空洞地请专家补充，很可能“无的放矢”。那么，应该怎么办呢？

首先，你要参考使用上述表格，快速地将已涉及的内容对应到第二步划分的相应阶段中。对专家已经提到过的内容，可以采用复述的方式，请专家予以确认或补充；如果发现哪些阶段有遗漏，或者哪些难点或关键点没有被提及，则需要请专家进行补充。

当然，这一步的重点是还原细节，尤其是对于一些关键点，访谈涉及的内容颗粒度要比第一步更为细致。比如，在很多涉及沟通的场景中，对话非常重要，但专家在分享案例时，往往会不经意地忽略或一笔带过，说得不是很详细。这时候，需要请专家回忆当时他们具体是怎么说的。如果能够当场演示，请专家模拟还原当时的对话场景就更好了。

3）深入分析，找到根因或原理

在具体怎么做的层面（专家行为模式）还原细节以后，还要深入分析为什么要这么做（专家思维模式），做到“知其然，知其所以然”，这样才能更好地被学习借鉴、灵活运用。

在访谈过程中，有些业务专家可能很难回答或总结出一个“所以然”来，对此，知识炼金士提前进行准备，并有更充分的知识储备就显得非常关键。当然，不要想当然地认为自己明白了原理，一定要及时与被访谈的专家确认。

4）明确影响

就像彼得·德鲁克所说：如果你不能衡量它，你就不能管理它。为了更好地萃取经验，需要请专家分享每一个阶段或关键点有没有一些定量或定性的、可以观察或衡量的结果，或者对下一个阶段有哪些影响。

按照第二步划分的步骤，在详细还原了一个阶段以后，我们建议你不要急着进入到工作内容的下一个阶段，而是先就这一阶段进行第四步“探寻方法建议”。然后，再进入下一个阶段，循环第三步、第四步。也就是说，对于你要访谈的专家的那项工作，每一个阶段都是先进行第三步“还原案例细节”，再进行第四步。等所有阶段结束之后，再进入第五步。

因此，第三步和第四步是案例访谈的重点和关键，需要的时间也相对较长。

需要注意的是，有些专家在分享时，习惯概述，表述较为笼统，很容易跳过细节，或者直接总结。此时，访谈者一定要有耐心，通过提问，引导专家回忆细节。同时，也要向专家说明这样做的理由，获得他的理解和配合。

（4）第四步，探寻方法建议

对于每一个阶段，在详细还原案例细节以后，需要从细节中跳出来，引导专家深入剖析，浮现出专家脑海中蕴藏的隐性知识。

如第 2 章所述，隐性知识本身就是隐而不现的，或者“只可意会，不可言传”。许多业务专家也很难讲述出自己操作背后的隐性知识。对此，建议你从如下三个方面进行深入、细致的探询。

1）多维度探索

在詹姆斯·马奇看来，我们日常生活或工作中的经验是复杂而“嘈杂”的，受很多因素的影响，许多变量不可控，变量之间也存在多重交互作用，有的互为因果，有的存在时间延迟或空间距离，相互之间的关联甚至是未知的，难以观察，不易衡量，已经发生的事件只是众多“可能事件”之一，同时，专家的决策也会受到其能力和以前练习的影响。[⊖]从某种意义上讲，一些经历几乎很难被大量地重复——因为人是能动的主体，会或多或少地从经验中学习，下次再做时，即使由同一人执行操作，也会不一样，因为这个人已经和以前不同了。

为此，一定要对经验“心存敬畏”，从多个维度进行必要的推演、探索。比如，你可以问专家类似如下的问题：

- 当时是否想过其他方法？
- 为什么没用那个方法？
- 如果让你重做一遍的话，你的方式会有所不同吗？
- 要达到相同的目的或结果，还有没有其他方法？

2）征询新手建议

一些所谓的隐性知识是专家自认为理所当然的经验或规则，而这对于其他人，尤其是新手来说，并非如此。因此，换一个视角，让专家站在新手的角度看看，说不定可以激发他们“想起来”那些被不经意间忽略的关键细节。比如，你可以问专家：

- 新人容易犯哪些错？
- 如果将来由其他人来做这个事，你会给他们什么建议？

⊖ 詹姆斯·马奇．经验的疆界 [M]. 丁丹，译．北京：东方出版社，2017.

3）界定适用条件

如第 2 章所述，知识总是与情境相关。专家当时采取那些做法，可能是在某些条件之下综合判断做出的决策。因此，我们要萃取出的知识也需要明确其适用的条件。例如，你可以请专家回想一下：

- 你当时这么做是否需要具备一定的条件？
- 哪些条件会发生变化？
- 如果条件变化了，你是否会采取不同的做法？或者要相应地做哪些调整？

将专家对这些问题的看法记录下来（如表 4-4 所示）。

表 4-4　方法探索记录表

多维度探索	
新手建议	
适用条件	

首先需要注意的是，第三步的“细节还原”是第四步“探寻方法建议”的基础，如果没有第三步中的细节，你将很难与专家对话，也不可能有效地引导。因此，不能跳过第三步，直接到第四步。

其次，在探索的过程中，不能带有访谈者的主观评价，不要想当然，要搁置判断。

再次，在这一步，非常耗费脑力、心力，对于深入剖析的一些问题，许多专家要么答不上来，要么不知道如何表达。有时候，他们会感受到巨大的心理压力。对此，访谈者要坦然面对，营造出相互信任、安全、坦诚的心理氛围，不能“强压”专家，否则容易造成情绪性反弹——因为按照人的本能，在感受到威胁或不安全的情况下，人们要么“奋起反抗”（“打”），要么就“避而远之”（“跑”）。无论出现哪种情况，都会造成结果“适得其反”。对此，访谈者应高度重视。

最后，由于深入探索比较耗时，如果案例较复杂、涉及主题较大，这个过程可能变得异常复杂。因此，知识萃取主题与案例的聚焦就显得非常关键。同时，即便是主题与案例范围可控，也要业务专家预留足够的时间。

当然，有时候也不必追求一蹴而就，尤其是在你对相关主题比较陌生的情况下，可以进行多轮访谈。但是，无论如何，抓住难得的访谈机会，尽可能深入地挖掘，是理所当然的。

（5）第五步，总结关键要素

按照第二步划分的阶段，经过第三步和第四步对每个阶段逐一还原细节、深度剖析之后，要把各阶段浮现的专家经验进行整体梳理。

对此，可以先让专家给自己的案例打个分：如果满分是 10 分的话，你会给自己的案例打几分？

这样做的好处是，如果专家没有给自己的案例打满分，你可以进一步询问专家背后的遗憾。例如，如果打了 8 分，你可以问他：为什么打 8 分？你觉得成功的关键是什么？还有 2 分未达满分，是有哪些遗憾的地方吗？

对于成功和遗憾之处，要请专家分别从主观和客观两个维度分析原因（参见表 4-5）。从学习和应用的角度看，虽然我们很难改变客观条件，但对于我们选择适用的条件，还是有参考价值的；而对于主观因素，我们可以通过自身努力去创造、实现。

表 4-5 关键要素总结表

	成功之处	遗憾之处
主观原因		
客观因素		

需要注意的是，在这一步可能会出现很多状况，包括但不限于如下几点。

- 归罪于外：“成功了，主要是自己的功劳；失败了，全是他人的原因”，如果是这样的话，就很难客观。
- 过度抽象：许多人会将原因笼统地概括成一些貌似真理式的结

论，“放之四海而皆准”，这样就会缺乏指导性，无法落地。

- 有失偏颇：限于时间、能力、态度、动机等因素，很多人在分析成功与遗憾时，有所保留，对于原因也是“点到为止”或“文过饰非”。

为此，知识炼金士要在访谈时，营造开放的氛围，并且掌握系统思考的能力，通过有效引导，确保访谈效果。

到这里，案例访谈基本结束，除了常规礼仪上的致谢之外，还要为下次的补充访谈做好铺垫。

同时，对于专家在访谈过程中提到的一些资料或素材，在可能的情况下，要趁热打铁，请专家发给自己。

6. 案例访谈关键成功要素

访谈看似简单，操作起来却有很多细节决定着成败，或者导致有经验的高手和“菜鸟”操作起来效果差异很大。那么，应该如何确保访谈效果呢？

为了确保一对一面谈的效率与效果，需要在访谈前、过程中和访谈后，注意下列事项。

（1）访谈前

- 一定要精心准备。

在对 SME 进行访谈之前，应该有所准备，了解被访者的基本情况，包括行业、工作相关的基本概念。事前了解被访谈对象及其工作，搞明白他所做工作的基本原理、一般规律以及常用“术语”，这样一是可以不说“外行话”，二是有助于你理解被访谈者的陈述，提高访谈效率。要不然的话，你不仅可能听不懂被访谈者在说什么，也提不出高质量的问题，无法深入挖掘专家言行背后隐藏的知识，还不得不经常打断被访谈者的话，让他给你以更通俗的方式来解释，从而影响访谈效果。

- 采取结构化或半结构化的访谈框架。

所谓结构化，指的是访谈有明确的议程、框架或提纲，访谈者知道自己究竟要想什么，包括必须做哪些提问、拿到或验证哪些预期成果。所谓半结构化，指的是有一定程度的结构化，但可能并不一定要严格执行所有预先设定好的程序，有一些必需的步骤，也允许有一些变化或灵活性。如果访谈者是熟练的知识炼金士，可以允许半结构化；但如果项目组由多人分头执行访谈，或者访谈者对知识萃取并不太熟练，建议项目组一定要事先讨论、确定结构化的问卷，避免随意发挥或因人而异。

- 提前将访谈提纲发给被访谈者，以便其准备。

尽管我们不能确保业务专家可以在繁忙的工作之余，专门抽出时间进行提前准备，但是，要想提高访谈的效率和效果，让你和业务专家了解访谈的目的、大致内容框架和预期成果，是非常重要的。

（2）访谈中

- 最好能录音或录像。

为便于后期的分析、整理，尤其是在有多人参与的项目组中，为便于分享或信息同步，最好能对访谈进行录音或录像。但是，这必须事先声明，说明目的及使用范围（如仅限于本项目，不会对其他人公开，会事后销毁等），并征得被访谈对象的同意。如果被访谈者对此心有忌惮或反应强烈，可以不录音或录像，但需当场做好笔记，尽可能忠实、全面地记录你看到和听到的。同时，也要记录下你的一些疑惑或有待进一步挖掘的点，在访谈过程中进行追问，或在访谈之后进行确认。

- 多使用开放性问题，尽量少用封闭性问题。

所谓“开放性问题”，指的是问题不能简单地用“是”或“否”来回答，回答者必须用自己的观点来给出解释的问题，这样容易引发被提问者思考，获得他的信息或观点。当然，如果需要进行澄清、确认，仍然需要运用“封闭性问题”，如“我是不是准确地理解了你的意思？”“你还有其他要补充的吗？”“我们要不要休息一下？”

- 对内容保持中立。

如果你自己不是一个业务专家，现在正在从事你所不熟悉的领域的知识萃取工作，请时刻提醒自己：我对这个领域不熟悉，我要汇总各方面的信息，但我做出的每一个结论都需要得到真正内行的确认。

即便你长期从事同一主题的项目（如销售或生产管理等），和同一领域的不同专家合作过（这可能会让你对某一领域的内容比较熟悉），但是，请记住：你对这一领域的知识只是熟悉而已，充其量算是半个专家，并不是真正的专家。

因此，除非你是某一行业或领域内真正的专家，否则，知识炼金士应对内容保持中立，在引导或研讨过程中，不预设立场，也不选边站队，执着于自己的观点。

（3）访谈后

- 及时整理访谈记录，并经业务专家确认。

从业务专家那里收集知识并萃取出来，本质上是一个知识发掘和创造的过程。其中包含两个核心过程：一是学习，确保自己学习到了相关的知识；二是设计，将你学习到的知识以适合他人学习的方式“编码”出来。其中的关键在于确保信息一致，毕竟专家的用词或表达方式，和访谈者的理解可能存在差异。

因此，访谈结束后，要认真整理访谈纪要，必要时重复听录音或观看录像，确认理解正确无误。对于不太理解或有疑问的地方，要标注出来，进行补充访谈或电话确认。

在萃取出知识成果之后，如果有条件的话，最好按照你的理解，重做一遍，并确保达到了预期的结果。如果不是这样，就要与被访谈者进行确认。

总之，千万不要在结果确认之前，自认为你已经理解了！

深度观察

1. 深度观察是洞察力的重要来源

在实际知识萃取项目中，很多人把重心放到对业务专家的访谈上，希望通过访谈，让业务专家自己谈出“干货”或“绝招”来。尽管我不否认访谈的重要性，但我可以负责任地告诉你：如果只依靠访谈，很可能效果不佳。原因不仅仅是业务专家未必有很强的总结、提炼、表达能力，也在于通过语言、文字，很难透彻地了解具体的场景，导致知识萃取过于抽象，或产生偏差。为此，在条件允许的情况下，在进行专家访谈之前，最好能到专家的工作现场进行观察、体验。这不仅有利于收集第一手信息，而且对于对萃取主题不甚了解的知识炼金士而言，还可以增强对专家工作环境、工作内容的感性认识，以便更好地访谈和分析、萃取。

事实上，深度观察本身就是一种有效的获得洞察、萃取知识、激发创新的方法。例如，哈佛大学大卫·加尔文（David Garvin）教授曾提到美国知名的L.L.Bean公司，通过寻找“先锋客户”，并认真实地观察，来获取用户的经验与产品洞察（参见案例4-1）。

案例4-1：L.L.Bean从“先锋用户”身上观察萃取知识[⊖]

L. L. Bean是一家从事邮递直销户外活动服装和装备的公司，他们

⊖ 大卫·加尔文.学习型组织行动纲领[M].邱昭良，译.北京：机械工业出版社，2004.

并不依靠传统的市场调查方法，而是直接找到那些专业用户，通过创造性的调研和现场观察，获取第一手信息，从中找到新产品开发或改进的灵感。这本质上也是一个知识萃取的过程。

在选择观察对象时，他们会直接找到那些最了解情况、依靠这些产品生活的资深用户。事实上，他们将测试用户细分为三类：①领导型用户，是指那些花费大量时间来研究他们要采购的东西的人。大多数情况下，他们的生计或安全依靠他们所购买的产品。为此，他们通常在将产品带回家后，会自己进行改造或改进。②专业型用户，他们和领导型用户一样了解并承担相同的活动，但是他们不改造产品或依靠它来谋生。③休闲型用户，是那些靠兴致偶尔为之的用户。对于不同的项目，L.L.Bean 会根据需要，找出合适的测试者组合。

例如，20 世纪 90 年代初，为了设计一款新型徒步旅行靴，他们从公司的数据中选择了近 20 位测试员，邀请他们来到华盛顿山，进行实地的徒步旅行。每个参与者都得到了 2~3 双靴子，包括公司拟开发的新产品样品和竞争对手的产品，并要求他们在穿一双靴子旅行一个半小时之后改用另外一款产品，全程轮流交替，同时记下真实的体验感受。第二天，整个团队聚集在一起进行信息的归集与改进讨论，快速收集到了大量具体的、有价值的设计或改进建议。L.L.Bean 的产品开发小组在获取了这些关键的知识之后，很快设计出了广受好评的产品。第一批产品几周内即售罄，全年销售量较之前提高了 85%。

按照哈佛大学商学院大卫·加尔文的总结，L.L.Bean 公司多年践行的、行之有效的实地观察术，要点包括：

（1）精心选择测试员

- 依靠严格的程序和标准，选择有经验的测试员。
- 按使用经验和类型，对用户进行分类。
- 和用户建立长期的关系，而不是简单的或一次性的接触。

（2）全方位地收集真实信息

- 在真实环境下进行观察，深入聆听，而不是在人造或仿真环境中。
- 在测试员做事的同时，和他们交流，而不是在无关或人工受控的环境下对话。
- 进行对比测试，而不是孤立地评估。
- 全程陪伴，在多个时点收集信息，及时反馈，如开箱第一印象、初次使用感受、中期评估和全面评估等，而不是长时间之后再反馈，确保没有信息流失。
- 鼓励多种交流方式，包括电话、邮件、信件等。
- 定量与定性相结合。

（3）鼓励对话

- 按性格或特点相近的原则，对用户进行分组。
- 把用户和设计人员、市场人员与供应商等掺杂在一起。
- 鼓励忠实的反馈、坦诚的交流。

（4）验证发现

- 进行整合陈述。
- 试探创新的方案。
- 向用户征求反馈，验证新方案是否忠实地反映了他们的建议。
- 采用大规模的调研来验证最初的定性发现。

虽然 L.L.Bean 的观察术主要用于产品开发，但其原则也适用于知识萃取。

2. 深度观察的艺术

虽然观察听起来并不难，似乎谁都会，但深度观察却是一门学问。

基于 L.L.Bean、IDEO 等企业的实践和我们的经验，良好的观察需要掌握下列要点。

（1）在真实场景中观察

如第 2 章所述，任何知识都有其关联的场景。因此，在现场观察时，必须明确相关的场景，在真实的环境中去实地观察。L.L.Bean 主张在真实的环境中观察，IDEO 的实践经验也表明，亲身接触是改进或创造突破性产品的关键的第一步。

（2）选择恰当的观察方法

依据需要参与的程度，观察有不同的方法：一个极端是被动观察，观察者只是一个安静的“旁观者”，只是听和看，不干扰任何事情；另外一个极端是“参与式观察”，观察者要完全投入到活动之中，成为团队的一分子，在实际参与的过程中进行观察。介于二者之间的是不同程度的介入和交互，观察者既不是实际参与，也不是完全沉默，例如，通过提问、试探、插话等，把事情搞清楚，以加深理解，但这样做的缺点是可能在某种程度上扭曲或打断活动的真实过程。

三种观察方式的优劣势如表 4-6 所示。

表 4-6　三种观察方式的优劣势

	优势	劣势
被动观察	• 忠实记录 • 容易接近用户	• 不能提出问题，并澄清理解
适度参与式观察	• 相对于被动观察，这种方式通常可以得到更深层次的认识	• 观察者的问题会在某种程度上扭曲活动的真实流动方式
参与式观察	• 可以深度参与、投入感情，有利于获得深入理解和认识	• 获取许可比较困难 • 数据收集周期长 • 观察者有时候太投入而失去了客观性

（3）寻找典型人物与故事

IDEO 认为，找到合适的人去观察很重要。我们通过精心选择业务专家，可以找到适合进行观察的人。同时，也要选择并记录下典型场景中的故事。对此，常用的方法是“故事线”(storyline)或“故事板”(story board)，参见附录B。

(4)客观记录细节

对于观察来说，最重要的技能就是专心地看和听，尽可能地推迟判断和分析。像达尔文那样最优秀的观察者，会保留详细的记录，力求准确和真实，确保不让自己的偏见和情感影响观察结果。

但是，在观察过程中也要密切关注并记录下你的任何感想、反应和问题。甚至有人提出，要以“儿童的眼光”或“好奇之心”，观察每一个细节。

(5)保持聚焦，把握关键

观察、记录他们完成任务或工作的主要活动，识别主线和内在逻辑及顺序，去除无关的活动。这个要求看起来简单，要做到却并不容易，因为在现实生活中，大量活动混杂在一起，也不可避免地会受到一些外部或无关因素的影响，要想去粗取精、去伪存真，必须具备一双慧眼。

(6)同理心

IDEO认为，通过深度观察获得洞察的秘诀之一是同理心，也就是换位思考。设想自己就是用户或操作者，试着站在他们的位置上，透过他们的眼睛来看世界，用他们的语言、能力来执行操作。不仅仔细观察他们的行为细节，还努力推断他们的动机和情绪。

(7)动态的眼光

虽然现场观察非常生动、直观，但是由于现场观察看到的都是真实的场景故事，如果时间有限的话，你收集到的素材往往是片面或至少是不完整的，有些故事可能并没有在这一段时间内发生（但并不意味着他们不存在或者不可能发生）。因此，要确保观察持续一段时间，以动态的眼光来观察人们的行为。

（8）全面

即便获得了许可或信任，在现场观察时，也有可能发生被观察者有选择性地作为或筛选资料，如“报喜不报忧”或隐瞒机密信息、只做自己拿手的活儿等情况。对此，应该向被观察者说明观察的目的，取得他们的信任，以免产生行为扭曲或隐瞒敏感信息。

同时，除了现场观察，还必须配合其他获取信息的手段，如资料分析、访谈等，确保全面地了解真实世界的情况，防止片面性。例如，美军经验学习中心（CALL）的核心活动之一就是实时观察和数据收集，他们会根据目标选拔有经验的观察者，事先制订详细的计划，并深入战地，采用书面材料、视频资料等方式，忠实而详细地记录下所有观察资料，以供后续分析使用。

（9）注意区分适用条件及可复制性

对于从原始观察中得出的操作步骤与经验，必须留意其是否具有可复制性，也就是说，这些操作是仅适用于这个场景（时间、地点、人物），还是具有一定的推广价值或可复制性。

例如，某地产公司开发的一个楼盘，开盘时刚好碰上当地政府出台了一项调控政策，现场销售火爆。当时，大家总结了很多条所谓的“经验”，但是，由于真正的原因是客观因素，大家总结出来的那些做法，换了另外一个时间，可能并不奏效。

因此，不能把你从现场观察或访谈中获取的直接信息当作一般性规律，必须对其进行鉴别、分析。

（10）注意高手和新手的差别

如果我们观察的是业务专家，他们的操作可能已经非常熟练了，对问题的分析与处理也显得驾轻就熟，一些过程看起来理所当然，但是，不要被这样的表象迷惑！如果换一个人来做，尤其是新手，可能就不会像这样流畅了，而是困难重重、磕磕绊绊。对比两者，你可以发现这里面隐藏着专家已经内化于心的“隐性知识”，把它们萃取出来、固化到流程操作之中，对于这些知识的复制和传承，具有重要意义。

当然，许多业务专家对此可能已经“习而不察”了，他们认为这一切都是很自然的，也许没有给你讲出来。所以，我们在现场观察时，既要选择高手，把他们真正的诀窍发掘出来，也要对照一般人或新手，发现被业务专家不经意间忽略的部分或关键细节，使得萃取出来的知识更容易被复制、“落地”或传承。

第 5 章 CHAPTER5 复盘：从经验中萃取知识

在电视剧《我的兄弟叫顺溜》中，顺溜和战友们经历了惨烈的三道湾战役之后，司令员陈大雷给顺溜下了一个任务，让他总结这次战役的战斗经验，并且很有章法地告诉顺溜：你回顾一下战斗过程，看看“开始怎么着，中间怎么着，后来怎么着了”，然后再分析一下“哪儿做得好，哪儿需要改进”。司令员说：“经过总结的每一滴血、每一颗子弹，将来都能闪闪发光。”这其实就是通过复盘来总结经验、萃取知识的一个缩影。

从起源与本质上看，复盘的目的在于从自身过去的经验中学习，为了能够有效学习，其中必然包括一个知识萃取的过程。因此，复盘也是一种行之有效的知识萃取机制。无论是业务专家、管理者个人，还是团队，都可以通过复盘来提升能力、提高效率与效果。就像在华为、万达、联想、美军、英国石油公司等组织中，每打完一仗，就进行复盘，从战争中学习如何打仗，不仅是领导力开发的有效方法，也是提升团队协同作战和组织能力的重要途径。

但是，在电视剧中，以顺溜为代表的业务专家通常并不善于复盘，他们可能也会“在脑袋瓜里把整个战斗过程过一遍”，但很难清晰地总结出套路。对此，顺溜的战友——“文化人”翰林则比较在行。就像顺溜所说的那样：“三道湾战役的情况，我早就告诉翰林了，翰林说，打仗归我，总结归他。我们从来都是这样。”实际上，这并不是正确的做法，顺溜的这种做法也被司令员严厉批评了：“胡说。你命也归他？自己总结！”

那么，应该如何有效地进行复盘，从自己的经历中萃取出经验与教训呢？

什么是复盘

“复盘”一词来源于围棋用语，指的是棋手下完一盘棋之后，通过回顾、分析、反思，找到自己对弈过程中的利弊得失及原因，从中学习到一些实战的经验教训，从而提升自己的棋力和未来的表现。对于成人来说，复盘——从工作实践中总结经验教训，是最有效的学习途径。

20 世纪六七十年代以来，包括美国陆军、英国石油公司在内的大量机构广泛采用了“行动后反思”(after action review, AAR)和“项目回顾”(project retrospect)等实践，提升组织从自己过去实践中学习的能力。20 世纪 90 年代中期，联想集团创始人柳传志先生将围棋用语“复盘”引入企业管理领域，采用了与 AAR 类似的做法，实践证明是行之有效的组织学习机制，不仅有利于各级管理者领导力的提升，而且是一种带团队的方法，也可以沉淀组织智慧、激发组织创新、提升组织能力。

近年来，随着环境的复杂多变，越来越多的企业发现：过去成功的做法，在今天可能就行不通了；别人成功的经验或模式，也无法模仿或照搬。企业唯有通过探索、快速迭代，找到适合自己和当下环境的有效模式，才是基本的生存法则。为此，复盘逐渐受到越来越多企业的重视，被广泛采用。

“U 型学习法”：通过复盘萃取知识和学习的底层逻辑

1. 我们如何从经验中学习

关于从经验中学习，最著名的理论是大卫·库伯（David Kolb）的“经验学习模型”(experiential learning model)。

基于约翰·杜威（John Dewey）和科特·莱温（Kurt Levin）等学者早期研究成果，美国教育理论家大卫·库伯相信，“学习是一个经由经验转化，创造出知识的过程”（Kolb，1984）。概括而言，这一过程大致包括四个阶段。

- 具体经历（concrete experience）：学习者通过主动地参与行动，去体验。
- 反思性观察（reflective observation）：学习者有意识地获取信息，进行思考。
- 抽象概念化（abstract conceptualization）：学习者将观察、思考所得进行概念化，形成理论或模型。
- 主动试验（active experimentation）：学习者在新情境下对这些理论或模型进行测试。

试验的行动、结果及提炼又启动了下一次经历、观察、概念化的循环（具体如图 5-1 所示）。

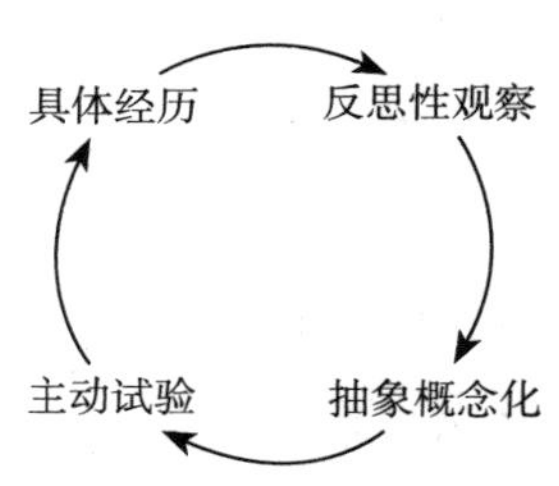

图 5-1 大卫·库伯的经验学习模型

复盘作为一种从自身过去经历中学习的方法，本身即这一模型的具体应用与体现。

实际上，比大卫·库伯更早提出人们如何从经验中学习见解的，是中国战国时代末期的儒学大师荀子。《荀子·儒效篇》讲道：

“不闻不若闻之，闻之不若见之，见之不若知之，知之不若行之。学至于行之而止矣。行之，明也。明之为圣人。圣人也者，本仁义，当是非，齐言行，不失毫厘，无它道焉，已乎行之矣。故闻之而不见，虽博必谬；见之而不知，虽识必妄；知之而不行，虽敦必困。不闻不见，则虽当，非仁也，其道百举而百陷也。”

这一大段话，翻译成现代文，就是说：如果你没有经历，几乎就没办法学习；所以，想要学习，就要多去创造经历（“不闻不若闻之”）；但是，只有经历是不够的，还必须对你的经历积极思考，产生见解（“闻之不若见之”）；在此基础上，要能够透彻地领悟一般性的规律或原理（“见之不若知之”）；做到了这一步还没算学习了，还得将领悟到的知识付诸行动（“知之不若行之”）。只有行动得以改进，学习才是真正发生了（“学至于行之而止矣”）。当你学以致用、不断改进自己的行动，就能达到“通透”的状态（“行之，明也”），成为“圣明的人”（“明之为圣人”），能够坚持以“仁”“义”为本，是非判断、言行举止，完全恰如其分（“圣人也者，本仁义，当是非，齐言行，不失毫厘”）。要达到这一境界，没有其他方法，只有通过知行合一（“无它道焉，已乎行之矣”）。

如果只是有经历，而没去思考、没有产生见解（“闻之而不见”），虽然阅历广博，也是荒谬的（“虽博必谬”）；如果对具体的经历有了思考和见解，但没有悟得一般性规律或知识（“见之而不知”），虽然有见识了，但还是虚妄的（“虽识必妄”）；如果悟到了知识，却不去行动（“知之而不行”），虽然你的知识很敦厚，但还是困顿的（“虽敦必困”）。

当然，如果既没有经历，又不去思考（“不闻不见”），即便这次你做对了，也不是靠你自己主观努力实现的（“则虽当，非仁也”），以后再去行动，仍然是做一百次，错一百次（“其道百举而百陷”）！

荀子这一段话真是讲得淋漓尽致，对人们如何从经验中学习的阐述也非常深刻、到位。就我的理解，在荀子看来，为了让学习发生，需要经历四个步骤：闻、见、知、行。从本质上看，这和大卫·库伯的理论模型是一致的。

（1）闻（具体经历）

所谓“不闻不若闻之”，指的是人要想有学习与成长，必须有广博、丰富的经历（“闻”），为此，要努力争取机会多去体验，在有体验的基础上，必须及时对过去的经历进行回顾、梳理，使其成为有意义的学习的“原材料”。

如果没有经历，每天都是一成不变、简单机械地重复过去，就不会有学习。

（2）见（深入反思）

所谓“闻之不若见之”，指的是不仅要回顾、梳理，更要能够进行深入的分析，力争发现成败优劣的根因与关键，产生一些“洞见”或觉察。如果只是简单地进行工作总结，没有反思、分析，那就只是继承或重复，难以学习到有价值的东西。

（3）知（提炼规律）

所谓“见之不若知之”，指的是不仅要基于本次经历（特定情境、特定任务）的“洞见”，还要“举一反三”，深入地探究、了解事物背后的规律，并且考虑到各种可能的变化以及未来的适用性（延展性），从而提炼出适合未来、其他情境下此类任务的更好的打法。这是一种“知识”或采取有效行动的能力。相对于个人过去的认知状态，这是一种创新。

（4）行（转化应用）

所谓“知之不若行之”，指的是学习是知行合一的，只有将“知”应用于实践，指导自己的行动，提高行动的效率和效果，才是真正的学习（“学至于行之而止矣”）。因此，要基于学到的经验与教训（“知识”），结合自己下一步的任务与挑战，有效地应用所学，提高行动的效能。只有经过实践的检验，才能证明你真的学到了、会用了，这是你的能力，可以英明地应对各种挑战（“明之”）。因此，荀子认为“学至于行之而止矣”。

从思维的脉络看，以上四步是由表及里、由此及彼的过程。

第一步的主要动作是对自己的具体经历进行回顾、梳理，包括回顾自己的目的与目标、策略打法与计划，也包括实际的过程以及结果。这针对的是此处、当前（刚结束或过去）的事件或活动，是具体而生动的（“此”“表”）。

第二步的关键动作是对比、分析、反思。基于过程与实际结果，对照目标与计划，找出这一具体事件中自己的利弊得失、亮点与不足，并分析其根因，把握关键，不只是看到表象，更要把握本质（“此”“里”）。

第三步则需要举一反三，进行总结、提炼，看看以后此类事件或相关情况应如何处理，也就是说得到一些经验或教训，这针对的是未来的一般原则或做法（“彼”“里”）。

第四步的核心在于，将得到的一般原则（经验教训）应用于未来的实际状况（工作任务、问题或挑战），针对的是未来的行动（“彼”“表”）。

由第一步到第二步是“由表及里”的过程，要求用心、求得“知其然，知其所以然"；第二步到第三步是"由此及彼"的过程，要求灵活、创新，注重概括、提炼，"举一反三"；第三步到第四步是从理论到实践，是"去粗取精""去伪存真""学以致用"的过程。整个过程的轮廓像英文字母"U"(如图 5-2 所示)，故而我称之为"U 型学习法"。

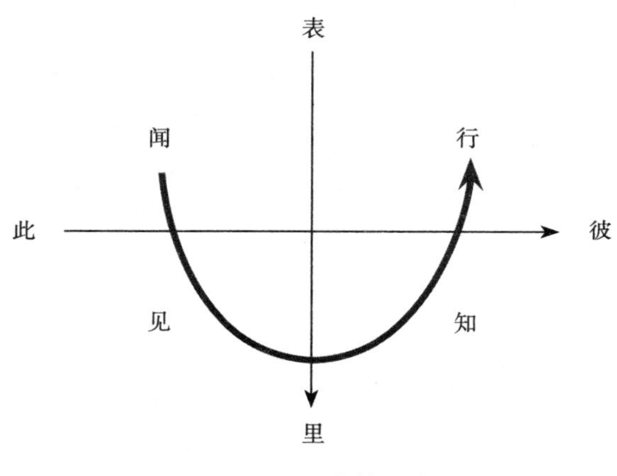

图 5-2　U 型学习法

2. 复盘必备的核心环节

基于上述分析可知，要想真正从复盘中萃取出知识、实现学习，就必须遵循特定的程序、逻辑或步骤。这些步骤至少包括下列四个阶段。

（1）回顾、评估

不仅要梳理事件的过程与结果，也要回顾预期的目标、策略打法与计划。因为没有目标和计划，就没有一个做比较的参考基准。

之后，要将实际结果与预期目标进行对比、评估，找出一些有学习价值或意义的差异（亮点或不足）。

（2）反思、分析

经过第一步中的对比、评估，发现了一些有价值的差异（亮点或不足），对此，要进行深入的分析、反思，找出根本原因，以便“知其然，知其所以然”。

（3）萃取、提炼

在找出了根本原因之后，要“退出画面看画”，思考一下，从这个事件（尤其是为什么会有这些差异）中，我们能学到什么？也就是说，什么是这类事件的一般规律？哪些做法是奏效的，值得继承或推广？哪些做法是无效的？这是一个萃取、结晶、提炼的过程。

（4）转化、应用

学习是为了更快、更好地行动，所以，要将总结、提炼出来的经验与教训转化到自己的后续行动中，看看需要开始做什么、停止做什么，以及继续做什么，或者要做哪些改进，无论是个人，还是自己所在的团队以及整个组织。

以上是我们做复盘时要坚持的基本步骤或逻辑。我将其称为“复盘之道”。[⊖]

3. 通过复盘萃取知识的三个策略

如上所述，复盘的核心目的在于学以致用，知识萃取是复盘的核心环节之一。为此，要能够从具体的实践或经历中，深入思考，提取出一般规律。这一过程被我称为“萃取”，是学习的关键环节，但许多人并不能很好地把握“火候”，往往萃取、提炼不出真正有效的经验或教训。由此，也导致复盘的学习效果参差不齐。

那么，应该如何通过复盘来进行知识萃取呢？

⊖ 关于复盘的具体操作以及详细指南，参见：邱昭良．复盘+：把经验转化为能力 [M]. 3 版．北京：机械工业出版社，2018.

在我看来，通过复盘来萃取知识包括三个策略：

- 复制成功或避免重复犯错。
- 提炼故事、模型或理论（经验与教训）。
- 复盘分享与研讨（同类事件或活动复盘分享与知识共创研讨）。

下面，对这三种策略，展开论述。

复制成功或避免重复犯错

按照詹姆斯·马奇的看法，“所谓学习，就是在观察行动与结果之间联系的基础上改变行动或行动规则。”因而，从经验中获取智慧的模式分为两种：复制成功（也被称为“低智学习”，尽管这种提法容易产生误导）、故事或模型（同样有误导性且不准确的提法是“高智学习”）。前者是“在不追求理解因果结构的情况下复制与成功相连的行动”；后者是“努力理解因果结构并提炼出故事（自然语言）、模型（符号语言）或理论，用以指导后续的行动”。在马奇看来，“二者没有优劣之分，各有价值，也各有局限性。”“实际的学习是两种模式兼而有之。”

通过复盘，可以直接找出在当时的场景之下，哪些做法有效，哪些做法值得改进，因而，通过复盘进行知识萃取的第一种途径就是，提炼出一系列规则：在某些情境下，采取某些做法，可以取得某些成功或错误的结果。

用函数的方式表达就是：

$$结果 = f(场景，行动)$$

若这些成果符合预期或目标（通常被定义为“成功”），说明在行动与结果之间可能存在关联，因而可以考虑在另外的情境之中，欲取得相应的结果，可以复制这些做法，以取得成功；或者，某些做法未取得相应的效果或目标，则说明这些做法不奏效，为此，应努力避免，以防重复犯错。

例如，在联想集团第一次实施企业资源计划（ERP）项目时，得到的一个教训是：因为 ERP 本质上是管理项目而非 IT 项目，所以，项目组若由 IT 部门来主导，而非由业务部门主导，将导致业务部门配合不到位，从而影响项目进度与质量。后来，对项目组进行了改造，让子公司负责人担任项目总监、项目经理以及各小组的组长，有效确保了业务部门的参与，推动了项目的进展。这一经验/教训在后续实施客户关系管理（CRM）项目时，得以借鉴、复制，在项目启动之初即由业务部门来主导，避免了重复犯错。

1. 复制成功的价值

虽然“复制成功”看起来不那么高大上，也存在相当明显的局限，但它仍然很有价值。

马奇认为，复制成功的价值包括如下几方面。

（1）简单明了，因而普遍适用

在马奇看来，通过复制成功来学习，其过程可用三句话讲清楚：“从备选方案中选择一个付诸实施。记录结果、评定优劣。复制导致成功的行动，规避导致失败的行动。”因此，这一方法很常见，是一项“民主”的工具，“强者能用，弱者也能用”。

（2）实用

由于世界是复杂的，如果凡事都要问个所以然，都想搞清楚其内在的因果，我们终将会迷惘致死。为此，在许多情况下，如果能找到相关性、把握本质，“未必将其背后的因果结构表述出来”，也是现实的选择。简言之，“管用”就行。

（3）量身定做

由于简单实用，可以做到“量身定做”，“在什么情境下使用，就在什么情境下开发”。相对于那些提纯度很高的原则、模型或方法论，通过复制成功开发出来的经验更加鲜活、有针对性，无须转化，因而往往效率更高。

（4）颇具震撼力

用这种方法学习，“直接体验成与败”，学习者会感到非常震撼，效果明显，“无法不投入”。

总体而言，通过复制成功而形成的能力具有情境特殊性，“只知其然，不知其所以然”，主要适用于“可以反复练习形成专门能力的、相对独立狭小的领域”，比如一些相对简单的工作、日常生活中的实际工作等。

对于复盘来说，在相同或具有相似性的场景中借鉴或推广那些被过去实践（尤其是多次实践）证明有效的做法，对个人或组织来说，的确是一种简捷、有效的学习方法。

当然，即便是复制成功，从认知的角度看，也是复杂的。人类行为与结果之间的关系是异常复杂而微妙的，因而，从实践中识别出哪些是主导因素，并非那么显而易见，仍要付出巨大的心力。

2. 复制成功的局限或不足

由于经验是复杂、模糊的，充满随机不确定性，而且人的选择也受过往练习与结果的影响，同时样本量有限，通过复制成功进行学习并不总是可靠的，有可能导致次优状态（马奇，2017）。

对于从复盘中通过复制成功来学习，这些局限同样存在，值得警惕。

第一，如马奇所说，“历史是复杂的。”我们经历的每一个事件，除去一些在严格受控环境之下的简单动作，可以说都充满了多种复杂而微妙的因果联系，存在太多影响因素，这些影响因素彼此之间也有大量复杂的相互作用或制约关系。因此，要想从经验当中做出正确的推断，并非易事。在现实世界中，通过复制成功来学习大都容易犯“误判”和“迷信”的错误。

对于复盘，我曾指出，要把复盘做到位，面临25个“坑”，其中包括“浮于表面”“一团乱麻”“归罪于外、相互指责”等误区，很多人缺乏系统思考能力，根本无力把握关键，梳理症状、驱动力等复杂的动态关联关系，从而导致影响学习效果。

第二，复盘针对的是具体事件的讨论，虽然我们不排除可以经由具体事件的分析提炼出一般性规律的可能性，但正如马奇所说，“历史充满随机不确定性。”已经发生的历史只是众多“可能历史”的一个版本，据此推导出成功的做法，有可能是片面甚至是错误的。特别是“组织中的经验经常是信号弱、噪音大、样本少”，很容易出现错误。即便你进行了深入的分析，彻底搞清楚了在当前这种状况下事件的原因和来龙去脉，它们也不必然可以推广到另外的情境之中，而且存在一定的随机或偶然性。

在我看来，在复盘中，人们容易陷入的一个误区是“过快得出结论”，也许只是总结出了一次偶然性的因果关系，却误以为发现了规律。

第三，历史具有随机不确定性，也部分源于人是能动的主体、能力养成具有“练习效应”或“路径依赖”的特性。因而，在面临多种选项时，行动者基于过往的选择、“练习效应”而形成的能力，会影响其当前的选择。所以，复制成功“有可能导致改进”，但也容易“忽视或错过了最佳的选择”，甚至排斥创新的做法。

举例来说，有两种做法：一种是老做法，虽有一些缺点，但是大家用着顺手了，熟练度（或胜任力）较高；另外一种是新做法，优点很多，但是大家不会用。面对这个两难境地，很多组织都会倾向于选择老做法，最后的结果（绩效）也不差。这就是莱维特和马奇所称的“胜任力陷阱”(competency traps) 理论。通过复盘，复制了成功的做法，只会加重这一趋势。即便在复盘过程中发现了那个创新性的做法，也会面临两难选择：即便尝试新做法，也可能因为不太会用、能力不够，导致绩效不佳。

第四，复盘的样本量有限，可能存在较大抽样误差，从而导致对某些选项的高估或低估。马奇甚至认为，“复制成功很少会发现最佳选项”“即便是在简单情境下，通过复制成功而做出的选择也极有可能是次优的”。

由此可见，通过复制成功或规避失败来学习，有一定的局限或缺陷，这“在很大程度上取决于经验的属性而非学习者”。因此，我们必须认识到这些局限，始终心存敬畏。

3. 通过复盘复制成功的关键：“四有”原则

为了应对上述挑战，基于实践经验，我认为，通过复盘进行知识萃取、发现成功或失败的核心要点包括下列四项（简称“四有”）。

（1）有明确的场景

按照本书的定义，“知识”指的是有效行动的能力，它并非只是放之四海而皆准的一般原则，大多都有其适用条件，与特定人员在特定场合（时间或空间）进行特定操作（完成任务、应对挑战或解决问题）有关。因此，在复盘时，要将上述场景识别出来——现实情况是，人们经常会忽略这一步，因为“只缘身在此山中”。

不仅如此，在界定了具体的场景之后，必须进行审慎的分析，明确在当前特定的场景中发生的那些有效或无效的做法，是否可以推广或复制到类似场景中。如果可以，这就是经验；如果不行，这可能只是偶然，或者只是一个个案，是其中一种奏效的做法，并不能适用于所有类似场景。

此外，需要进一步深入分析，或者再次针对类似事件、活动或项目进行复盘，摸索出共性的做法或者内在的规律与原则。

（2）有明确的工作任务、问题与挑战

按照本书第 2 章中定义的“知识胶囊”模型，任何知识都要服务于具体的工作任务、问题或挑战，这是知识内容的目的、价值或用途。为此，要透过具体的工作现象（动作、行动或操作），找到其预期目的。

需要注意的是，有些工作的目的可能是显而易见的，但也有很多情况是，操作的目的性并不清楚，甚至在不同操作之间，还存在着目的不一致、不协调，甚至矛盾的状况。对此，要能够进行深入思考，透过现象看本质，并把握关键。

（3）有具体的“干货”内容

虽然这并不难理解，但我发现，在实际操作中，许多人在复盘过程中，都会说“我学到了……”“我知道了……”也许他们真的在这些方面有收获，可能他们自己也知道具体该怎么做才是有效的，但是，在复盘中只是做到这一步是远远不够的。因为：第一，如果不具体表述出来，他们可能并不真正“知道”，或者他们以为自己“知道了”的东西并不一定是正确的；第二，即便是参与者个人“知道

了”，那也只是蕴含在他头脑中的“隐性知识”，如果不能明确地萃取出来，一则不明确，二则容易被遗忘，三则无法复制或推广给其他人。

因此，我建议在复盘过程中，在经历了回顾、评估、分析、反思之后，复盘引导师要带领团队成员总结出哪些是有效的一般性做法（“经验”）、哪些是不奏效的做法（“教训”），并将其“干货”内容具体表述出来，包括做什么、怎么做、检验或判断标准、用到的方法或辅助工具等。

（4）有关键要点和应变措施

没有放之四海而绝对不变的经验或规律，凡事总有一些变化。据《韩诗外传》记载：“夫道二，常之谓经，变之谓权，怀其常道，而挟其变权，乃得为贤。”也就是说，在孟子看来，事物的本质（“道”）包括两个方面，一是一些基本不变的道理，可以叫作“经”；二是权衡实际情况而采取的灵活处置措施，这叫作“变”。如果能够掌握事物的基本规律（“常道”），并且能够根据实际情况的差异而灵活应对（“变权”），这样才是有能力的人（“贤”）。因此，真正的知识并不只是总结、表述出来的那些一般性做法，也包括基于其基本的原理和精髓、本质，在出现了一些变化的情况下，如何处置的对策。如果不知权衡实际状况而有所变通，完全按照基本的做法行动，那就是“本本主义”，并不是有能力的体现。

为此，我认为，要通过复盘来萃取知识，除了总结出一些“典型打法”“干货内容”之外，还要明确其关键要点或精髓，并列出各种常见的可能的变化状况及其应对措施。如果能够阐明其背后的原理，或有相应的理论支撑，可以让应用者更好地理解为什么要遵照这些一般性的做法，也可以更有效地进行“权变”。

模板：《经验萃取单™》/《教训记录单™》

为便于操作，更好地帮助大家把握好知识萃取的“度”，基于我提出的“知识胶囊™”模型（参见第2章），我设计了两个模板：《经验萃取单™》（如图5-3所示）和《教训记录单™》（如图5-4所示），实践证明是行之有效的。

经验萃取单™

当【（岗位或人员）】，在【（时间）】、【（地点）】，

面对【（对象）】，做【（事情）】时，

为了【（完成某项任务，解决某个问题，或应对某些挑战）】，

我们可以

做什么	怎么做	达到什么程度或标准	用到的方法或工具

其中，需要注意的事项是【（关键点、风险点、难点）______、______、______】。

如果出现【变化或意外】，则应该：

变化或意外状况			
应对举措			

图5-3 经验萃取单™

教训记录单™

当【岗位或人员】，在【时间】、【地点】，

面对【对象】，做【事情】时，

如果要【完成某项任务，解决某个问题，或应对某些挑战】，

应注意不能【做什么，或怎么做】，

因为这样做存在的风险或副作用是【风险或副作用】，

相应的改进措施或建议是【 】。

copyright：邱昭良博士设计，版权所有，授权使用

图 5-4 教训记录单™

使用指南：

- 任何知识都有其奏效或适用的场景，包括时间、地点、人物（主体）以及相关的客体（对象），也离不开相应的工作任务，因此，这两张表单都应该填写相对明确的场景（前三行）。但是，不同于记录具体的案例或事件（有特定的时间、地点），“经验”和

"教训"应有一定的可推广性，也就是说，表单中填写的"岗位""时间""地点"不应该是特定的某个人（如"张三"）、某天（如"2018年11月3日"）和某个具体的地点（如"北京"），而是指某个岗位（某一类人，如"店长"）、某一类时间（"工作时间"或"月末"）、某一类地点（如"客户家里"或"营业厅内"）。如果下面所述的知识内容与时间、地点紧密相关（即只有在那个特定时间或地点，才能执行类似操作），则应明确说明，否则可以概括而言，甚至省略。

- 任何知识都有特定的目的，也就是说解决某个问题、完成某项工作或应对某个挑战，这是知识的"靶向"（就像药品的适用症一样），也是知识需求者使用或获取这一知识的动机、触发点。填写时，最好能具体、明确。
- 知识（经验教训）的"干货"或主体内容是"为了达到什么目的，应该或不应该做什么或怎么做"，因此，在《经验萃取单™》中部的表格内，应首先按照顺序，列出"做什么"，然后明确、具体地阐述每一步"怎么做"；在《教训记录单™》里，只需列出"不应该"做什么或怎么做，无须记录更多细节。
- 为了让"经验"更容易"落地"，或者便于其他人拿来就可以操作，建议应详细记录每一步做到什么程度（有哪些可衡量的验收标准），应明确、具体、可衡量，以便使用者把握好尺度，如"水沸腾后煮5分钟，直至变为乳白色"。同时应列出在每一步中可能用到的"方法、工具、模板"，这些最好不要是泛泛的原则，而是一些实用的可操作的方法、工具，可以加速或有助于完成这一步的工作。
- 虽然阐述完主要的内容后，知识的主体已经完成了，但对于一些复杂的操作，在上面这些步骤或操作中，还应该标注一下关键点在哪里，难点或重点、风险点是什么，这样便于其他人学习借鉴时把握重点，提高操作的成功率。

- 最后，正如《韩诗外传》所讲："夫道二，常之谓经，变之谓权，怀其常道，而挟其变权，乃得为贤。"对于企业管理（或社会科学）来说，几乎没有什么知识可以保证百分百奏效。因此，在《经验萃取单™》中，虽然上面记载的这些做法在大多数情况下都奏效或无效，但也可能有一些意外或变化情况发生，对此，要明确相应的处置或应对措施。
- 对于《教训记录单™》，虽然不必阐明教训的具体做法及标准，用到的方法、工具，以及常见的变化对策等内容，但是，建议解释一下为什么不能这样做，包括它可能引发的风险或副作用，让大家明白原因。同时，可以提一提相关的改善建议或相对应的措施，也就是说：既然不能这样做，应该怎么做？虽然我们不能确保这样做一定奏效（否则就应该填写《经验萃取单™》），但至少是一个可以尝试或补救的方向。之后，如果行动验证了这些建议措施，就将其作为经验，记录下来。

提炼故事、模型或理论

在马奇看来，"一方面，复制成功无所不在；另一方面，人类偏爱'高智学习'，也就是试图理解深层次的因果结构，并用故事（自然语言）、模型（符号语言）或理论的形式阐述出来。"这其实也是人类大脑的特性之一。例如，脑神经学家梅迪纳认为，大脑不关心无聊的事，它总是在寻找意义，而"我们人类是天生的、强有力的探险家"。因此，在复盘时，许多人并不满足于简单地发现成功或失败的做法，而是希望深入分析、反思、发现其根因，并继而通过"举一反三"或其他方法，试图将其"抽象概念化"，整理出一般性的方法或规律。这无论是在大卫·库伯的“经验学习周期”模型，还是在荀子倡导的“闻一见一知一行”之“U型学习法”中，均有所体现。

但是，如上所述，复制成功已属非常不易，提炼为故事、模型或理论更加困难。

1. 故事、模型或理论的局限

马奇认为，“故事讲述和模型建构是人类的基本活动”，是我们人类钟爱或热衷的学习方式，但这种“高智学习”却存在诸多的局限与不足。

第一，就像我们在上一章案例访谈一节所提及的那样，故事与模型本身“必须精妙复杂到显得有趣并彰显人类智慧”，同时“必须简单到足以让人理解”。因而，故事讲述者或模型建构者必须在这两个相互矛盾的目标之间进行取舍，越好理解的故事，越通用的模型，越不贴近现实，预测能力越差；越准确反映现实的故事，越翔实的模型，越不好理解。通常较好的结果是倾向于“比简单过程复杂、比复杂过程简单”。结果就是，无论对于简单情境，还是复杂状况，可能都没有多大帮助。

第二，经验是鲜活的，因果关系与相互影响错综复杂，难以挖掘，不太可能有效揭示深层的因果结构。故事和模型往往会简化因果关系，经常是对随机变异的“事后诠释”，并“导致过度拟合的解释，对未来没有什么预测力”。

第三，“诠释是灵活的”，可以从不同角度进行挖掘或解释，从而得出不同的启示。甚至正如历史学家保罗·瓦莱利所说：“历史可以为任何事情辩护。”历史无所不包，不管你希望得出什么结论，都能从中找到例证。故事或模型创作者也“经常为了创作更好的故事而删减或添加事实”（Collingwood，1993），或者“为了让新事件有意义，就把新事件放入熟悉的故事情节之中”（Weick，1995）。事实上，有证据表明，“不同人根据同一经验讲述的故事，往往是相互冲突的”“大多数有关组织绩效的研究几乎没有把握理清绩效产生的因果结构”。

第四，受人类认知能力和风格的影响，开发故事或模型可能存在诸多挑战，包括但不限于如下七项。

- “记忆与回忆历史的能力有限”，且存在偏见，如人类对符合当前信念、动机的记忆更为敏感。
- “分析能力有限”，构建故事或模型容易受既有心智模式的影响。
- 存在先入为主的成见，且不容易抛弃成见，对挑战自己先入之见的证据更为挑剔。
- “既歪曲观察又歪曲信念，以提高二者的一致性”（马奇，2016）。
- “偏爱简单的因果关系”，常持线性思考的习惯，认为“原因必定在结果附近”。
- 不喜欢复杂的分析，更偏好依靠有限信息和简单计算得出的直觉启发。正如尼采所说：“片面描述往往胜过全面描述。”
- 容易“诠释经验的大图景”，经常会不经意间忽略细节。

由此可见，在开发故事或模型的过程中存在诸多不可靠之处，从他人构建的故事或模型中学习也充满不确定性。

2. 实践误区及对策

基于我个人多年复盘的实践，我发现许多人在复盘萃取知识的过程中，存在很多误区或挑战。

（1）过于任务导向

在复盘时，找到了亮点与不足，也进行了原因的分析，但许多人会跳过知识提炼、萃取这个环节，直接跳到寻找对策的阶段，就事论事，忙于布置后续的具体工作，并没有思考在类似情况下哪些能做、哪些不能做。虽然这样也能够解决当时当事的一些问题，但其实丢掉了深入学习的机会。

对此，建议复盘引导师按顺序来引导团队讨论，不要“跳跃”，在分析了差异的根因或关键的成功要素之后，可以通过提问，促进参与者进一步思考：如果我们从这件事情上抽离出来，我们能从中学到什么？在面临某种挑战时，哪些是有效的做法？哪些是无效或有待改进的做法？

（2）分析不够深入

在复盘过程中，分析根因是非常关键的一个核心环节。如上所述，如果找不到成功或失败背后的因果结构，就很难构建故事或模型、理论。但是，在企业中，很多问题背后都有一系列复杂的成因。很多人在复盘时，要么浮于表面，“蜻蜓点水”，没有进行深入挖掘；要么一团乱麻，莫衷一是，根本找不到真正的关键原因。这样都会影响复盘的学习效果。

对策：建议运用“五个为什么”“鱼骨图”等因果分析工具或“思考的魔方®”“因果回路图”等系统思考工具，找到关键影响因素及其关联关系。⊖同时，应认真地深入反思，并使用“名义小组法”，激发深度汇谈，发挥团队的智慧，理清头绪，挖掘根因。

（3）过快得出结论

按照“复盘之道”，在分析了根因之后，应该试图总结出一般性规律。事实上，复盘针对的是具体的一项任务或工作，虽然其中也包含

⊖ 邱昭良. 如何系统思考 [M]. 北京：机械工业出版社，2018.

着一般性的规律，但其原因不可避免地有其偶然性或个例，因此，除非悟性很高，否则很难从一时一事的复盘中总结、提炼出一般性的规律或原理。

复盘主要是针对具体事件的讨论，虽然我们不排除可以经由复盘提炼出一般性规律的可能性，但经由对具体事件的分析得出的结论也必然具有局限性或偶然性。也就是说，只是在当前的情况下，由这个团队执行这项任务时发生了这样的状况，即便你进行了深入的分析，也只是找到了当前这种状况下事件的原因与来龙去脉，并不必然可以应用到未来的情景中。因此，不能刻舟求剑，把一时一地的认识当成规律，也不要过快得出结论，只是总结出了一次偶然性的因果关系，却误以为发现了规律。一句话，对于复盘的结论，要有审慎、警惕的心态，需要在后续行动中进行验证。

（4）过度抽象概括

与“跳跃”或“就事论事”相反，当复盘参与者被引导思考或讨论“能从中学习到什么”时，人们又容易过于抽象，总结出一些高度概括的原则或心得。比如，“项目成功的关键在于准确把握客户需求”“这事必须是一把手工程”……这些结论可能并不错，却是空洞的，相关的一些内容或“干货”被不经意间忽略了（可能当时隐藏在人的头脑中）。如果这样的话，这些经验或教训只是存在于个人的头脑中，未被梳理出来，一则并不明确，正确性也无法被验证，二则有可能被遗忘，三则难以被传播、共享。

为此，建议复盘引导师在参与者总结出了一些“收获”（经验或教训）之后，参考“经验萃取单”和“教训记录单”（参见图 5-3 和图 5-4），引导参与者将其“具象化”，即补充这一收获适用的场景、要达到的目的以及具体可行的措施（做什么、怎么做）和相关注意事项（做到什么程度、关键要素或风险点是什么）等。

3. 更好地讲故事、构建模型的六项建议

如上所述，虽然我不否认通过一两次具体事件的复盘就能够“参透”一般性规律的可能性，但坦率地讲，这种可能性微乎其微，甚至是“可遇不可求”。为此，通过复盘来学习，最主要的策略是有效地“复制成功或规避错误”。尽管困难重重，但人类还是偏好“讲故事、构建模型”，甚至连马奇也不否认“从一两次经历中深入挖掘启示”是有可能的。

基于我的实践经验与心得，在我看来，为了有效地通过复盘开发出故事、模型或理论，需要具备下列条件。

（1）心存敬畏，始终保持警惕

既然我们认识到从经验中学习存在如此多的局限与困难，就应该心存敬畏，始终保持警惕之心，不能低估问题的复杂度，不能高估自己的分析能力，不要过于乐观地认为自己找到了规律。对于自己和他人得出的结论应慎重对待，多方推演、反复求证。

例如，可以参考下列问题来促进团队成员反思：

- 复盘的结论是否排除了偶发性因素？换句话说，我们所经历的这些事件、分析得到的原因是否具有普遍性？能否适用于大多数情况？还是仅仅是个例，或有一定偶然性？
- 复盘结论是指向人，还是指向事？它们是否具有典型意义？
- 这些做法需要依赖哪些条件？
- 复盘结论的得出，是否经过 3 次以上的连续追问“为什么”，涉及了一些根本性的问题，还是仅停留于具体事件 / 操作层面？
- 如果换了一个场景，这种做法还能适用吗？
- 可能出现哪些变化？
- 是否有类似事件的复盘结果，可以进行交叉验证？

（2）充分经历，还原事实

要想在复盘中分析深入、有效，除了个人能力、团队学习质量，另外一个不可或缺的前提是掌握了全面、充足、高质量的信息。为此，在每次经历中要更加深入地体验，留心观察，获取更多信息。

在社会学、人类学、组织研究等领域，这种做法被称为“深描”（thick description），也就是，不只是描述人类的行为，也要记录并表述相应的场景。这样，行为才能更好地被外人理解。

（3）寻找典型，运用“同理心”类推

《荀子·非相》讲道：“欲观千岁，则数今日；欲知亿万，则审一二；欲知上世，则审周道；欲审周道，则审其人所贵君子。故曰：以近知远，以一知万，以微知明，此之谓也。”

翻译成普通话，就是说：要想了解亘古千年的事，就仔细审视、分析现在；要想知道难以计数的事物，就要弄清楚一两件事物；要想知道上古的社会情况，就深入地研究、分析周朝的治国之道；要想知道周朝的治国之道，就深入地审察他们所敬重的君子（即周文王、周武王）。根据近世来了解远古，从一件事物来了解上万件事物，由具体的小事来获得经验教训、明白事理，说的就是这个道理。

荀子在后面紧接着说：“圣人何以不可欺？曰：圣人者，以己度者也。故以人度人，以情度情，以类度类，以说度功，以道观尽，古今一也。类不悖，虽久同理，故乡乎邪曲而不迷，观乎杂物而不惑，以此度之。”

圣人为什么不会被骗呢？这是因为：圣人根据自己的切身体验来推断事物，把握住了根本规律。他们会根据现代人的情况去推断古代的人，根据现代的人情去推断古代的人情，根据现代的某一类事物去推断古代同类的事物，根据流传至今的学说去推断古人的功业，根据事物的普遍规律去观察古代的一切。如果能这样把握到根本规律，古今的情况

就是一样的。只要是同类而不互相违背的事物，即使相隔很久，它们的基本性质还是相同的。所以，圣人面对歪理邪说也不会被迷惑，观察复杂的事物也不会被搞昏，这是因为他能按照这种道理去衡量它们。

如果我们能够从复盘中提炼出故事、模型或理论，就是像圣人那样，从一两件具体的事情把握本质。按照荀子的说法，我觉得要想达到这一境界，关键在于选择典型，运用同理心，采用类推的方法，这样便可以从今天和一两件具体事件来推测亘古的规律以及事件行为背后的道理。就像《荀子·王制》指出的那样："以类行杂，以一行万"，指的就是用事物的基本法则去处置各种纷繁复杂的事物，用统括一切的基本原理去指导自己的行动。当然，客观地讲，要达到这一境界绝非易事。

（4）系统思考

虽然马奇认为，"即使有最好的观察和推断技术，故事和模型所要反映的深层现实也很难从日常经验中挖掘出来"，但是，尽可能地提高自己的观察质量和分析能力，使用更有力的分析、思考技术，对于个人来说，仍能提高学习的效果。

事实上，除了一些简单情境或任务之外，企业复盘中面临的大多数都是复杂的系统性问题。在我看来，许多人都存在"系统思考缺乏症"，如"只见树木，不见森林""头痛医头，脚痛医脚""就事论事，浮于表面"。以这样的思维能力，去分析复杂的系统性问题，甚至连复制成功都谈不上，更别提从中梳理出故事、模型或理论了。因此，掌握系统思考能力，是提升复盘学习效果的关键。

按照我在《如何系统思考》一书中提出的"思考的魔方®"模型，掌握更符合系统特性的思维模式，需要我们的思维方式实现三重转变。

- 从局限于本位到洞察全局：对待任何问题，都不能只是以第一人称的本位视角（"我看到的事实是这样的""我的看法是这样的"）

来思考，必须更换多个视角来获取信息和思考，包括他人视角（“你看到的是什么”“你怎么看”）、第三人视角（“他们眼中的事实是什么”“他们怎么看”“别人怎么看我们”）、外部客户视角（“咱们别自嗨了，看看客户怎么看”）、“上帝视角”（“站在更高或更广阔的视角来看，我们现在所做的事情究竟如何”）。

- 从静止、机械、线性地看问题到动态、发展地看问题：正如荀子所说，“物类之起，必有所始；荣辱之来，必象其德”，任何事情都不是绝对孤立的，都有其来龙去脉，为此，不仅要搞清楚事物的起因、发展变化的脉络，而且要看到事物构成要素之间的相互关联关系，以及可能的变化、演进态势。
- 从浮于具体事件到洞悉本质：大千世界是缤纷复杂的，如果你只停留于事件层面，不去深究其驱动力和驱动力背后的系统结构层面的因素，就会像荀子所说的那样“闻之而不见，虽博必谬”，虽然经历很多，啥都见过，但搞不清楚其原因，观点可能是浅薄、荒谬的。当然，如果只是搞清楚了具体事件的特定原因，无法进一步举一反三或提炼出故事、模型或理论，虽有一些见识了，但仍然是虚妄、迷茫的，因为你刚搞清楚了这件事，下一件事的场景、具体表现又有不同——其实，某些差异很可能只是具体的表象，内在的本质或规律并没变。为此，一定要深入思考，抓住关键，洞悉本质。

在以上三个维度上，借助一些实用的方法与工具，如冰山模型、环形思考®、思考的罗盘®、因果回路图等，经过长时间的刻意练习，我们可以掌握系统思考的技能，从而更好地应对复杂性的挑战，也能从复盘中学习到更多。

（5）团队智慧

俗话说：三个臭皮匠，赛过诸葛亮。如果能够敞开心扉、深度汇谈，一个团队就可能实现“1+1 ＞ 2”的协同效应，让团队取得超乎个人才华组合的伟大智慧。因此，通过有效引导，激发集体智慧，是从复盘中学习的有效策略。

除了个人复盘，在企业中，大部分事件、活动、项目或工作，都是团队行为，涉及多个人或部门。因此，复盘本身是集体研讨、团队学习的过程，可以从多个视角，提供不同的事实与观点，有助于突破个人的思维局限，而且可以在各自复盘的基础上，召开“复盘分享与知识研讨会”（参见下一节）或团队知识共创（参见第 6 章），以便更好地从经验中学习。

（6）横纵对比

为了从小样本经历中深入挖掘启示，马奇等一些专家（March，2016）主张，要么使用多变量统计技术，结合模型和数据库来“接近”复杂的层次现实，要么使用“想象历史”（hypothetical history）或“几近历史”（near history）的方法，用观察经验和想象或虚拟经验数据生成可能的经验，用想象补充或替代基于数据的推断和逻辑推导。

对于大多数人来说，比较现实的做法是进行横向和纵向的对比——所谓横向对比，就是和他人的经历进行对比，看看有哪些异同；所谓纵向对比，就是和自己曾经的经历进行对照，找出共性，排除偶然因素。

当然，另外一种常见的做法是召集有过类似项目或工作经历的人，进行复盘分享和知识研讨（参见下一节）。这样也可以增加样本量，促进对比，便于知识萃取。

复盘分享与知识研讨

把具有同类项目或工作经验的人聚到一起，组织“复盘分享与知识萃取研讨专班”，可以汇集众智，更好地提取经验与教训，形成最佳实践。

相对于单次活动或单个项目的复盘，复盘分享与知识研讨具有更多的样本量，其参与者也更多、更加多元化，每个人都可能有不同的视角、见解。通过深度汇谈，不仅有助于相互学习，而且可以更好地归纳、提炼。

案例 5-1：“复盘专班”

某知名企业大学在内部推广复盘的基础上，为了扩大复盘的影响、促进知识共享与萃取，设计并实施了“复盘分享与知识萃取专题研讨班”（简称“复盘专班”）。该班一般每期 2 ～ 3 天，20 人左右参与（均为具备相同或类似实践的业务专家），实施效果非常棒，学员的满意度在 95% 以上，业务部门也对此非常认可，认为其直接促进了业务的发展与创新。

---

1. 如何组织一次“复盘专班”

虽然主题差异很大，但“复盘专班”的组织流程大致包括如下七个步骤。

（1）确定主题

“复盘专班”由业务部门发起，他们根据业务的实际需要，确定研讨的主题。一般而言，这些业务议题应该是与参与研讨的学员密切相关、对其业绩有直接影响的关键环节，这样可以激发学员的参与热情，也便于后续的应用转化。

（2）甄选学员

要想提高研讨的质量，需要精心选择参与者。实践经验表明，如果没有业务高手，或者参与者思维力弱（包括理不清思路、把握不住重点）、心态僵化，不愿意倾听他人的看法，研讨成果很难保证。

那么，怎么选择合适的学员呢？

根据我们的实践总结，在选择学员时，应注意下列事项：

- 有项目经验，“肚子里有货”。
- 愿意学习，有“开放的心态”。
- 思路清楚，有想法，学习力强，善于总结，“脑子清楚”。
- 团队搭配合理，不能过于“同质化”。

（3）精心准备

每一个参与者都应该认真准备，对自己的项目进行复盘，明确自己的经验教训，包括难点、困惑或挑战。

对于组织者来说，要提前规划好研讨主题，明确典型场景与案例，并辅导参与者做好准备。如有可能，提前将学员的复盘报告和总结材料分发给大家，提前学习。

（4）充分交流

对于研讨班来说，参与者之间的相互交流也是重要的学习途径之一。同时，让大家相互交流，实现信息的同步，也是提升研讨效果的基础保障。为此，研讨班的第一阶段，要花相当多的时间来相互分享。对于重点项目或典型案例，可以面向全体参与者分享，组织大家相互研讨；同时，还可以安排同步发表的环节，让学员分组进行案例复盘交流，或安排自由分享、交流的环节。

（5）共同创造

在信息同步的基础上，研讨班的第二阶段重点是共创。结合大家在工作中的实际难题或关键环节，可以把学员分成小组，进行集中研讨，或者通过世界咖啡汇谈，汇集更多的观点，促进共识。

（6）汇报点评

基于参与者的研讨共创，研讨会的最后一个环节，可以让各个小组汇报其研讨成果，组织参与者共同讨论，进行补充、质疑或辩论，并邀请相关的专家进行点评。

（7）打磨优化

经过上述过程，要由业务部门专家对集体研讨出来的成果进行打磨，包括局部调整、补充、精细化等。之后，就可以把研讨出来的知识成果用于实际工作。

“复盘专班”典型议程如图5-5所示。

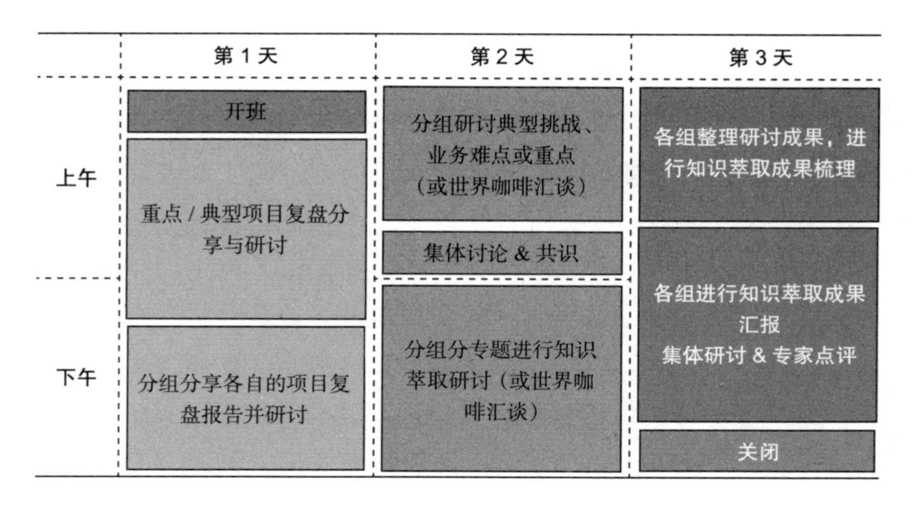

图5-5　“复盘专班”典型议程

2.“复盘专班”的关键成功要素

虽然“复盘专班”的组织与实施看起来并不复杂，但要想切实做出效果，需要注意把握下列关键要素。

（1）业务部门参与或主导

无论是选择主题、确定人员，还是确保参与人的重视、时间投入，调动相关专家资源，以及后续的评审、优化、推动“落地”，都离不开业务部门。我的实践经验表明，如果只靠企业大学（或培训部），没有业务部门的支持，“复盘专班”几乎组织不起来，效果也难以保证。要想保证“复盘专班”的效果，最好由业务部门来发起和主导。

（2）选对人

“复盘专班”主要通过团队研讨来进行知识创造和分享，对其来说，选对人是成功的关键，因为人是隐性知识的能动载体。

需要注意的是，不仅要精心甄选参与者，还要明确赞助人和引导师。

（3）学员事前扎实地复盘

在实际工作中，许多“复盘专班”的与会者都是业务专家，日常工作繁忙，因而往往没有时间认真地对自己的项目或工作进行复盘。同时，由于许多人并未受过专门的复盘培训，即使其抽出时间进行复盘，也会遇到很多挑战或“误区”，导致复盘效果不佳。[⊖]如果没有准备，其在分享时就会凌乱不堪或挂一漏万；如果在复盘时并未找到根因或萃取出有价值的经验教训，无论是复盘分享，还是参与研讨，都可能效率低下，甚至产生误导。因此，要想事半功倍，让参与者在事前扎扎实实地复盘、认真准备，必不可少。

事实上，在我和一些企业的合作过程中，有的企业会给“复盘专班”的参与者提前进行复盘培训，让他们掌握有效复盘必备的技能和方法、工具，有的还通过视频或电话会议，对参与者的复盘进行指导。

⊖ 邱昭良．复盘+：把经验转化为能力[M]．3版．北京：机械工业出版社，2018.

尤其是业务部门选出的典型案例，更要确保复盘到位。

（4）引导至关重要

正如彼得·圣吉所讲：有时候，团队中每个人的智商都在 120 以上，团队整体所表现出来的智商还不到 60！在我们的实践中，也曾发现类似情形：参与“复盘专班”研讨的都是一流的业务高手，但无论是研讨过程，还是成果，都不尽如人意。因此，并不是选对了人，就一定能出来好的成果。团队研讨的引导至关重要（参见第 6 章）。

CHAPTER6 第 6 章 团队共创，加速知识萃取与共享

2006 年，美国《时代周刊》评选出的年度人物不是某个具体的人，而是“You”（你）——没错，是“你”！随着 Web2.0、社交媒体和移动互联网的迅猛发展，我们每个人都成为信息时代的主导者。

历经十几年，这一趋势得到了切实的印证。从集万众之力共创的维基百科、开源系统与 App，到人人都是内容创作者的博客、微博、自媒体，到火爆的短视频、网络主播、问答网站……每一个“草根”，哪怕再微小，只要你有独特的内容，都可能获得“粉丝”，产生影响世界的力量。

这是互联网的力量，也是个体的崛起和协作、共创的力量。

事实上，激活每一个个体，利用众创的力量萃取知识，也将是当今时代知识萃取与运营的重要机制。

如果你是一位团队经理，或者有机会在一个团队中工作，运用知识炼金术，也可以把你的团队打造成富有智慧的知识型团队！

UGC：知识萃取的“生力军”

基于 2015 ～ 2016 年两年的微课调研，我发现，让业务部门主导、让内训师和业务专家乃至一线员工都参与进来，已经成为企业微课开发的主要模式（具体如图 6-1 所示）。

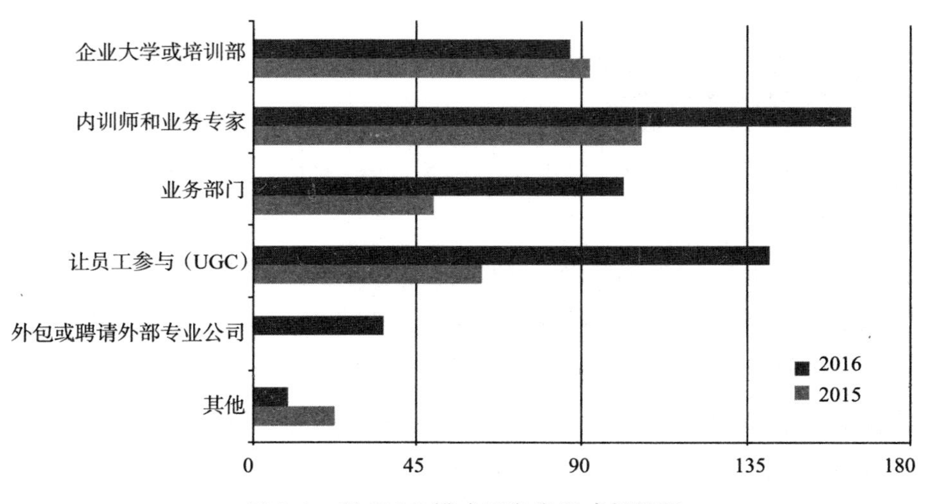

图 6-1　以 UGC 模式开发微课成长迅猛

事实上，这种模式被称为“UGC”（user generated content，用户创作内容）。按照维基百科的定义，所谓 UGC，指的是由最终用户（而非专业人员）创作的各种内容，包括观点、故事、评论、评价或反馈等。

在我看来，在未来，大多数微课或微内容都将是由用户（员工）创作的内容。因为微课的“颗粒度”小，与实际工作或业务场景结合紧密，如果指望人数有限的专业人员（无论是内训师或业务专家，还是“外包”）来开发，无论是数量还是速度，都是“杯水车薪”，满足不了业务发展的需要；而由不熟悉业务或远离一线的企业大学或培训部来主导开发，更是“远水解不了近渴”。此外，企业也无法直接从外部购买到符合自身实际情况的海量微课，因为外部供应商通常提供的是标准化的通用内容，除非是一些可配置的基础能力，否则，很难满足每个企业独特的需求。因此，比较适宜的方式就是由业务部门来主导，让内训师和业务专家乃至一线员工都参与进来，以“用户创作内容”的方式来开发微课。

同样，谈到知识萃取，我也坚信这将是一个明确无误的大趋势。

企业大学的创新实践

事实上，在实践中，许多企业大学已经进行了一些创新性的探索，印证了这一趋势。

对于企业大学或培训部门而言，过去主要注重知识的单向传递，也就是从培训师（无论是内部还是外部）到学员，通过培训课程、研讨等方式，让学员理解、掌握培训师的知识或技能。但是，近年来，许多企业大学已经意识到，这种单向的知识传递存在一定的局限性，学习转化率不高，也无法满足学员多样化的学习需求，为此，许多都开始探索双向或多维的知识交流机制或玩法，作为正式学习的补充，主要包括如下几方面。

- 学习者知识输出：许多企业大学通过“内训师课程开发”“随手拍”等方式，让参训学员提供案例或分享自己工作中的拿手绝招。
- 微课大赛或案例大赛：近年来，很多企业大学都举办过微课大赛或内部的案例大赛，让员工贡献自己的案例或知识。
- 行动学习或混合式学习项目：不同于一般的正式培训课程，行动学习或混合式学习项目包含了学员个人的非正式学习、学员与学员（小组）之间的相互交流，通过学习、研讨、分析与解决问题的过程，让学员从中学习。
- 微学习或社会化学习：近年来，随着互联网与社交媒体的飞速发展，微课、微学习、社会化学习等新兴的学习技术或方式也得到了长足发展，例如，现在许多人通过各种各样的群或分享平台，进行交流、获取信息。从本质上看，这也是以学习者为主体，让他们从多种渠道与来源获取信息，主动地进行知识建构的学习方式。

- 学员知识共创：万达学院、华为大学等一些领先的企业大学，非常注重学员参与的知识共创，通过“知识集市”“复盘专班”（参见第 5 章）等方式，让学员就工作中的实际难题，集思广益，共同研讨、创造出实用的知识。

“知识集市”：激活“大家帮助大家”的能量场

在当今快速变化的时代，每个学习者都希望及时得到对其有针对性、符合其实际应用场景、能帮助其完成当前任务或解决其遇到的特定问题的具体指导，而传统的培训或专家分享，无法满足这一需求。

- 培训或专家分享的内容通常是进行了一定程度的提炼或抽象，多是一些通用或原则性的道理，面对多人，适用于较多场景，而并非专门针对某一位学习者特定场景的具体内容（如果是这样的话，其他学习者就不感兴趣了），没有针对性。
- 专家分享或培训的时间也往往是有限的，只能讲个大概的框架，很多具体内容、实际变通的做法无法充分展开。
- 从本质上看，专家或培训讲师讲述的所谓“知识”是在其成长的场景与路径中生成的，与学习者的应用场景有一定差异，因而并非天然就适用。
- 限于资源和条件，企业很难为每个学习者配备一对一的教练或导师。

怎么更有效地帮助学习者及时获得“适合我的”具体做法呢？

面对类似挑战，某企业大学探索出了一种让大家帮助大家，通过同事互助、团队共创和业务专家出手三种方式，直接解决其具体问题的创新性实践，他们将其称为“知识集市”(也可称为“能量集市”)。

1. 逛逛“知识集市”

一次完整的“知识集市”分为三个阶段（如图 6-2 所示）。

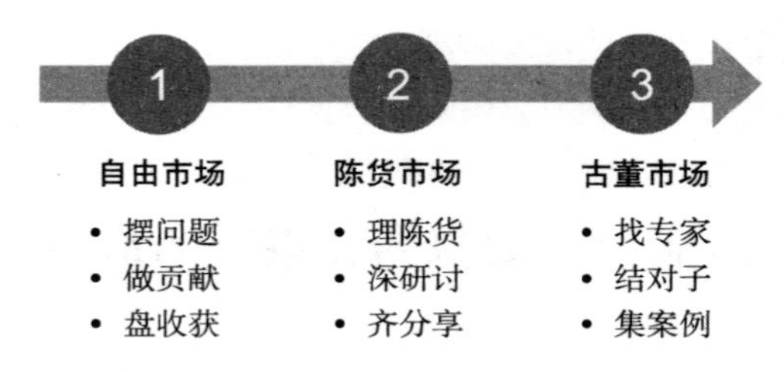

图 6-2　知识集市的流程

（1）自由市场

真实世界中交易物品的“集市”通常少不了买方和卖方两类参与者，双方在一个场所中进行交易。如果是自由市场，一般是卖方“摆摊儿”，买方自由地逛来逛去，看到自己感兴趣的商品就停下来与摊主洽谈、选购。

借鉴类似机制，“知识集市”也会选择一个宽敞、有足够空间的交流场所，组织同一领域内有共同实践的一些人，使其相互交流感兴趣的话题、分享经验。

自由市场阶段的讨论共分为三个步骤。

1）摆问题

与真实的自由市场相反，在“知识集市”中，由知识需求方（有问题需要解决的人）来“摆摊儿”，也就是选择一个地方，张贴出自己的问题。问题要与参与者的工作相关，真实、具体，有概要的描述，便于他人贡献解决问题的点子。

2）做贡献

问题摆出来之后，每个人都可以在市场内自由走动，阅读各个问题描述。如果自己对某个问题曾经有过类似经验，可以用即时贴书写下自己的建议要点，并留下姓名。之后，再去看另一个问题。

如果参与者较多，可以分批摆问题，轮流做贡献。

3）盘收获

在一段时间之后，问题所有者回到自己的"摊位"处，阅读并梳理他人对自己的问题给出的建议，从中选出最有价值或对自己有启发的观点，找到相关的人员进行重点、深入的交流。

如果通过这一阶段的交流，自己的问题已经得到了解决，问题提出者要推选"最佳贡献者"。如果尚未得到有效解决，则集中提交到组织者那里，进入"陈货市场"的研讨阶段。

初步实践表明，50% ～ 70% 的问题可以通过参与者之间的相互交流获得解决思路。

（2）陈货市场

在一般集市中，"陈货"指的是那些冷僻、不好卖的旧货，或者是卖剩下的货。而在知识集市中，所谓"陈货"，指的是那些没有在自由市场阶段被解决的问题。它们可能是一些比较罕见或复杂的问题，也有可能由于问题描述不清晰或不恰当而未被他人理解。陈货市场的组织分为如下三步。

1）理陈货

征集所有尚未被解决的问题，在开始组织讨论之前，每个囤有"陈货"的人，需重新审视或修改自己的问题描述。对于小组成员认为可以通过研讨解决的问题，入选"陈货"；对于小组成员都"无感"的问题，可以直接作为"古董"，征询专家的意见，或由问题提出人收回、自由处置。

2）深研讨

列出所有“陈货”，之后按相关性进行聚类，在每一个类别中，从“陈货”的“案主”（owner）中选出一名“桌长”（host），其他参与者按照个人兴趣可自由选择相应的话题，按照世界咖啡汇谈（参见附录B）的模式，对相关问题进行2～4轮研讨，集思广益、群策群力，寻找相关问题的解决思路。

根据参与者的人数、未解决的议题数量，可以在本阶段讨论3～6个话题。如果参与者少于3个组（每组一般在4～6人），也可以采用名义小组法（或团队列名法，参见附录B）进行分组讨论。

3）齐分享

在研讨之后，各组的“桌长”和“陈货”的“案主”进行集体讨论，整理各自在研讨中的发现，形成解决问题的思路或方案，之后进行集体分享与交流。

一般来说，这一阶段会紧接着“自由市场”之后进行。有时候，如果在一个集训周期内，也可以安排在其后一两天进行。

（3）古董市场

对于经过第二阶段的集体研讨仍未得到很好解决的复杂问题，“知识集市”组织者可以择期组织古董市场，利用专家的智慧协助解决。

古董市场的组织也包括三个步骤。

1）找专家

整理出所有“古董”问题的描述，将其发送给组织内的一位或几位业务专家，征询其意见。

2）结对子

如果某位专家认为其可以解决哪个问题，可以让问题的“案主”和专家直接交流，通过询问问题症状、背景等相关信息，诊断问题的成因及解决问题的对策（“开药方”）。

3）集案例

对于通过专家指导得以解决的问题，让问题“案主”参照案例撰写的模板（参见附录B），整理出相应的案例，与参与“知识集市”的人员共享，并放入公司的案例库中存档或备查。

对于“陈货市场”和“古董市场”中研讨的问题，如果是组织中其他成员普遍存在的难题，“知识集市”组织者可以基于研讨成果，开发相应的课程或案例等知识产品，以充分发挥其价值。

2.“知识集市”的价值

从上述过程可见，“知识集市”具有如下优势或价值。

（1）以学习者为中心

“知识集市”每个阶段的话题都是与参与者紧密相关的，可以直接帮助个人解决工作中的实际问题，不仅有利于激发参与者的主动性，而且学习效果明显。实际案例表明，学员对于“知识集市”的认可度、满意度都是非常高的。

（2）容易组织，效果显著

虽然“知识集市”的引导也很重要，是影响其成效不可或缺的关键要素，但是，相对而言，“知识集市”的组织与引导并不复杂，只要选对了人、主题，按照过程，注意营造氛围，把握群体动态，很容易见到成效。

事实上，对于很多企业大学来说，可以把“知识集市”作为一种实用的社会化学习方法，嵌入到常规的培训班/学习项目之中。

（3）高能量的“学习场”

正如其另外一个名称所显示的那样，在“知识集市”中，学习的

“能量”非常高，概括而言，共有如下几类学习发生：第一，每一位参与者都有动机和机会向他人学习；第二，每个人既是知识的需求方，也是知识的供给方，可以充分激活他们已有的经验（头脑中蕴藏的隐性知识），快速共享；第三，通过团队研讨，可以激发集体的智慧和创新，实现团队学习；第四，对于一些疑难杂症，可以借助业务专家的智慧。因此，如果组织得当，这将是一个能量很高的“学习场”。

（4）有助于形成实践社群（CoP），也是实践社群定期活动的一种方法

由于“知识集市”的参与者都有着共同的工作任务或经历，通过三个阶段的研讨，学员之间经过相互帮助、团队交流，增进了彼此的了解，许多参与者往往在事后也会保持相互联系，或通过微信群组成某个专题的实践社群（CoP），持续地进行知识分享与经验交流。这是发起或组建实践社群的一种方式，也可作为实践社群定期活动的一种“玩法”（参见第7章）。

实际上，相对于世界银行等机构内部组织的大型“知识博览会”（参见第7章）而言，“知识集市”组织起来更为灵活、简单、便捷，效果也很显著。

（5）打破组织边界，推动组织变革

在当今时代，组织变革与进化成为常态，需要打破各种有形与无形的边界，让员工参与进来，快速解决问题，激发创新，形成共识。事实上，在环境快速变化的情况下，仅靠领导或业务专家制定对策，其他人学习、遵照执行的方式难以应对一线纷繁复杂的挑战。同时，随着组织日趋扁平化和柔性化，激活、赋能每一个员工成为许多企业紧迫而重要的挑战，越来越多的普通员工成为“创客”，对于解决员工的具体问题而言，“高手在民间”。挖掘广大员工头脑中蕴含的智慧，使其快速复制、共享，成为企业竞争力的重要来源。就像那句流传很

久，但一直没有得到重视的警语："企业雇用的并不只是员工的双手，真正的智慧蕴藏于员工的头脑之中。"对此，"知识集市"是一个实操性很好的方法。

3. 关键成功要素

如上所述，"知识集市"的组织与实施流程并不复杂，在引导过程中，需要把握如下关键要素。

（1）选对人

选对人，对于研讨效果至关重要。一方面，要有具体待解决的问题，有需求，才有参与的热情；另一方面，既要相互了解彼此的工作，有"真材实料"，也要有差异、有分享的意愿，可以相互帮助。

（2）重流程

"知识集市"是一个结构化的研讨过程，其阶段划分与每个阶段之间都有一定的逻辑递进关系，引导师应理解运用这种方法萃取知识的基本原理和总体思路，争取做到"心有全图""按图索骥"。如果研讨流程出现了"错位"或"混乱"，可能达不到预期成果。

（3）巧引导

无论是在"自由市场"，还是"陈货市场"，大家应该相互信任、畅所欲言，同时鼓励创新。为此，需要关注群体"能量"变化的动态，营造适宜的氛围，调动大家参与和分享的热情。

在团队研讨时，有可能出现"一言堂"或意见冲突、分歧，如果得不到有效引导，很可能导致讨论"变味儿"或"跑调儿"。因此，成败的关键在于有效引导（详见下节）。

团队共创知识萃取三要素

在第 4 章中，我们介绍了通过访谈业务专家进行知识萃取的方法，通过对典型案例的详细还原和深度剖析，可以浮现专家个人的经验，虽然也很有价值，但仍存在一定的局限性。对此，人们在实践中往往采取以下两种方式加以补救。

- 就同一个主题访谈多位专家，由知识炼金士进行深度萃取。
- 组织多位专家，通过团队共创、研讨来创造知识。

这两种方式各有利弊，具体如表 6-1 所示。

表 6-1 访谈多位专家与团队共创的优劣势对比

	优势	劣势
访谈多位专家	• 若访谈质量高，可以深挖，并便于后续的对比、萃取	• 对知识炼金士要求高，难度大 • 有时候各个业务专家的经验有差异，难以取舍或权衡 • 通常周期较长
团队共创	• 便于组织，“短平快” • 业务专家相互之间可以广泛、深入地交流，快速取舍、权衡，达成一致	• 由于时间相对较短，若效率不高或引导不到位，可能导致研讨不够深入 • 引导难度较大，若各个业务专家难以打开心扉，容易造成辩护或矛盾甚至冲突，难以达成共识，影响研讨质量

总体来看，如果仅靠知识炼金士一已之力，通过访谈多位业务专家进行萃取，对其个人要求较高、难度较大、周期较长；相对而言，通过团队共创进行知识创造，是一种快速而高效的方式。但是，相对于一对一访谈，团队共创对引导的要求更高，若引导不到位，可能影响研讨效果与知识萃取的质量。

在我看来，引导团队进行知识萃取共创研讨，既是科学，也是艺术。就像“知识集市”案例以及“铸剑的启示”（参见第 3 章）所提及的那样，要想依靠多位业务专家，通过团队研讨的方式，进行知识创造与分享，关键要素包括如下三个方面。

（1）选择合适的参与者

人是知识的核心载体。人选对了，效果不一定会好，但人选错了，效果一定好不了。为此，组织团队共创研讨，首先要精心选择参与者，明确哪些人参加（who）。

（2）设计恰当的流程

无论是炼金，还是铸剑、“炼丹”、金属冶炼、化学萃取，都需要一定的工艺、方法和流程。因此，在选择了相应的人员之后，要确定共创研讨的流程（how）。如果流程不当，即使有一批好材料，最终也未必能得到好的结果。

（3）到位的引导

好的知识炼金士需要营造氛围，促使人们积极参与进来，敞开心扉，畅所欲言，同时善用方法与工具，并且把握“火候”，激发团队按设计好的流程稳步推进，不疾不徐。如有问题，要根据实际情况，灵活权衡，创造性地处理遇到的问题或挑战。

合格的引导师如同“催化剂”一样，看似并没有大量、深入、具体地参与到内容讨论过程之中，却可以激发出“化学反应”。

下面，我们将从这三个方面对团队共创知识萃取的核心技能与关键要素、注意事项、具体方法等进行展开论述。

谁参加知识萃取研讨

如上所述，选择哪些人参与直接决定了知识萃取研讨的效果。庞涛（2017）认为，萃取组织经验的工作坊不同于一般内部集思广益的研讨会，要确保参与专家是主题领域有丰富经验和发言权的真专家，贵精不贵多。

基于我们的经验，选择参与人，主要考虑因素包括但不限于如下四个方面。

1. 与主题相关

经验表明，对于团队共创而言，主题越明确，实际研讨效果越好。如果主题过于宽泛，很多要点只是“蜻蜓点水”、流于表面。相反，主题越明确具体，越好选择相应的参与者，相同时间内可以谈得更深入。

因此，在选择参与者之前，应首先明确研讨的主题；之后，选择那些与主题有关、具备相关实践经验的业务专家，严格把关，宁缺毋滥。

2. 有真材实料

要想炼成真金，离不开真材实料。实践经验表明，如果参与研讨的人员没有“干货”、不会梳理与表达，也很难产出高质量的研讨成果。为此，首先应该挑选那些经验丰富、善于思考、真正“有料”的业务专家。

3. 具备必要的多样性

为了激发创造性，团队要具备必要的多样性，也就是说，参与知识萃取研讨的不能都是完全一样的人（也就是同质化），因为那样容易产生“群体思维”（group think）——看似能很快达成共识，但因为思维模式趋同，大家在研讨中可能均未考虑到某些方面，从而导致决策存在风险。

因此，在选择参与人员时，应考虑到经历背景、教育、年龄、性别、性格、层级等方面的差异，合理组合或搭配。

4. 相互信任，视彼此为伙伴

如果没有相互信任和共同的目标，坐在你旁边的不是你的伙伴，而是你的“敌人”，人们要么只是说些不痛不痒的客套话或做点“官面文章”，要么只是揣摩着如何达成自己的目的或捍卫自己的利益，甚至是攻击别人，根本不可能以开放的心态坐在一起，畅所欲言。因此，参加研讨的人员应该相互信任，至少不存在明显的矛盾，彼此之间应“合得来”。

在团队共创会议之前和过程中，要反复强调目的、目标、规则，营造安全的心理空间，让大家放下包袱、轻装上阵、全心投入。

至于人数，并不是最关键的。一般来说，7 ～ 10 人可能是比较适当的，因为这样不多也不少。若人数过少，可能缺乏必要的多样性，或者导致场面冷清、研讨不起来；若人数过多，不仅每个人的参与时间会变少，有的人“搭便车”或不参与，而且分歧的可能性增大，众说纷纭，容易造成矛盾或冲突。当然，在实际项目中，并不绝对，我们也有过人数少于 7 人或多于 10 人（甚至是 20 人）的情况。

团队共创知识萃取的“三步上篮法”

想象一下，当你选择到了合适的人，他们头脑中都有你要萃取的知识的一些素材、信息、观点、经验等，现在，他们聚到了一起，你怎么能把这些无形的东西激发出来，最后形成你想要萃取的有价值的知识？

一般而言，你得分为三步来操作：

- 让大家有一个共同的目标、标准（“刑范正”）。
- 激活每个人头脑中的信息素材或心智内容（“金锡美”），让他们把有价值的东西讲出来，相互分享。
- 通过有技巧的引导（“工冶巧”“火齐得”），将第二步中分享的内容，提炼、整合，形成第一步中提到的你想要的知识。

因此，通过团队共创萃取知识可以分为三个阶段进行（我们称其为“三步上篮法”）：明确主题、分享故事、提炼经验（如图 6-3 所示）。

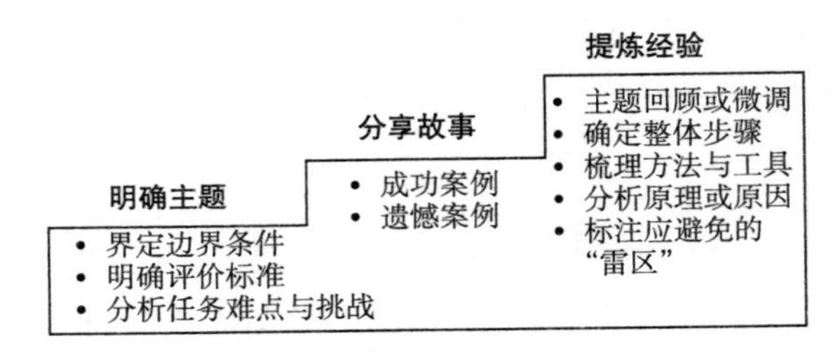

图 6-3 团队共创知识萃取的“三步上篮法”

1. 第一步，明确主题

在第 3 章“知识萃取的 PDA 模型”中，我们介绍了如何明确知识萃取的范围、识别出适合提炼的主题。在团队共创研讨中，这些东西就是我们的指导方针和框架。在共创环节，你需要结合已选定的专家，明确要让他们研讨的主题，并促进大家达成共识。

因此，组织专家团队共创萃取知识的第一步，需要对研讨、萃取主题进行分析，达成共识。具体内容包括：界定边界条件、明确评价标准、分析任务难点与挑战。

（1）界定边界条件

在专家开始分享信息之前，首先需要“同频”，确保大家说的东西在“同一频道”上，也就是说，我们要研讨的东西到底是针对谁，在什么情况下，做什么事，即明确萃取主题的起点、边界条件、场景。只有明确了这些，要萃取的经验才有明确的适用性，并让参与研讨者心中有数。

在实际项目中，我们通常使用 5W1H（如表 6-2 所示）来界定萃取研讨的起点，确保大家理解一致。

表 6-2 界定萃取起点的 5W1H

what（任务）	
who（人员）	
why（目的）	
when（时间）	
where（地点）	
how（手段）	

比如，我们要萃取登山经验，按照 5W1H 方法，就需要明确：

- 任务（what）——任务是什么？
- 人员（who）——萃取的经验适用对象是专业登山运动员，还是普通爱好者？是男性，还是女性？是年长者，还是年轻者？是身体素质很好的人，还是一般人？
- 目的（why）——登山是为了比赛、挑战极限，还是为了健身？
- 时间（when）——是在什么季节登山？冬天，还是夏天？
- 地点（where）——要在哪儿登山？登什么样的山？是高海拔，还是低海拔？是开发过的山，还是未开发的“野山”？
- 手段（how）——是独自登山，还是有组织地登山？

不同的边界条件下，萃取的知识可能是不一样的。

根据我们的项目经验，常见的状况是一开始确定的萃取主题范围较大、比较空洞（如“如何做好销售”），不够聚焦或明确。为此，我们强烈建议从时间和场景、任务类型等方面保持聚焦。

- 如果是长周期的任务，我们可以将其划分为几个小的阶段，如登山前的准备阶段、登山过程中的注意事项，或者拜访客户之前的准备、客户拜访时的注意事项、客户拜访后的跟进等。

- 或者，我们可以聚焦在几个典型场景或主题，比如驴友登野山、挑战高海拔等登山场景，或者老客户有需求、新客户无需求等销售场景。

当然，你也可以将这两种方式综合起来使用，如表 6-3 所示。

表 6-3 从时间和场景两个维度保持聚焦

	阶段 1	阶段 2	阶段 3
场景 1			
场景 2			
场景 3			

对于任务边界条件的界定，可以采用“名义小组法”(参见附录 B)，组织专家通过“头脑风暴”的方式来进行研讨、确认。

（2）明确评价标准

高效的萃取要以终为始，也就是紧密围绕我们需要萃取出来的预期成果来设计与组织实施。为此，我们需要尽可能详细、明晰地定义出完成任务的评价标准。

还是以登山为例，怎样才算是成功地完成了登山任务？是安全地登顶就行，还是有时间限制，或者要比赛速度，看谁最快登顶？有没有预算方面的限制？是一次性地比赛，还是长时间、持续性的活动？不同的评价标准会导致需要学习、掌握的登山技能、方法或操作要领不一样。

一般地，按照项目管理的规范，评价标准通常包括如下几方面。

- 时间：多长时间内完成？任务期限、持续时长如何？
- 成本：有无资金或预算限制？
- 数量：预期交付物的数量是多少？
- 质量：预期交付物应满足哪些标准或要求？
- 其他要求：如安全、合规等方面的具体要求。

同样，对于任务的评价标准，也可通过组织专家以“头脑风暴”的方式来进行讨论、确定。

此外，任务的完成标准和绩效评价相关，所以最好能与发起人和业务负责人进行确认。如果项目发起人或业务部门负责人能在现场，对于项目推进会有帮助。否则，有可能影响后续的研讨，或出现偏差，做“无用功”。

（3）分析任务难点与挑战

如果一项任务没有难点和挑战，那么萃取就没有太大价值。有时候，真正有价值的经验就体现在专家如何应对或处理这些挑战或难点，但有时候就像俗话所说，“难者不会，会者不难”，一些专家可能在不经意之间忽略了这些难点或挑战。因此，为了提高研讨效率、把握住重点，让专家共创出有价值的经验，我们需要分析任务完成过程中的难点和挑战。

以登山为例，难点和挑战可能包括：行程怎么安排？体能如何分配？如果遇到恶劣天气，如何处理？哪里有悬崖或陡坡，应该怎么过去？如果遇到野兽，或者迷路了，和“大部队”走散了，被困了，受伤了，应该怎么处理？等等。

同上，任务的难点与挑战也是通过组织专家“头脑风暴”研讨的方式来完成。当然，在引导时，需要提醒专家站在目标受众的角度上，不要忽略一些他们自认为理所当然的问题。

此外，如果你在团队共创之前做过专家访谈，或者你之前有相关主题的项目经验，也可以提出来作为研讨或引导的框架与参考。

对于以上三个环节，我们可以用图 6-4 形象地说明它们之间的关系。以登山为例，首先要明确你的起点和条件，也就是萃取主题的边界条件；其次，要确定你的目标——我们想到哪里，怎么就算成功了，也就是确定萃取主题完成得好或不好的评价标准；最后，分析从起点到目标（终点）过程中可能面临哪些难点和挑战。

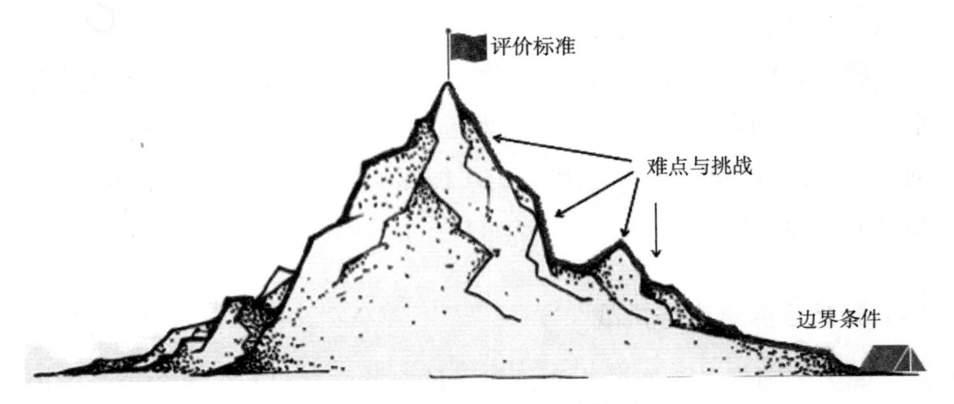

图 6-4　确定主题的三个关键

在团队共创萃取知识时，不能急于求成，一开始就直接让专家来谈经验、讨论方法，这样很难聚焦，导致讨论很发散，甚至两个人说的可能并不是同一件事。如果把知识萃取看作是一个问题分析与解决的过程，主题分析就是在界定问题，只有精准地界定了问题，才能更快速、有效地解决问题。所以，这一个阶段不能忽略或跳过。

2. 第二步，分享故事

通过团队共创萃取知识的第二个阶段是讲故事，即引导专家分享案例。

有人可能会觉得讲故事浪费时间，主张跨过这一环节，直接让专家谈他们的做法或经验。能不能这样做呢?

一些企业试过这样的方法，分析主题以后，大家直接讨论方法。这么做的风险是：萃取出来的可能都是一些“正确的废话”——也许没错，但很含糊、笼统，难以落地。关于这一点，我们已经在第 4 章案例访谈部分强调过了。同样地，在组织专家团队共创时，我们也强烈建议你重视讲故事这个环节，不要忽略或跳过。

（1）讲什么样的故事

第一，要讲与主题紧密相关的故事，也就是在边界条件下，为了达到成功的标准，面临哪些难点和挑战，当时现场的状况是怎样的，自己是怎么应对或处置的，实际结果如何，自己有哪些感受、感悟与启示。

第二，要讲自己亲身经历的、印象比较深刻的实例，不要讲自己听来的他人的故事。那样的话，很难还原全面、真实、准确的细节，有可能只是夸夸其谈。

第三，要讲典型案例，不要为了追求新奇，讲一些很罕见或特殊的情况。

第四，我们既鼓励专家分享自己“过五关斩六将”、克服重重困难、最终取得成功的故事，也欢迎专家分享自己“败走麦城”的遗憾故事。事实上，有时候遗憾故事对我们的帮助更大。对自己过往的遗憾案例进行系统的梳理、深刻反思，对专家自己也是很有意义的。

（2）如何讲故事

对于讲故事，可以参考我们在第 4 章中提到的案例访谈的模式，也可以根据实际参与人数灵活组织。如果人比较少，可以让大家围坐一起，每个人依次讲一个故事，知识炼金士本人可承担访谈者的角色。如果人数较多，可以考虑分成若干小组（每组以 4 ～ 7 人为宜），在每个小组内同步分享（此时，应考虑在不同小组内部都安排一个引导师），或者让参与者自由组合，两两结对子，相互进行案例访谈。对于后者，如果时间允许，可以安排一个集中分享的环节，选择一些经典的案例，让大家都有机会听到。

当然，这个环节不宜时间过长，否则容易让人感觉拖沓、重复、疲倦或乏味。

在讲故事环节，容易出现的一个问题是：大家都比较乐意分享自己成功的故事，但对于遗憾的故事，往往会有些顾虑，不愿意分享。对于这种情况，我们建议如下四种对策。

- 不能强迫专家一定要讲遗憾的故事，但要申明或强调遗憾故事的意义和价值，包括对于个人的价值，积极地正向引导。
- 注意营造安全的氛围，申明研讨目的、保密规则，让大家不要有顾虑。
- 在事前，可与领导沟通，必要时让他们以身作则，做出表率。
- 可以参考我们在第 4 章中介绍案例访谈时提到的一个技巧，在最后安排一个环节，让专家给自己的案例打分，如果满分是 10 分的话，某个专家自己打了 8 分，那么，我们可以追问：为什么没有达到满分？为什么会有那 2 分的遗憾？如果要重做一遍的话，可以优化的点在哪里？这样，即便专家没有单独讲自己的遗憾案例，也可适当补救。

3. 第三步，提炼经验

经过第一步的主题分析（“调到同一频道”）和第二步的专家个案分享（“信息同步”），我们在第三步就可以组织专家，就拟萃取的知识主题进行系统化的研讨和共创（“共振”），期待发生“化学反应”，输出预期的成果。

按照我们在第 2 章中介绍的知识“三度金®”模型，基于团队共创萃取到的，大多数可能是“狗头金”，也就是介于具体的实践做法（专家个人经验，“金矿石”）和通用的学科理论、方法论、模型（“千足金”）之间的情境化组织经验。因此，在组织专家提炼经验时，必须设定好合理的预期，掌握好提纯度，既不能过于抽象，也不能只是堆砌一些具体的做法。这是这一步中的难点。

当然，如果各方面的条件都具备，也有可能通过团队共创萃取到

“千足金”。

此外，在一系列团队共创的基础上，由公司内外部经验丰富的知识炼金士结合其他几方面的研究，进行进一步的“提纯”，可能更有把握提炼、萃取出“千足金”。

这一步的具体工作内容包括如下几方面。

（1）主题回顾或微调

结合第一步主题分析的结果以及第二步的案例分享，再次回顾或微调任务的边界条件、评价标准、难点与挑战。

（2）确定整体步骤

结合成功案例，组织大家讨论，就整体流程步骤达成共识。

对于“同一频道”下的任务，无论是完成任务的基本流程，还是应对关键挑战或难点的经验，各位专家可能有差异，但通过案例分享与研讨，应该能够找出共性或者较好的对策。一般地，整体流程对应的就是专家在案例访谈中对完成任务的步骤或阶段划分。但是，在案例访谈环节，每个专家讲的可能不完全一致，这是很正常的，不仅因为对同一个事物本身就可能有不同的处理方式，可以有不同的归类或组合方式，而且因为人的思维模式、关注点有差异。例如，有些人比较细致，可能会关注更多细节，或将流程划分得很详细；有的人比较概略，更多地看到全局或大的框架，他们可能对流程划分得比较粗略。尽管如此，从“去粗取精”“去伪存真”的角度出发，我们需要加以整合、提炼，并对具体内容做详细表述。

对此，一般的做法是参考“工作分解结构”（WBS，参见附录 B）或结构化思维方法，对流程进行分级，首先列出比较宏观或粗略的一级流程步骤；其次，对一级流程中的各个阶段，逐个细化，列出子流程（二级流程）；如果任务比较复杂，可能还需要再细化到三级流程甚至更多。同时，也要在相应阶段列出所有的典型场景。

这个过程要靠知识炼金士的引导，通过团队集体研讨的方式来完成。其间，可能会有差异或矛盾、分歧，对此，要引导大家积极反思，以开放的心态，深入探寻，找出建设性或创造性的解决方案，争取达成共识。

（3）梳理方法与工具

上一个环节共识的流程步骤是组织经验的框架与逻辑，换言之，各位专家的经验基本上可以通过流程步骤“串”起来。因此，在确定了流程步骤之后，要以此为框架，对各步骤下的具体方法和工具进行详细讨论，挖掘出更多真正有价值的经验。

同时，我们建议将不同专家的案例对应到相应的流程步骤下。一个大的综合性案例可以体现在整体流程的各个环节，而一个小的有侧重点的案例则体现在某一个特定步骤。之后，简明扼要地识别出各个案例中蕴含的完成操作或应对难点与挑战的方法与工具。

（4）分析原理或原因

在案例访谈中，我们有一个环节是深入分析专家“为什么要这么做”。相应地，在共创萃取环节，我们也要对此进行整合、提炼。

需要注意的是，专家们给出的原理理由既可能涉及萃取主题的整体原理，也可能是对某一个步骤或方法、工具的说明与解释。

同样，对于原理或原因，各位专家也可能给出不同的解释，对此要引导大家进行建设性的讨论，争取达成共识。

（5）标注应避免的“雷区”

接下来，我们可以结合访谈到的遗憾案例或者成功案例中的遗憾部分，以及访谈过程中不同专家提到的“新人容易犯哪些错”，系统讨论、总结梳理新人或将来的学习者在完成类似任务中应避免的“雷区”。这也是经验不可缺少的一部分。

在完成以上五个步骤的讨论之后，我们已经相对系统地梳理出了拟萃取任务的经验。对此，可以将其整理到如表 6-4 所示的“团队共创经验画布”中。事实上，这也是引导团队共创知识萃取研讨的行动框架。

表 6-4　团队共创经验画布

主题分析	主题名称			
	边界条件			
	评价标准			
	难点挑战			
可复制的经验	流程步骤			
	具体内容（二级或三级流程）			
	方法工具			
	原理理由			
	成功案例			
应避免的雷区	“雷区”			
	遗憾案例			

之后，从传播和落地的角度，我们还需要对这些经验进行更精致的提炼。比如，为了便于理解和记忆，我们可以对其进行结构化、可视化呈现，并提炼成口诀；为了便于后续使用和落地，我们可以开发工作辅助工具；基于不同的任务主题的经验，我们可以进行微课开发、案例整理、课程开发等“封装”(具体内容参见第 3 章)。

到位的引导：团队共创知识萃取的关键技能

我们的实践经验表明，引导是提升知识萃取研讨效果的关键要素。无论是“知识集市”，还是“复盘专班”（参见第 5 章），引导都是不可或缺的。如果没有引导，这些研讨要么不会发生，要么就是“信马由缰”或混乱不堪。

所谓引导（facilitation），英文原意是“让……变得更容易”。就像乐队的指挥或球队的教练，知识炼金士通过提问等技巧，让参与者之间的合作变得更加顺畅、便利，化解各种潜在的障碍，提高团队的绩效表现与合作能力。因此，从这种意义上讲，引导师如同“催化剂”，对于知识萃取团队共创的成功至关重要。

由于团队共创引导非常复杂而微妙，不仅要掌握相应的“操作手法”，而且涉及大量的“内功心法”，因此，通常需要经过专门的系统化训练和长期的刻意练习才能胜任。在本部分，我们简要阐述一下知识炼金士在团队共创萃取研讨中的基本工作、引导要点及核心技能，供大家参考。

1. 团队共创引导的基本工作

一般而言，知识炼金士在知识萃取团队共创研讨过程中的基本工作包括：

- 设计知识萃取团队共创会议，并进行相应的组织与准备。
- 使团队成员以适宜学习的心态参与知识萃取的研讨。
- 采取恰当的干预措施，让所有人员全心、全情投入。
- 帮助团队厘清目标，并保持聚焦。
- 通过提问，激发与会者思考，为团队提供必要的反馈。
- 将冲突、不一致的意见转化为建设性创造。
- 及时澄清，总结、提炼并记录形成共识的观点。
- 提高对话质量，兼顾主张与探询，引发深入地反思。
- 为团队研讨提供必要而合适的工具与方法，以及信息等方面的支持，提高团队研讨的效率。

- 按照设定好的议程，稳步有序地推进，把握节奏，不疾不徐。
- 负责或协助团队领导做好知识萃取研讨的记录以及后续推进。

2. 团队共创引导的要点

区别于一般的团队会议引导，知识萃取引导必须把握一些核心要点，包括但不限于：

- 理解关于知识的知识，掌握知识萃取的常用方法，根据实际情况，选择使用最恰当的方法。
- 对知识萃取共创过程“胸有成竹”，清楚并始终关注团队研讨过程。
- 理解、识别业务中的关键难点或业务痛点，做到“以终为始”。
- 对关键要点或难点、痛点的提炼要明确、具体，不能含糊、笼统。
- 知识萃取要有来自一线作战的典型案例作为支撑。
- 要深入分析，挖掘出真正起作用的关键点。
- 任何操作都要明确其前提条件、前后顺序、判断标准，以及风险点（或常见错误）。
- 萃取出的打法要包含四大要素——流程 & 步骤、操作要点 & 判别标准、方法 & 工具、理论 & 参考。
- 对萃取出的成果要进行提炼、结构化呈现、可视化与口诀化。

3. 团队共创引导的“七把剑”

知识炼金士在进行团队共创知识萃取引导时，需要掌握一系列核心技能，包括但不限于如下七个方面。

（1）关注过程

很多人认为，知识炼金士不必是内容方面的专家，但他的核心职责是引导整个对话的流程。因此，知识炼金士需要关注过程，而不是内容。二者的区别如表 6-5 所示。

表 6-5 过程与内容的区分

内容（交谈什么）	过程（如何交谈）
• 讨论的主题 • 具体的任务 • 要解决的问题 • 要做的决策 • 会议日程里的各项主题 • 要确定的目标	• 会议的方法与流程 • 参加者之间的关系维护 • 会议中使用的相关工具 • 会议规则 • 团队的氛围和能量变化

所谓“过程”，指的是“如何交谈”，包括会议的组织方式，使用的方法、流程和工具，还包括人际互动的形式（一对一交谈、小组研讨、集体分享等），以及团体动力（group dynamics）和氛围；而“内容”指的是“交谈什么”，是会议中探讨的议题，比如工作任务、项目、要解决的问题等。⊖

尽管我完全同意引导师应关注于过程，对内容保持中立，但是，以我的经验来看，如果引导师对内容一无所知或缺乏必要的背景知识，完全听不懂参与者在谈什么，也可能会错失深入挖掘并探询重要潜在问题的机会，从而影响到引导效果。

因此，如果是外部人士来主持知识萃取共创会议，我建议引导师在会议之前，进行认真准备，了解一些行业基本知识、术语、行话，包括项目 / 事件的一些背景。

（2）保持中立

正像一位有经验的引导师所说：引导师的职责是管理好团队合作 / 会议过程，保持中立的态度，而把内容讨论留给全体参加者。的确，为了保持知识萃取研讨过程的流畅性，让大家畅所欲言，知识炼金士最好能保持中立，不预设判断，更不要把自己的观点强加于人。

⊖ 英格里德·本斯. 引导 [M]. 任伟，译. 北京：电子工业出版社，2011.

如上所述，我认为，知识炼金士应事先了解研讨内容相关的基本信息，这在一定程度上有助于知识萃取的研讨引导，但是，这样也可能产生两方面的“副作用”：一是让他们产生一些先入为主的“成见”或“预设立场”，从而影响到知识炼金士的中立状态；二是容易产生难以抑制的“说话”、参与讨论、说服他人的冲动，这不仅会干扰知识炼金士对过程的关注、对场域的维护，导致场面失控、过程混乱，而且失去公信力，成为讨论的一分子，甚至是“对方辩友”。

若由团队之外的人来担任引导师，因为没有直接的利益关系，可能较容易保持中立；但若由团队内部人员（特别是领导或专家）来引导，这个问题尤为突出。一方面，他们作为“局中人”，应该也可以参与内容的讨论；但另一方面，他们又担负着过程引导的职责。对此，应特别注意，保持好参与讨论（“内容”）与研讨引导（“过程”）的平衡。总体原则是：只在必要时参与讨论，且绝不把自己的观点强加于人。

可以参考的一个做法是：选择一个道具（如一顶帽子），当带上它时，就是引导师，不参与话题内容的讨论；当需要参与讨论、发表观点时，就摘下来放到桌上。如果那个道具太多时间一直待在桌子上，十有八九可能是“引导缺位”了。

当然，内部引导师和外部引导师各有优劣势，需注意“平衡”或组合。在一些公司的实践中，有时会使用“双引导师”，既有了解业务情况的内部引导师，也有专注于过程与氛围的外部引导师，并在团队研讨会议前对内部引导师进行赋能，以更好地发挥引导的威力，保证知识研讨效果。

（3）明确并维持规则

正如孔子所讲“君子和而不同，小人同而不和”，一个高效的团队（“君子”，也适用于参与知识萃取研讨的临时团队）需要“不同”（有差异，具备必要的多样性），但是也必须要“和”（也就是需要有共同的目标、明确的规则），只有这样才能一起工作、激发集体的智慧；相反，尽管参与者很相近或相同（“同”），但是，如果没有共同的规则和目标（“不和”），这样的团队不仅容易出现群体效应，也注定是一个低效的团队（“小人”）。

引导师需要根据组织实际情况，制定合适的研讨规则，并在团队研讨之开场环节公开声明，让大家遵守。

在研讨过程中，如果有人违背了规则，应及时指出并妥当地干预，以维持规则；同时，可以选择机会，鼓励、强化相应遵守研讨规则的行动，促进大家对这些规则的理解与践行。

一般而言，知识萃取研讨时应遵循的基本规则包括但不限于：

- 开放的心态，畅所欲言。
- 聆听。
- 高效主张、积极地探询。
- 相互信任，视彼此为伙伴。
- 尊重并欣赏差异性。
- 实事求是，坦诚表达。
- 鼓励创造性。
- 允许“嫁接”。
- 搁置判断，不批评。

（4）**促进参与**

一般来说，业务专家们都很忙，他们要么抽不出时间来参与团队共创研讨，要么就是在参加研讨的过程中被各种事务打扰，不停地进进出出，“身在曹营，心在汉”。

同时，由于研讨涉及与自己相关的工作问题，许多人也不可避免地有这样那样的顾虑，从而影响到其参与讨论的积极程度。

此外，在研讨过程中，如果出现了矛盾、冲突，或者感觉自身受到了威胁（可能并不是语言上的，而是心理上的反应），都有可能让人们产生“能打就打，不能打就跑（fight or flight)”的应急反应，要么试图主导或控制讨论、攻击别人、给他人贴标签，引发更强烈的对抗，要么就是回避、退缩，甚至“摔门而去”。无论出现哪种情况，研讨氛围、过程及最终的成果都会受到消极影响。

面对上述状况，引导师可以参考下列 10 项行动措施，予以预防、应对或补救。

1）事前

- 事先做好准备工作，获得领导和业务专家的重视。
- 提前协调好时间，并督促或协助业务专家妥善安排好工作，争取能全身心投入。
- 提前申明知识萃取对个人和组织的价值，并争取到或设置好必要的激励措施，引发大家的参与热情。
- 申明目的与规则，打消顾虑。
- 事先和领导沟通，预估可能会出现的状况，并共同商议对策。

2）研讨过程中

- 在会议开始之后、正式讨论前的“开场”环节，申明 / 重申研讨的目的、规则，采取适当的措施来“破冰”“暖场”，建立亲和，调动情绪，营造积极参与的氛围。
- 让领导者以身作则，率先垂范。
- 引导师应控制好自己的情绪，认识到出现这些状况都是很正常的，应做到冷静、中立，不偏不倚、客观公正，服务于集体。
- 必要时，应申明并强调研讨规则，并通过不卑不亢的干预或介入，让大家践行规则。
- 善于运用诸如团队列名法、世界咖啡汇谈（参见附录 B）等研讨引导方法，促进每个人都参与进来，保持群体的动力，激发整体的智慧。

（5）善用方法

正如孔子所说，“工欲善其事，必先利其器。”要想做好一件事，必须掌握有效的方法与工具，这样才能事半功倍。要想有效引导知识萃取，也要掌握相应的方法与工具。

尤其是采用团队共创的方式来进行知识萃取，许多团队引导方面的方法与工具，如团队列名法、世界咖啡汇谈等，都可以应用。若应用得当，将有助于研讨品质的提升。

（6）把握“火候”，控制节奏

任何集体研讨都发生在特定环境之中，离不开具体的时间、空间、组织背景与文化，是人与人之间的互动，也必然会受到相应“场域”的影响。威廉·伊萨克曾将对话发生的场域比喻为一个“容器”——事实上，这是一个无形的“场”，受社会规范、参与者之间的关系、事件、情绪，以及物理、化学、声音等多种因素复杂而微妙的影响。

因此，知识炼金士要精心营造良好的对话环境（不仅是物理空间与现实环境，还包括心理空间和情绪等），让大家感到安全、安心、舒适，如沐春风。同时，在整个知识萃取研讨过程中，应维持场域的状态。

同时，良好的引导会让大家感到对话进行得非常顺畅、自然，既讨论得充分、深入，又紧凑、高效，不显得冗长或拖沓，也不是匆匆忙忙，很多话题未展开，就生硬地打断对话、切换主题。

这项技能可能比较微妙，需要知识炼金士勤加练习并及时复盘，培养对“场域”的感知与护持场域质量的能力。

（7）解决问题，有效干预

就我的观察，在团队研讨中，经常出现“话太多”“不参与”“老打岔”“放毒气”“起冲突”等各种问题，有的人话太多，试图主导或控制讨论的进程，千方百计说服别人接受自己的观点，甚至出现“一言堂”或“舌战群儒”的状况；有的人牢骚满腹，满身“负能量”，对什么都说“不行”“做不到”“有困难”，甚至影响了他人的情绪，破坏了讨论氛围；有的人一言不发，心不在焉；有的人总是“和稀泥”，当“和事佬”……面对这种种“众生相”，如果不能有效地干预、解决问题、打破僵局，就会影响研讨进程及结果。

当然，任何人行为背后的原因都是非常微妙而复杂的，应对措施不当，也可能引发更糟糕的后果。因此，知识炼金士应该具备有效解决问题，对参与者不当行为进行妥当干预的能力。

概括而言，参与者可能会出现的不当行为、其背后的部分原因及对策，如表 6-6 所示。

表 6-6　团队共创研讨中可能出现的行为及其原因与对策

行为	部分可能的原因	可参考的对策
不发言	• 害羞、胆怯或感到不安全 • 对讨论的话题不感兴趣 • 疲惫或厌烦 • 骄傲，不屑一顾 • 其他事情的干扰或压力 • 与团队其他成员有矛盾或冲突 • 与大家有不同理解，感觉说出来不合群 • 没有想法	• 与其目光接触，或点名、征询意见 • 进一步划分小组，让其在一个更小的范围内参与讨论 • 申明规则，欢迎每个人都贡献智慧，并真诚地肯定每个人的贡献和参与 • 暂停讨论，私下询问或了解他不参与的原因 • 建议大家逐个轮流发言，分享意见
话太多	• 对这个话题特别感兴趣 • 想引起大家的注意 • 准备非常充分或非常不充分 • 想炫耀其口才或知识 • 最有权威 • 有情绪或其他目的 • 有很多信息或想法 • 性格外向或一向积极踊跃	• 不要批评或粗暴地打断，可以在其说话过程中，看看手表或做出其他暗示 • 在暂停或休息期间，感谢他的意见，并委婉地告诉他你的担心 • 重申会议议程、会议主题、时间限制或发言规则 • 事先请发言者阐述其观点对于话题的价值 • 事先约定发言规则 • 提醒或在一个段落之后打断其发言 • 请团队成员做出选择

（续）

行为	部分可能的原因	可参考的对策
老跑题	• 对会议主题不感兴趣或已感到厌烦 • 注意力不集中，或有其他牵挂 • 试图分散重要的议题或话题 • 认为自己的意见没有受到重视而赌气 • 认为有必要引入一个未列入议程的新话题 • 希望引起注意	• 站起来，或看似随意地移动到打岔者附近，有技巧地提醒 • 询问打岔者是否希望增加一项新的议题，如是，澄清新话题，并询问其他人的意见；若否，提醒讨论回到正轨 • 重申刚刚讨论的一个观点，并征询大家的意见
太好斗	• 生性好斗，或喜欢处处与人作对 • 对其他人的观点或会议特定议题感到不安 • 想卖弄或炫耀 • 无法提供建设性的意见 • 感到自己受到忽视 • 过往的交往历史原因	• 解释他的评论，征得他的反馈后，客观地扼要重述其立场 • 发现其建议的价值，表示同意，然后继续 • 对其评论进行回应，但不是攻击、“硬碰硬” • 征求其他人的看法，或让大家讨论其意见 • 提醒大家，由于时间限制，这一评论可以放到下次会议进行讨论 • 在暂停间歇与其交谈，征求其意见
和事佬	• 生性乐观或随意，好承诺 • 不关心 / 在乎 • 回避某些重要议题 • 不愿意看到发生冲突	• 检查其行为与结果，并与其承诺相对照，敦促其对自己的承诺负起责任 • 检查是否存在令团队成员感到不安的因素或人际关系问题 • 根据团队的成熟度，制订或修订团队的规则
太热情	• 性格开朗，乐于助人 • 确实想帮助别人，或试图拒绝他人 • 可能对他人感受不敏感	• 将问题转移给他人，有技巧地避开 • 感谢其参与，建议让其他人发表观点 • 让其协助书写海报
啥都懂	• 确实有丰富的相关知识或经验 • 过度自信或不以为然 • 没有相关知识，但假装懂，以掩饰或达到其他目的	• 抓住一点，询问其详细内容，了解其知晓程度 • 如果其真的非常精通，可安排其培训或分享 • 设法转变其心智，激发其创造力，使其认识到团队的重要性或“山外有山” • 采取轮流发言的方式或约定发言时间
太谨慎	• 生性谨慎、多虑 • 可能对团队决策的结果影响不太确定 • 害怕伤害其他人的感情或自尊	• 澄清并设法打消其顾虑 • 引导团队对可能性与影响进行讨论 • 如果需要立下决断，给予其支持或鼓励
放毒气	• 愤世嫉俗 • 炫耀或卖弄 • 团队或议题使其受到威胁 • 想达成某些个人目的	• 与其私下对话，倾听他的考虑，引导其积极参与或明示其对团队的消极影响 • 重申或制订、修订团队规则，倡导积极与建设性的意见 • 想办法促其离开

（续）

行为	部分可能的原因	可参考的对策
抢着说	• 对议题感兴趣，有想法，想贡献自己的观点 • 试图主导或取胜 • 有隐藏的想法 • 想得到认可 • 情绪高涨	• 认可大家积极参与的价值，但征询小组的意见，建立 / 申明发言规则 • 使用诸如“说话棒”等工具 • 强调共同目的和聆听的价值 • 可轮流发言，礼貌地制止违反规则的行为 • 可暂停，或分小组讨论，之后再集中陈述观点
开小会	• 对讨论内容有看法，但无法得到表达 • 个人之间的悄悄话或无关的话题 • 对会议议程、引导师或他人有意见 • 疲倦了，需要休息	• 直呼其名，问其一个问题 • 重复刚刚讨论的观点，询问大家是否有意见 • 询问大家是否需要休息 • 询问大家对于议程、讨论方法等是否有意见 • 目光交流，或看似随意地走动到他们身边，站在旁边
老顽固	• 对公司或组织者有偏见，偏执 • 对议题或过程有成见 • 个性因素	• 将其观点抛给全体成员，征求不同的观点或平衡 • 答应会后再专门讨论其诉求 • 重申规则，建议他们先与团队合作

需要指出的是，表 6-6 中的所有内容都是我们基于项目经验观察、总结的，它们可能是不完整或正确的，相应的参考措施也需你根据实际情况灵活选用。某一种对策在这里奏效了，到了下次换了一拨人，另外一个研讨话题，或者换了一家公司或部门，也出现了类似问题，你再采取过去那项措施，可能就不一定管用了。反之亦然。

综上所述，知识炼金士需要掌握的团队共创引导技能并非一朝一夕能够养成的，也不是只看几本书就能解决的，不仅需要系统地学习，更需要持续地自我修炼，把自己炼成这方面的专家（参见第 9 章），成为合格的高级知识炼金士，才能随心所欲地“行走江湖”、战无不胜。

CHAPTER7
第 7 章

实践社群：知识萃取与转化的“息壤”

在中国上古神话传说中，有一种神奇的东西叫作“息壤”。《淮南子·地形训》中曾记载：“禹乃以息土填洪水”；《山海经·海内经》也有类似记载：“洪水滔天，鲧窃帝之息壤以堙洪水……”那么，什么是息壤呢？它有什么神奇之处呢？郭璞在《山海经注》中说：“息壤者，言土自长息无限，故可以塞洪水也。”也就是说，所谓“息壤”，就是可以自动生长的土壤。

如果以此来比喻知识萃取，企业内是否可以有这样一块“息壤”，持续不断地萃取出知识并绵延不绝呢？

答案是肯定的。

具体的做法被称作“实践社群”(community of practice，CoP)。[⊖]

不同于项目式的知识萃取，实践社群是一种持续的知识萃取与分享机制。BP 的知识管理负责人克里斯·科里逊和杰弗·帕赛尔甚至认为，实践社群是组织知识资产的“守护神”。

⊖ 也可以被译作“实践社团”或“实务社群”。

何谓实践社群

在当今复杂多变的时代，只靠自己或所在团队的经验学习往往是不够的，不仅因为你的实践可能存在一定的局限或偶然性，也有可能是：你所遇到的问题，在别人那里或许已经成为历史；在大型企业中，“藏龙卧虎”，你所谓的“难题”在别人那里只不过是“小菜一碟”。

为此，你不必“重复发明车轮”。除了向自己学习，我们也不能离开向他人学习，尤其是向和你有着相同或类似实践的同行、同事学习，更为直接、高效。这就像荀子所说：“吾尝终日而思矣，不如须臾之所学也。”

当然，前提是你能够方便、及时地找到那些愿意且有能力帮助你的“高手”。

为此，如果企业可以建立起一种机制，让有着共同兴趣、话题或实践的人相对长期、持续地交往与互助，不仅可以萃取、沉淀知识，而且有助于激发知识的创新，并且促进知识的快速共享、转化与应用。

这样的非正式组织或学习机制，被称为“实践社群”。

按照哈佛大学埃蒂纳·温格教授的说法，所谓实践社群，指的是具有共同兴趣、议题和知识领域的人们，以一定的社会结构组织起来，持续不断地发展相互关系，拓宽或加深彼此的工作实践。

按照这一说法，实践社群是一种独特的非正式组织，它包括三个要素。

1. 知识领域

一个明确的知识领域能够确定社团的目的以及它对成员和其他人的价值，鼓舞成员们做出贡献，积极参与，指导他们的学习和发展。

俗话说：“物以类聚，人以群分”，具有相同兴趣或专业、经过特定行业认证的人，如医生、律师、工程师、会计师、项目经理等，通常更有意愿结合或组成社群，保持与同行的联系，获取本专业的新知或进展，并进行职业上的继续教育与成长。有时候，使用某种技术、技艺或方法，或对某一个话题感兴趣的人，如 Java 程序员、古玩爱好者等，也会有意或无意地形成社群。可以说，知识领域决定了成员的身份属性。

2. 社会结构

每一个可以成为团体的人际组织都应该有一定的结构，它界定了人与人之间的关系、人与团队之间的互动模式，也包括一些参与规则、权利义务和责任等。

一般来说，按照参与程度的差异，任何社群都有一个或少数几个主动发起倡议、承担起组织活动、联系社群成员职责的“协调者”，他们本身也往往是最为活跃的核心骨干。接下来，社群中通常会有一些“积极分子”或热心的“忠实粉丝”，他们积极地响应、参与社群的活动，但未必愿意承担协调或领导的角色。当然，社群中更多的是定期或偶尔参与，并不那么投入的一般成员。在社群外部，也有一些对社群感兴趣、关注或与社群偶有联系或互动的外部人员或群体（实践社群的一般结构示意图参见图 7-1）。

需要注意的是，上述社群结构分层仅为示意，并不是固定或一成不变的。相反，一个有活力的社群总是处于动态演进之中，一些骨干可能因各种原因变成一般成员甚至彻底退出，外部人员也可能加入社群，成为正式会员，甚至变成新的“协调者”。

同时，不管是明确规定，还是约定俗成，社群成员都遵循一些基本规则，履行一些权利和义务，相互之间有着或紧密或松散或频繁或偶然的活动机制等。

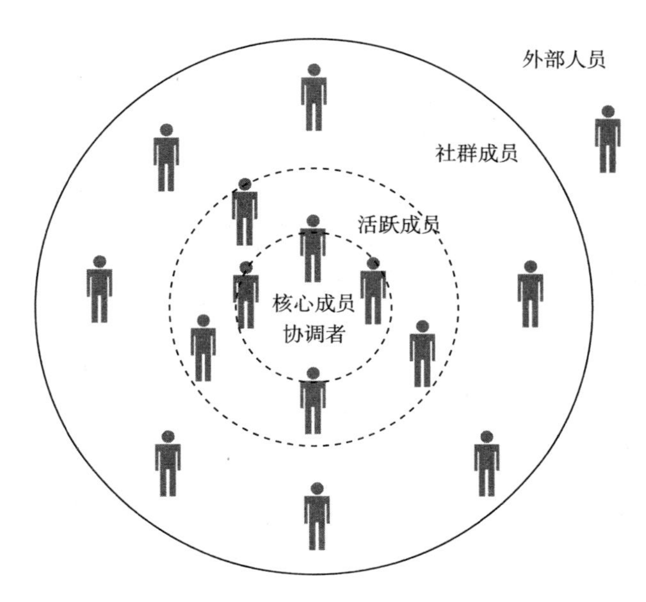

图 7-1　实践社群的一般结构示意图

3. 工作实践

不同于其他非正式人群组织，实践社群关注的是“工作实践”，也就是社群成员之间相互分享与工作实践相关的方法、信息、诀窍等，目的是促进彼此的工作实践或共同解决问题。如果说知识领域定义了社群关注的主题，工作实践则是这些领域内需要创造、分享或保留的知识内容。

例如，克莱斯勒公司按照车型平台来组织产品的研发，但是不同车型平台上的类似工程师（如底盘、制动等）经常跨平台交流，为此，他们组织了一些技术俱乐部，在各自专业领域内审核成员的设计方案，提高质量水准。同时，他们还协同创作了一本工程知识全书（EBoK），汇集了工程师在工作中用到的全部相关知识，包括适用标准、最佳实践、经验教训和供应商的供货规格等。

在这个例子中，工程师的各自专业是实践社群的知识领域；各个俱乐部也有特定的组织结构与规则、定期交流与沟通机制；虽然成员来自不同的车型平台，但大家具备相同或类似的工作，因而具备共同的实践（如表 7-1 所示）。

表 7-1　实践社群的构成

	知识领域	社会结构	共同实践
克莱斯勒技术俱乐部	共同的研发专业方向	俱乐部章程、结构、规则与活动	相同或类似的工作
惠普高实用性软件社群	软件可用性	社群结构和交流机制、规则	软件销售与安装
BP 安全预警网络	安全生产	电子邮件和网站系统	炼油厂安全管理

再如，惠普公司高实用性软件社群，由一些软件开发工程师、项目经理、产品经理以及销售等构成，每月会通过远程视频会议进行主题研讨、交流、分享，逐渐梳理了软件定价体系，并对软件销售和安装过程进行了标准化。

在这个例子中，知识领域是软件的可用性；共同实践是参与者的工作都和软件的销售、安装相关；社会结构是一定的组织结构和交流机制、规则。

在英国石油公司，分布在全球各地的炼油厂安全管理员们联合起来，建立了一个安全预警网络，当有人发现了一种安全隐患，他就给这个网络群发一封邮件，给大家分享自己的经历，并提醒大家注意；同样，当有人需要帮助时，他们也会发送求助邮件。一般来说，不到一天时间，甚至只需几个小时，他们就能得到专业的建议回复。此外，管理员和网络成员还定期整理这些预警、问题及建议，将其放到公司网站上去。

在这个例子中，知识领域是安全生产，共同实践是各地炼油厂安全管理，社会结构是通过电子邮件进行信息分享和求助、回复。

当然，在现实世界中，实践社群有不同的形式，名称、规模、运作机制、存续期、规范程度、风格等也可能迥异。例如，某家医院一个病区里的一组护士每天在一起吃午饭，讨论病人的情况，分享经验、教训，也相互请教或探讨新的病例如何处置等问题。可是，她们并没有清楚地意识到，这种形式就是一种松散或自发的“实践社群”，这些午餐就是她们获取新知识的重要途径或来源。当然，医院的管理部门也没意识到这些非正式午餐讨论的价值。因此，在温格看来，要利用实践社群进行知识萃取，第一步就是“看见”它们。为此，需要准确地理解上述三个特征，把握其本质而不是名称或形式。

实践社群对知识萃取的价值

根据定义，实践社群是由具有相同工作实践的人，基于自发的需求和热情（核心是相互学习、拓展人脉、发展能力）而组织起来的，关注特定知识领域的一种非正式组织，因而，知识萃取与分享是实践社群与生俱来的内在功能。这是显而易见的，也在现实生活中展现了巨大威力，如世界银行（参见案例 7-1）、英国石油公司等。

案例 7-1：世界银行成为“知识银行”[⊖]

1996 年，世界银行总裁詹姆斯•沃尔芬森（James Wolfensohn）提出，为了达成“减少全球贫困”的使命，世界银行除了为全球不发达国家和发展中国家提供开发项目所需的资金支持，也要成为一家知识银行，为它们提供发展所需的知识资产。

世界银行认识到，开发和交流知识最好的方式，是把有相同或相关工作职责的人聚到一起、组成非正式小组，让他们定期交流、收集并分享信息、协同解决问题。如果人们没有基于工作的社会联系，知识很难（甚至根本不可能）流动。为此，他们高度重视实践社群在知识

⊖ 本案例基于《实践社团：学习型组织知识管理指南》（埃特内・温格等著，机械工业出版社，2004）和网络资料改写。

创造和分享中的作用。世界银行在1997年投资5000多万美元，用于知识银行建设，包括搭建知识管理系统、支持知识社群、促进知识分享，如资助人际沟通、面对面的会议，并且正式认可社群活动对成长的贡献。到1999年，世界银行中有超过120个实践社群（主题小组），通过内部网、电子报等沟通，并定期会晤。

这些投资对于促进世界银行的各项工作产生了显著成效。其中一个例子发生在尼日利亚。一位世界银行负责基础设施建设的项目经理给世界银行交通建设社群发送了一份邮件，希望得到一些范例和建议，以帮助尼日利亚制定全国交通战略。20分钟之后，他就收到了贝鲁特办事处一位世界银行员工发来的回复。24小时之内，他又得到了另外4份相关的建议，包括交通改革策略方面的邮件和提示、交通事业评估的参考，以及最新发布的一本白皮书。此后，来自中国、印度等11个国家的范例与分享纷至沓来，很多都有很强的针对性或参考意义，是全球各地专家的真知灼见，包括许多与尼日利亚政府打过交道的员工的建议。这些知识对于他快速、高效地开展此项工作提供了巨大帮助。

从上述案例可见，实践社群对于知识创造与交流具有举足轻重的作用。用世界银行的话来说，实践社群是知识创造活动的“心脏与灵魂”。

哈佛大学教授埃蒂纳·温格等（Wenger，2004）认为，实践社群对于个人（社群成员）和组织，无论是短期还是长期，都有着重要意义和价值（如表7-2所示）。

表7-2 实践社群的价值

	短期	长期
组织	解决业务问题，激发创新	开发并分享知识，提升组织能力
成员	互帮互助，增长经验	职业发展

对于社群成员来说，短期的价值是：通过参与社群活动，可以获得工作中的诀窍，接触到专业技术知识；若你在工作中遇到困难，可

以向社群中有经验的成员请教，帮助你解决问题。长期来看，有利于拓展人脉，发展知识与技能，从而有利于职业成长。

对于组织来说，短期的价值是：可以通过社群的活动，解决业务问题，或找到创新的方案，有利于增加收入、降低成本，或改进质量、促进部门协同。从长期来看，可以开发并分享知识，提升组织能力。

温格等基于主要目的（或战略意图），将实践社群分为四种类型。

1. 相互帮助

此类实践社群创立的主要目的是为成员提供相互帮助、解决日常问题和分享想法的机制。例如，斯伦贝谢公司技术社群由科学家和工程师组成，当有人在工作中存在疑问或遇到困难时，就可以在论坛中发起求助，其他成员看到后会给予响应。

2. 最佳实践

此类实践社群注重发现、开发、验证和传播特定的实践做法。它们往往会建立一个明确的流程，来收集、鉴定和发布“最佳实践”。例如，福特汽车公司“最佳实践复制”社群是这样运作的：员工或工程师提交新的实践做法及价值；当地的最佳实践经理和社群管理员（通常是业务专家）对其进行评估；通过评估的实践做法会被发布出去，并在福特全球150个工厂进行严格的审查。在另外一些公司中，由跨部门的业务专家组成的“卓越中心”（Excellence Center），定期或不定期地评定并发布一些“卓越实践”，也通常以有形或无形的实践社群的形式在运作。

3. 知识整理

此类实践社群以组织、提炼和分发成员每天都会用到的知识为导向，有点像互助型实践社群，但二者的区别在于后者会定期举办一些活动或搭建相应的机制，促进知识的整理与分发，而不只是成员之间自发的求助和分享。例如，凯捷安永公司内部有150多个社群，它们会在公司知识库中发现并组织主题知识，然后分发到整个企业中。克莱斯勒公司内部实践社群共创工程知识全书（EBoK），也是知识整理的典型代表。

4. 实践创新

虽然其他类别的社群也可以激发创新，但此类社群的主要意图是促进知识创新，它们会促进跨界交流，鼓励多种观点之间的连接与混合，从而创造出创新性业务或想法。例如，戴姆勒－克莱斯勒公司“交换”社群把全球各地240位专家联系在一起，鼓励他们发挥创造力，并给他们提供渠道，让他们在新产品开发或产品改进中激发新的想法。

由此可见，虽然主导意图不同，但实践社群毫无疑问对于知识萃取具有重要意义。当然，实践社群并不仅限于知识萃取，它也是激发知识创新、促进知识共享、持续保持知识更新的有效机制。

具体来说，实践社群对于知识萃取的价值包括：

- 因为实践社群有着明确的知识领域，其成员也都是具备相同或相似业务实践的专家，因而，他们知道什么信息是有用的，应该把什么内容形成文件，什么知识能够真正帮助其他成员。因此，通过特定的组织形式与交流机制，可以让他们将真正有价值的经验“沉淀”下来，并相互比较、切磋、整合，这本身就可以被视为一定程度的知识萃取。
- 即便是“提纯精度”不够，实践社群也会积累大量来自一线的知识素材，从而为后续的提纯、加工奠定良好的基础。

- 同样，实践社群也是你在用其他方法进行知识萃取时的“得力帮手”，包括确定萃取目标与主题、寻找业务专家以及团队共创。

实践社群知识萃取与运营的玩法

基于实践社群来进行知识萃取与运营并不是某项单一的技术，而是有一系列“玩法”。综合国内外企业实践社群的实践经验，我认为大致“玩法”共有 12 种；从活动的载体（线上还是线下），以及活动的规模、组织难度和频次（规模小、组织难度低，可以高频次地组织甚至持续开展，或者相反，规模大、组织难度高，因而只能定期或低频次地组织）两个维度，可以将其分为四大类（如图 7-2 所示）。

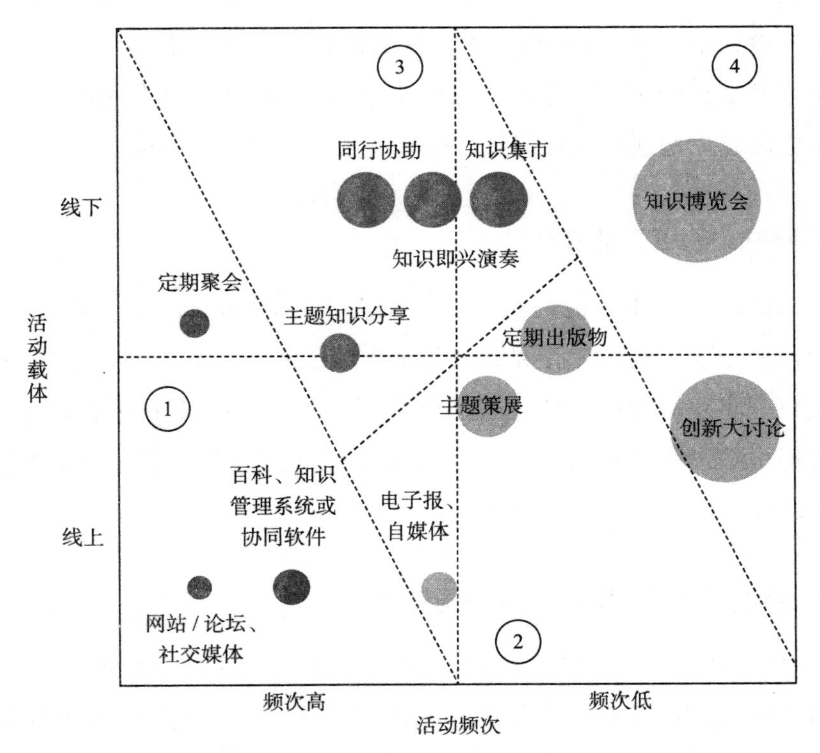

图 7-2　实践社群知识萃取与运营的玩法

1. 日常交流

由于实践社群具有类似社团的性质，一些较为显性或活跃的实践社群有相对固定的活动机制与交流媒体或“阵地”，如网站、论坛、社交媒体，以及定期面对面的聚会等。

一般而言，基本交流方式包括：

（1）定期聚会

作为社团最为基本和传统的交流方式，实践社群成员会定期面对面聚会（当然，频率可能有很大差异），交流相关的信息，或分享观点、就某个专题进行研讨等。这是实践社群的基本运作机制之一，虽然这些聚会可能并非都是正式的知识交流，但按照知识创造与交流的 SECI 模式（参见第 2 章），这样的聚会不仅有助于建立连接（connection），便于显性知识的传播，也是社会化（socialization）交流机制，有助于成员之间建立信任和亲和关系，也有助于隐性知识的传播。

（2）网站 / 论坛、社交媒体

在很多公司中，会为实践社群搭建专门的网站，便于成员交流，进行资料分享。例如，英国石油公司搭建了名为“Connect”的系统，为数百个实践社群提供 IT 支撑。对于不具备条件的公司而言，也可以很方便地借助内部网或开源软件搭建论坛交流区，或借助通用的社交媒体软件，建立群组，进行实时交流。

（3）百科、知识管理系统或协同软件

除了传统的网络、社交工具，通过众包（crowd-sourcing）、协同共创的模式，搭建类似维基百科似的知识网站，成为近年来知识创造与运营的常见形式。许多知识管理系统或协同工作软件也有类似功能。

对于一些有计划来收集最佳实践或整理知识的实践社群来说，得心应手的类似平台或工具会“如虎添翼”。

2. 内容策展

在实践社群中，人们很自然地会关注知识领域内的最新动态、热门话题。为此，内容策展是实践社群知识运营的一项基本功能。具体形式包括：

（1）定期出版物

最初级的定期出版物可能就是小组内部的黑板报，或者非正式刊发的内部通讯或通报；一些有实力、规模比较大或运作规范一些的实践社团，可能会定期出版较为正式的出版物，可以是线下发行的纸介质的刊物，也可以是电子版读物。

（2）电子报、自媒体

随着信息技术的日益普及，实践社群成员也开始采用诸如电子邮件群组、互联网、社交媒体（或即时通信工具）等手段相互联系，由此也出现了电子报、网站 / 论坛、博客 / 视频播客、公众号等自媒体，定期或不定期地刊发一些主题文章。例如，早在互联网普及之前，雪佛龙石油公司就成立了“安全预警网络”，内部各炼油厂负责安全的人员通过电子邮件群组，定期分享安全信息及心得、经验。

（3）主题策展

介于随意的电子报和正式的出版物之间的，是各种“主题策展”。也就是说，类似于杂志的“特刊”或“专题”，实践社群在某个阶段可以针对某个主题，撰写或编发若干相关的文章，或者组织专题的实物展览。如某公司金融技术社群，2018 年对“区块链”进行了专题研究。近年来，通过一些专门的在线策展网站或相应工具，可以很方便地进行在线内容策展，也日渐受到人们的青睐。

3. 专题知识活动

虽然日常交流也可能产生知识交流，但它不够正式（可能没有专门的人组织或分享）；同时，内容策展偏重于显性知识的传播与挖掘，人际交流不充分。因此，在实践社群中，还有很多较为正式的、注重人际交流的知识交流活动或机制。具体来说，大致形式包括如下三种：

（1）主题知识分享

在一些实践社群中，定期聚会是事先安排好的，有特定的主题，会邀请社群内部或外部的专家，进行专题分享，之后进行自由交流和讨论。相对于没有特定目的或刻意设计的日常聚会，这种形式可以被称为“主题知识分享”活动，它可以在线下进行，也可以是在线方式，如社交媒体群、视频会议或虚拟教室、直播平台等。相对而言，这种方式易于组织，“短平快”，是一种很常见的知识分享与交流机制。

（2）同行协助

在英国石油公司，项目开始之前，如有需要，会邀请具有相同或相似项目经验的同行，召开“同行协助”会（参见案例 7-2），这是一种非常高效的知识分享与创新研讨机制。参加会议的多是同一实践社群的成员，所以，可作为实践社群的一种专题知识活动机制。

（3）知识集市

如第 6 章所示，某企业大学实践的“知识集市”的参与者也是具有相同实践的业务专家，通过结构化的流程，让业务专家相互交流，“大家帮助大家”，并共同研讨、解决复杂问题，这也可以成为实践社群知识萃取与共享的一种玩法。

（4）知识即兴演奏

在《分享隐藏的诀窍》(*Sharing Hidden Know-How*) 一书中，知识管理研究者 Katrina Pugh 提出了“知识即兴演奏”（*knowledge jam*）的做法，可以帮助组织通过引导和协作，让隐性知识浮现出来，并加以传播、利用。因为参与者都是有相同实践的人，因而适合作为实践社群知识萃取与共享的一种玩法。㊀

4. 大型知识活动

为了扩大实践社群的影响力、招募新人，或对组织做出直接的贡献，有时候，实践社群要召开规模更大的知识活动。在这方面，有代表性的做法包括：

（1）知识博览会

为了实现自身使命，世界银行高度重视知识管理，采用包括实践社群在内的知识运营机制，也会定期举办知识博览会（参见案例 7-3），让各个实践社群站在台前，展示知识成果，本身也是知识传播与交流的机制，还能彰显实践社群的影响力，促进协作、维持活力。

（2）创新大讨论

作为全球知识管理的楷模，IBM 公司一直高度重视知识萃取与运

㊀ https://www.knowledgesharingfordev.org/Data/wbi/wbicms/files/drupal-acquia/wbi/document_repository/art_of_knowledge_exchange_-_knowledge_jam.pdf.

营，不仅在内部广泛应用了包括实践社群在内的各种方法，而且基于其独特的 IT 基因，开发了功能强大的知识管理系统与协同平台，也创造了一些独特的玩法，如“创新大讨论”(Innovation Jam™)。虽然该方法高度依赖 IT 平台，但借鉴其思想精髓，我们也可以在实践社群内部组织更为灵活的“创新竞赛”。

下面，我们将重点介绍同行协助、知识博览会和内容策展这三种具体的玩法。

同行协助：业务部门的“私董会”

根据英国石油公司的实践（参见案例 7-2），同行协助既是社群知识分享的有效方法，也可以激发知识创新，有助于建立相互学习的风气，并在员工之间建立强大的跨部门联系网络，是实践社群知识萃取与运营的有效机制。

案例 7-2：BP 的同行协助会⊖

所谓同行协助会（peer assist），就是一个要求得到帮助的小组（项目组或实践社群）邀请其他小组的人或业务专家，召开一次研讨或座谈会，基于业务专家过去的经验和知识，加上他们对拟研讨的主题背景信息的了解，共同探讨、拟订行动方案（参见图 7-3）。

例如，位于撒哈拉沙漠的一个项目工程小组为了在地面煤气生产设施建设方面得到协助，通过公司内部联系网和实践社群，邀请到了 BP 位于阿伯丁、越南、英格兰等地的一些同行，召开一次同行协助会。虽然他们在世界不同的地区做项目，工作进度也处于不同的阶段，但都有着类似专业的实践经验。在会议开始前一天的晚上，这些同行

⊖ 欲了解英国石油公司知识管理更多实践，参见：克里斯·科里逊，杰弗·帕赛尔. 英国石油公司组织学习最佳实践 [M]. 北京：机械工业出版社，2004.

和项目组的代表一起聚餐，了解了项目背景，共同确定了同行协助会的目标。通过之后 2 天的研讨，大家提出了大量有针对性和建设性的行动建议，并就一系列行动方案达成了共识。

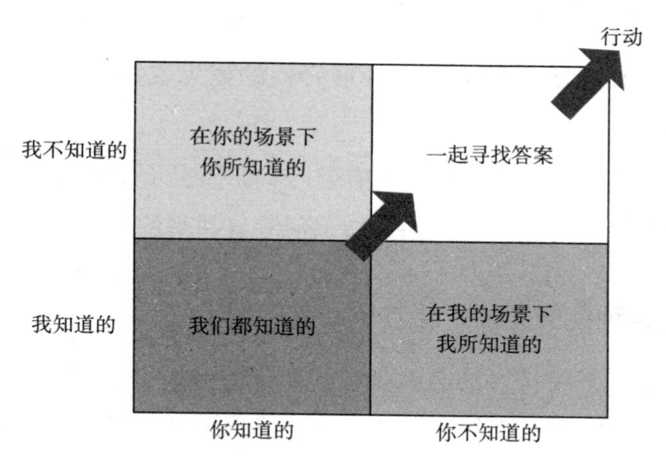

图 7-3　利用同行协助激发集体智慧

在同行协助会后 2 周内，项目小组将这些行动方案复制给参加会议的同行们，并在其后不断更新项目的进展状况。实践证明，这次同行协助会帮助项目组校准和确认了项目目标，确保了他们“做正确的事”，这是项目成功的根本保障。

---

1. 同行协助的三种学习机制

从案例来看，同行协助与现在流行的企业家“私董会”类似，是业务部门邀请有共同实践的同行群策群力、进行知识共享和创造的有效机制。我认为，在同行协助会中，主要包括如下三种学习机制：

（1）业务专家建言献策

如第 2 章所述，由于人是隐性知识的能动主体，而知识与特定的应用场景密切相关，要想在求助者（“当地小组”或“主人”）的当前情境中应用别人（“客人”）的经验，必须让他人了解你的任务、场景等信息，这样他们才能基于自己的技能与经验，给出相应的建议。为此，求助者要向“客人”介绍你所了解到的任务相关信息，并让业务专家根据求助者的实际挑战，开展必要的信息收集、分析和研讨、给出建议等工作。

当然，更理想的情况是：在信息同步的情况下，双方协同工作，实现充分而及时的信息同步，提升知识创造与共享的效果。

（2）通过各种社交途径，全方位地向同行学习

在实际召开同行协助会时，由于时间有限，“客人”无法全面了解到“主人”所有的真实信息，给出的建议也未必切实有力（换言之，同行给出的建议的质量也离不开他们所获取的信息的质量，以及他们自身的水平和研讨的质量）。但是，能邀请到各位同行高手参会，毕竟是一次难得的学习机会，因此，求助者必须珍惜机会，充分利用与同行“大咖”各种交往的途径，多吸收自己不知道而“客人”知道的信息，包括同行的经验、信息、技能等。这既包括正式的会议、分享，也离不开各种非正式的交往场合，如聚餐、咖啡时间等。研究表明，利用非正式的社会交往、建立信任与亲和关系，是传递隐性知识更为有效的方式。

（3）共同创造

不同于一般的峰会或论坛，只是安排几位同行专家给听众做几次报告、泛泛地分享他们自己的经验，同行协助会以解决实际问题为目标，不仅要参与人结合自己过往的经验和当前任务的实际情境，给出具体的建议，而且由于实际采取行动的人是求助者，他们也掌握更多的本地信息，为此，也必须全过程积极参与，不仅提供本地信息、获取专家的信息，还要共同创造、一起找到解决方案。这是一个“双活”

的知识萃取与共享、应用过程，转化率非常高。

事实上，同行协助会不仅能给求助者以切实的帮助，还可以创造出具有推广意义和价值的知识成果。

2. 筹划同行协助会的 12 个步骤

根据 BP 知识管理专家克里斯·科里逊和杰弗·帕赛尔的总结，筹划一场同行协助会有如下 12 个步骤：

（1）明确目的

同行协助会的主题应围绕被帮助小组的具体问题，以解决一个特殊的技术或商业问题为目标。问题越明确，目的越精准，成功的可能性越大。

（2）查看问题是否解决过了

查一下公司知识库与专家地图，看看是否有其他人已经解决了这个问题。如果已经有解决方案，可以直接拿来使用，不必召开同行协助会。如果没有，一方面通过搜索，确定可能的同行，另一方面，可以了解一下是否有其他人也有同样或类似的问题。如果有，更有效的方法是一起召开同行协助会，提炼出有推广价值的经验。

（3）任命一位引导师

安排一位引导师，参与同行协助会的计划与筹备，并对会议过程进行管理，确保会议达到预期的效果。

（4）安排会议议程

尽可能提前安排同行协助会，以便留出足够时间将学到的东西付诸行动，因为同行协助会甚至可能产生你意想不到的结果，彻底改变你的想法。如果今天召开同行协助会，明天项目就开工了，根本没有缓冲或改进空间。

此外，行业专家可能都很忙，所以，务必及早确认时间，安排好会议议程。会议时间取决于要讨论的问题复杂度和小组成员对背景条件的熟悉程度。一般而言，大多数同行协助会持续 1 ～ 2 天。

（5）挑选参加人

顾名思义，同行协助会就是要从同行那里获得帮助，找到解决问题的可能办法，或创新观点。一旦确定了会议目标，就列出一个需要邀请的参会人员。他们要有与会议主题相关的各种技巧、能力与经验，具备必要的多样性。一般来说，6 ～ 8 人参会比较合适，也要在本地小组和邀请来的“客人”之间保持平衡。

不要仅凭个人喜好来挑选与会者。同行协助会的目的并不是验证你的想法是对的，而是向他人学习，一起找出创造性的解决方案，为此，要欢迎那些能挑战你的思维模式的人，或具有质疑与创新精神的真正高手。当然，同行协助会也不是“打架”或“找茬”。

（6）清楚地定义你期望的交付成果

基于目的，要进一步明确你期望通过同行协助会取得哪些成果，并计划好如何获得这些成果，将会议安排得更为精细。

（7）让大家彼此熟识

要更好地促进知识创造与共享，必须确保与会者相互熟识、坦诚相待。因此，如果与会者彼此不熟悉，要采取措施，让大家相互了解。即便与会者已经相互认识了，也要留有时间让参加者交往，包括正式开会前的聚餐、咖啡等社交方式，建立亲密的关系。

（8）确定基本规则

提前布置好研讨环境，声明会议的目的与期望产出，并向与会者简明扼要地介绍研讨主题的背景信息，营造良好的氛围。

同时，要给参与者留有充裕的思考和反馈机会，让他们敞开心扉、畅所欲言，积极贡献他们所知的信息与经验，并深入讨论。

（9）从分享信息和背景条件开始

将可用的时间分为 4 个部分（第 9 ～ 12 步），在前 1/4 的时间，请主人讲述问题的背景、历史和将来的计划；如有必要，请参与者提问，主人给予解答、坦诚反馈，使大家充分了解要研讨的问题的背景信息。

（10）与会者主导，获取信息、深入研讨

之后，同行协助会的与会者要确定他们的行动计划，并开展研讨。他们可能还需要了解一些事情，与其他人交流（包括内部业务专家、外部顾问、客户或政府官员等，可通过面谈、电话或视频会议沟通），或获取一些数据与报告。

在本阶段，本地小组应该坐到后排或离开会议室，以“客人”为主进行工作，以便基于他们的经验，提出一些观点和建议，而不是解决问题。

在每天工作结束前，可以进行复盘，获得一些有价值的反馈，并及时调整第二天的工作方向。

（11）分析并总结你所学到的东西

这一部分是与当地小组交流，将与会者的建议与分析结果分享给当地小组。此时，本地小组应耐心地聆听、认真地学习，不要贸然做出结论，更不要辩解，而是审慎地分析、总结你所学到的东西。

（12）综合所有反馈，就行动方案达成共识

最后，“客人”们要做的是回答主人的提问，并将注意力集中到行动上，就解决问题的具体方案达成共识，发表联合声明，作为会议的成果。同时，组织者也要真诚地感谢与会者，并让与会者回顾一下他们的收获或体会，看看每个人都学到了什么，还有谁能从中受益。

在整个会议结束之后，要及时进行复盘，并整理会议收获，与相关人员分享。

此外，在项目进行过程中，本地小组也要尊重并主动地实施这些建议与解决方案，并和大家共享项目的进展状况，以验证这些经验是否有效，或有哪些新的发现。

事实证明，同行协助会不仅有助于节省成本、加快进度，而且让参与者学到了新知，并能防止重走别人的错误老路。

知识博览会：实践社群的“世博会”

对于大多数实践社群来说，基本上都是“默默地”独自运作，甚至有人自嘲说是“自娱自乐”，如果不是主动地对外宣传、推介或者外人刻意去打听，他们的活动并不为社群之外的其他组织成员或“公众”所知晓。因此，从某种意义上讲，这并不利于实践社群的持续、健康发展，也无法充分释放实践社群的活力。

那么，能否在某个时刻，把各个实践社群当作明星，推到前台，让它们成为主角，暴露在聚光灯下，展示它们的工作成果，并促进它们之间的相互交流，以及实践社群与外部人员的互动呢？

在致力于成为“知识银行”、把知识运营当作达成其使命基本手段的世界银行内部，创造了一种机制——知识博览会（参见案例 7-3），堪称组织内部实践社群的“世博会”。

案例 7-3：世界银行的“知识博览会” [1]

位于华盛顿特区的世界银行总部大楼中，有一个开阔而富丽堂皇的中庭，平日里肃穆安静，但是，如果你恰逢“知识博览会”（knowledge fair）那一天光顾这里，就会发现另外一副光景。数百个实践社群摆出的摊位，展示的并不是各种货物，而是它们开发的知识或正在运作的项目信息，如生物多样性、公共健康、农村发展中的性别问题、土地政策等，社群成员及参观者四处走动、相互交流，虽然让中庭略显嘈杂，但也充满生机、活力四射。

事实上，自1998年春天第一次成功举办以来，“知识博览会”已经成为世界银行定期的重要活动。很多参加过“知识博览会”的参观者都表示，通过博览会，他们学到了很多东西，甚至比通过名目繁多的出版物和正式讲座学到的更多。

此外，世界银行每年还会举办一次实践社群年会，参加者来自全球各地，规模逾万人。

世界银行认为，“知识博览会”是一个理想的机会，让来自不同社群的人相互交流，促进对彼此所做工作的理解，交换看法，获得启发，并创造新的连接或机会，不仅有助于展现管理层对知识经营与实践社群的支持，而且能够帮助各个社群交流它们所创造的知识资产的价值。

1. 如何组织一次知识博览会

根据世界银行出版的一份知识博览会指南，组织一次知识博览会分为三个阶段：[2]

[1] 温格，等. 实践社团：学习型组织知识管理指南 [M]. 北京：机械工业出版社，2004.

[2] https://www.knowledgesharingfordev.org/Data/wbi/wbicms/files/drupal-acquia/wbi/document_repository/art_of_knowledge_exchange_-_knowledge_fair.pdf.

（1）计划

在博览会开始一年之前，要成立一个协调小组，进行总体策划，得到赞助人的批准；制定沟通、推广或公关策略；设计视觉标识；确定地点；发布征集文告，定向邀请一些目标机构（如一些有重大影响力的实践社群）准备展台，并提供指南。

在博览会开始半年前，要评估收到的参展方案建议书，进行分析，以设计会议主题和相关活动环节，同时要准备新闻稿，使用社交媒体，对博览会进行报道和讨论，创建或更新专门的网站；此外，还要预留或租赁博览场地与设施（如展台、会议室 / 会谈间、IT 设备、餐厅等），招募并培训音视频支持团队，管理音视频设备、相应的素材等。

在博览会开始的 3 个月之前，要拟定日程安排，招募并培训引导师，准备文具和推广材料，向参加人发送住宿、差旅注意事项，确认参加人，并为其提供必要的协助，与参展方沟通确定各项活动的目标、议程安排及相关环节用到的方法和工具。

在筹备过程中，可以安排一次或多次面对面的会议、在线或视频会议，对相关事项进行讨论。

计划阶段的关键成功要素包括：

- 明确谁是知识供给方，谁是预期的受众。
- 可以将知识博览会与年会、组织的重要事件（如项目庆功会等）结合起来，“搭车”或“借势”。
- 在公开展览之前，确保有一个沟通或营销策略与计划。
- 选择一个有足够交流空间的场地。
- 确保技术人员在场或就绪，以防不时之需。

（2）实施

确保展位准备就绪，准时向参加人或公众开放，并提供清晰的指示与指引，做好音视频、图片的采集与存档。组织者可以采访一些参加人（包括参展方），以了解感受及反馈。

一次典型的知识博览会可能包括但不限于下列活动：

- 知识咖啡汇谈——就大家感兴趣的主题，自由地分享和交流。
- 同行协助——邀请同行，对实际问题或任务献计献策，共同寻找解决方案。
- 展览——实践社群可以展示自己正在进行的项目信息、取得的成果、萃取或开发的知识资产等，要有熟悉社群运作的核心成员或骨干在现场，与感兴趣的参与者进行交流。
- 主题演讲——可提供一些正式的演讲或分享机会。
- 自由分享——根据征集到的建议书，让参与者自由地或以非正式的方式发表自己的观点或信息。
- 小组研讨——非正式的小组交流、分享故事或反思、研讨。
- 实施阶段的关键成功要素包括：
- 为了保持总体的一致性，要对布局结构进行整体设计；在此情况下，可以允许各个参展方有自己独特的风格。
- 鼓励创造性的呈现与分享方式。
- 用照片、视频、采访等方式，记录下知识博览会的点滴风采。
- 充分使用社交媒体、微博等工具，让观众参与分享和互动交流，也可组织群或小组，营销知识博览会、更新动态、维持热度。

（3）跟进

及时复盘，并对博览会进行评估，在官网和社交媒体上更新或发布相关的视频、照片、花絮、亮点等，以及新闻报道，向参展方及参加人发送致谢信或邮件。

如有可能，邀请每个展位的负责人和 / 或主要活动环节的组织者一起进行复盘，并从中学到值得推广的经验或需要汲取的教训、有待改进之处。

2. 你要不要搞一次“知识博览会”

由上述描述可知，搞一次“知识博览会”是一项庞大的系统工程，需要投入很多人力、物力和资金，花费较长的时间进行筹备，组织难度也不小。权衡投入与产出，你要不要搞一次“知识博览会”呢？

首先，做这个决定不能只算“经济账”，虽然它的直接成本并不大，可能只是一些场地费、举办展览的物料费、人工成本等（参见表 7-3），但几乎没有直接的经济收益。仅算“经济账”，根本没有抓住问题的关键。

表 7-3 举办知识博览会的成本与收益

	成本或投入	价值或产出
对实践社群	• 参展及准备所需的人力、物力	• 展示成果，得到组织的认可与支持 • 展示形象，提高知名度，增强社群成员的信心、自豪感与凝聚力 • 招募新成员 • 学习其他社群的运作经验 • 寻找与其他社群的合作机会
对组织	• 场地及举办展览的直接成本 • 相关支持所需的人力、物力及资金	• 展现实践社群的价值与活力，争取组织成员的理解与支持 • 为员工提供集中的学习、交流机会 • 彰显对实践社群的支持 • 促进社群之间的相互联系与协作，充分发挥社群的价值 • 有助于塑造学习、交流、分享的文化氛围

其次，举办知识博览会的间接或无形的收益虽然很多，无论是对实践社群来说，还是对组织而言，都是如此，但大多难以衡量。

具体来说，一些收益可能包括但不限于：

- 可以展示实践社群已经取得的成果，得到组织的认可与支持。
- 展示社群的实力与形象，有利于提高知名度，增强社群成员的信心、自豪感与凝聚力。
- 可能吸引、招募到新成员。
- 学习借鉴其他社群的运作经验。

- 找到与其他社群合作的机会，扩大社群的价值。
- 彰显组织对实践社群的支持。
- 为员工提供学习、交流的机会。
- 有助于塑造学习、交流、分享的文化氛围。

这（要不要搞一次“知识博览会”）可能是一个困难的决策，但如果你坚信知识的力量、希望通过践行知识萃取与运营来推动组织的发展，并且在组织内部已经有一些实践社群“开花结果”或“茁壮成长”，适时地举办一次知识博览会，是一个不错的选择。

内容策展

对于实践社群来说，除了常规的主题研讨与分享交流，一种更为日常化的方法是“内容策展”(content curation)——对关于特定主题或知识领域的信息进行收集、整理与展示的过程。[⊖]也就是说，类似策划一场展览，组织者（也被称为“策展人”“集展人”，curator）就某个主题领域，汇集大量的内外部信息，进行策划、筛选、组织，并以一种有组织、有意义的方式进行呈现，对其进行维护。

实践社群成员有共同的实践与知识领域，更加适合进行内容策展。事实上，这也是实践社群汇集、梳理、创造与分享知识的一种重要机制。

1. 确定适合你的内容策展策略

像本章前面介绍的世界银行的“知识博览会”，就是基于实践社群的线下内容策展活动。在互联网兴起的早期阶段，在一些论坛或网站中，管理员会根据主题，筛选出一些高质量的文章或“精华帖”，将它

⊖ https://en.wikipedia.org/wiki/Content_curation.

们分类、汇集、置顶，或者以订阅列表的方式定期或不定期地发送“电子报”(newsletters)，这也是内容策展的一种方式。

综合全球各地实践社群内容策展的实践经验，一般来说，有如下10种常见的形式：

- 知识博览会。
- 主题知识展览。
- 实践社群年会或峰会。
- 定期出版的报纸、杂志、文摘/文集、白皮书等刊物。
- 公告栏/墙报。
- 电子报。
- 百科网站（如wiki）。
- 博客/公众号。
- 在线学习/知识管理系统。
- 论坛。

如上所述，策划、组织一次“知识博览会”并不容易，因而其举办频次较低。在实践社群中，更为常见的内容策展活动是定期的出版物、在线内容策展（如电子报、百科网站、博客/公众号、在线学习/知识管理系统、论坛等）。

2. 在线内容策展的崛起

近年来，随着移动互联网和社交媒体的快速普及，涌现了一大批自媒体和知识社群、百科、问答网站等，极大地推动了在线内容策展的发展。

尤其是在信息爆炸的今天，如果没有高水平的策展，仅凭个人去搜索并梳理信息，虽然这本身就是他们学习的一个过程，但也造成效率低下，甚至有很多人可能根本找不到高质量的内容，或者迷失在碎片化信息的汪洋大海中。而高水平的策展人组织的内容策展，不仅可以帮我们甄选高质量的内容，过滤掉重复、低效或垃圾信息，而且可以把握本质，总结、提炼精华，并以更有意义的方式来组织、编排这些信息，让我们更有效地看到趋势、建构起知识体系、产生学习。相对于以往，内容策展的重要性日益凸显。

3. 在线内容策展的五个步骤

一般而言，做在线内容策展包括五项活动：

（1）选择一个相关的主题

任何展览都有一个主题，主题越明确，展览越容易组织；主题越符合观众的需求，展览越能受到观众的欢迎。内容策展也是如此，要根据目标受众的需求，设定好展览的主题。

无论是选择内容，还是组织、呈现这些信息的形式，都需要根据主题来设定。

（2）搜集高质量的内容

基于主题，选择那些有价值、高质量、吸引人的内容。这些内容包括但不限于课程、文章、视频、图文、博客、研究报告、案例研究以及其他类型的学习资料等。

事实上，要想做一名合格的策展人，必须对相关的领域比较熟悉，知道到哪儿去寻找相关的内容，谁是这些领域的专家。掌握多样、高效的信息源与广博的人脉关系，是策展人的基本素质与能力。

（3）内容评估与筛选

将与某一个主题相关的信息汇集起来以后，策展人必须对内容加以甄别、评估，筛选出真正有价值、高质量的内容，不能简单地把所有信息一股脑儿地堆积在一起。这样才能产生增值，这也体现了策展人的理解力、欣赏品位和判断力。

一般来说，对信息的评估和筛选包括：

- 评估——对于每一则信息，要根据其来源、规范化程度，进行对比、分析，判断其质量和价值。
- 比较——不要只从一个来源搜集信息，而要从不同角度、不同来源采集资料，加以比较，以验证其价值。
- 过滤——删除那些无关的、重复的或低质量的内容。

（4）创造新的价值

策展并不是一项简单的工作，相反，高质量的策展非常体现水平，需要很多富有创造性的高级脑力劳动。

- 摘要：对各项数据进行提炼、过滤，取其精华，用简化的格式和篇幅编写摘要，以取其精华。
- 点评：可以给内容添加一些评论或注释，指出其中有趣的要点、值得探讨的问题。
- 提炼：从搜集信息、编写摘要的过程中，识别出关于这一主题的核心观点、内在规律以及研究趋势。
- 组合：以独特的视角来组织、解读，让这些内容具有策展人的色彩和更大的价值（也就是说，这些内容以某种形式组织与展示起来，其价值要高于它们散落在各处或简单地堆积在一起，以及以另外一种方式组织起来）。比如，按时间顺序来排列信息，可以显示特定主题的进化脉络；将特定内容组合起来“混搭”，可以创造出新的观点或视角。

这个过程最能体现策展人的水平，离不开创造力，也需要付出大量的心力。

（5）寻找适合的渠道去发布、推广，与他人分享

内容策展的发布渠道有很多，按照媒介或载体，可分为：

- 线下——可以组织展览、发布会、经验交流会，或印刷成书籍或报告、文集等。
- 线上——有很多软件工具或网站可用于内容策展，如 wiki、社交软件、博客（blog）、公众号、视频网站、知识分享或问答平台，或者通过公司内部的在线学习或知识管理系统，还有一些专门的网站，如 scoop.it、pinterest、storify.com 等。

按照发布频率，可分为：

- 活动性——针对某一个主题搞的一次性活动，如某个专题的知识研讨；或者搞一次在线共创活动。
- 定期——按照一定频率（如每天、每周或每月、每年等），定期进行。如每个月举行一次研讨或交流活动，每年举办一次知识博览会或实践社群年会，每个季度出版一期杂志等。
- 持续性——既不是一次性的，也没有固定的规律，而是持续地进行。例如，不定期地更新小组办公室里的公告栏 / 墙报，或在社交论坛、百科网站上的交流等。

综合而言，内容策展的渠道或方式如表 7-4 所示。

表 7-4　内容策展的渠道或方式

	活动性	定期	持续性
线上	• 在线知识共创	• 电子报	• 博客 / 视频分享 • 百科（wiki） • 论坛 • 在线学习 / 知识管理系统 • 专业网站或工具
线下	• 专题知识研讨	• 出版物 • 例会 • 知识博览会 • 主题知识展览 • 实践社群年会 / 峰会	• 公告栏 / 墙报

为此，策展人需要综合考虑目的、资金、资源、能力、目标受众的实际状况等因素，选择最适合的展示方式。

实践社群知识运营的关键要素

要通过实践社群来萃取知识，最基本的前提条件就是存在实践社群。如果你足够幸运的话，在你的组织内已经有类似的实践社群，你所要做的就是去发现它们并为其赋能，使其运作更活跃、产出更丰沛；如果组织内并不存在实践社群，你就要想办法培育并运营一个实践社群。然而，无论是学术研究，还是实践经验都表明，这并非易事。

1. 如何发现实践社群

尽管实践社群听上去是一个新事物，但如前所述，它其实并不新鲜，而是由来已久。在你身边或你的公司中，也许已经存在类似的实践社群了，虽然它可能有不同的名称、存在形式或组织形态。

那么，怎么找到你身边的实践社群呢？

要找到一个实践社群，首先要把握实践社群的本质，从知识领域和共同实践这两个要点去追根溯源。也就是说，你要明确你希望查找的实践社群所属的知识领域是什么、人们共同关注的工作实践是什么。

接下来，你可以想办法接近这些具有相关工作实践的人，加入他们的专业圈子，看看他们有哪些定期或不定期的活动，他们经常登录的网站、论坛是什么，他们有没有一些社交媒体的群。如果一开始找不到线索，你可以去找公司中熟悉人脉的资深人员（未必是层级最高的人员），比如一些活动的积极分子，问问他们哪些人更有经验、他们经常在哪儿活动。

需要注意的是，实践社群总是处于不断的发展、演进之中，可能的表现形式很多，有些“名存实亡”，有些可能暗中运作，仍未“破土而出”或“浮出水面”。例如，在英国石油公司（BP）内部，有数百个实践社群网络，由于具体数目一直在变化，所以没有人知道确切的数量有多少。有一些是相对比较正式的社团，有明确的章程、宗旨、组织结构，会定期活动，甚至有自己固定的活动场所，也有一些很随便、松散，不定期活动，甚至非常隐秘。

要找到一个实践社群，可能很容易，也可能需要大费周章。但是，如果实践社群是你认为萃取与运营知识最适合的方法（参见第 3 章），那么，找到并激活它们是你必须跨出的第一步。

2. 创造并经营实践社群

如果不存在你要找的实践社群，而你想要创造的知识又适合通过实践社群来创造出来，那么，你可以选择自己创造并经营一个实践社群——虽然道路坎坷，但一旦培育成功，它会给你带来意想不到的持续、丰硕的回报。

根据世界银行、英国石油公司（BP）等的经验，要想激活实践社群，需要注意下列要点：

（1）基于共同的兴趣或议题，靠主动性来组织

由于实践社群不是法定组织，要想保持其活力，靠的就是内驱力，而不是靠法定命令。为此，要寻找到参与者的共同兴趣，确定实践社群的知识领域，激发其参与的热情。这也是社群必备的要素。

（2）明确关注的主题

不同于一般的兴趣小组，实践社群关注的是共同的工作实践，包括汇集最佳实践，并将其转化为改进业务绩效的行动，解决业务难题，

相互帮助，提升团队及成员的能力等。明确社群关注的主题，是社群成功运营的关键。

（3）让人们感到自己有价值，并受到信任

虽然个人参与社群活动靠的是兴趣，但真正对社群的认可与投入，来自对其价值的认同，包括通过学习，获取知识，实现了对绩效的改进，以及做出知识共享，获得同行的认可。因此，一定要以适当的方式，让社群成员有参与感，展现自己的价值，并赢得信任与成就感。

（4）一个充满热情的核心团队与出色的引导师

温格指出，许多研究发现，社群成功最重要的因素是领导的活力。我的实践也表明，实践社群的运作状况在很大程度上取决于核心团队。为此，一定要甄选真正有热情，擅长组织与凝聚、激发他人的骨干，建立强有力的核心团队与支持（或协调）团队。

同时，要明确社群的引导师（facilitator，或叫联络人、协调员），他是社群的一员，虽然不一定是业务专家，但要受人信赖；他的作用是帮助实践社群关注某个领域，保持关系，开发并分享相关的知识。

尤其是对于知识创造活动，引导师是至关重要的。在英国石油公司，最好的实践社群都有人协调管理；而在世界银行，支持团队的引导师如同传道士，大力宣传、促进了人们对于实践社群的认识与参与热情。他们通过举办研讨会、会见不同的人，为社群的发展奠定了坚实基础。梅赛德斯－奔驰也高度重视培养和训练社群协调人，他们对社群成功的影响力比任何其他因素都更大。

在温格看来，实践社群引导师的职责包括：[1]

- 识别实践社群知识领域内的重要问题。

---

[1] 埃特内·温格，等.实践社团：学习型组织知识管理指南[M].北京：机械工业出版社，2004.

- 计划并推动社群的活动。
- 跨越边界，非正式地联系社群成员，做知识资产的经纪人。
- 促进社群成员的发展。
- 控制社群与正式组织的边界。
- 帮助社群组织学习活动，开发知识库，总结经验教训、最佳实践、工具与方法等。
- 评价社群的健康程度以及对成员和组织的贡献。

（5）明确运行机制，定期活动，建立密切的人际关系

核心团队与引导师（或“协调与支持团队”）通常承担着计划和发起、组织知识创造活动的责任，并在后期，进行知识体系的整合。一个支持团队一般由少数全职人员和几个兼职成员组成，他们最好具有战略、组织设计、IT 等方面的背景或技能，熟悉公司业务，精通知识管理的理论与实践。温格等认为，支持团队在启动阶段帮助社群成功的能力，对于知识创造活动的效果至关重要。

类似的机制包括：

- 对公司内外部的最佳实践进行标杆管理。
- 邀请外部顾问或专家分享与交流。
- 举办主题交流、创新大赛、问题解决研讨会等活动（既包括面对面的会议，也包括在线活动）。
- 为社群提供直接支持。
- 与管理层和利益相关者沟通。
- 跨业务单元或部门进行协调。
- 处理技术问题等。

（6）制定合适的目标和相应的计划，确保高质量的产出，并及时庆祝

考虑参与者的主要诉求、核心发起人与骨干团队的具体情况，结

合实践社群当前所处的阶段及“兴奋点”，设定好实践社群的阶段性目标和具体的工作计划，通过提供所需的支持，确保社群正常运转，按计划推进各项计划，取得预期的成果，并及时庆祝、维持热情。这是非常重要的，因为它有助于启动实践社群的成长引擎（参见图 7-4）。

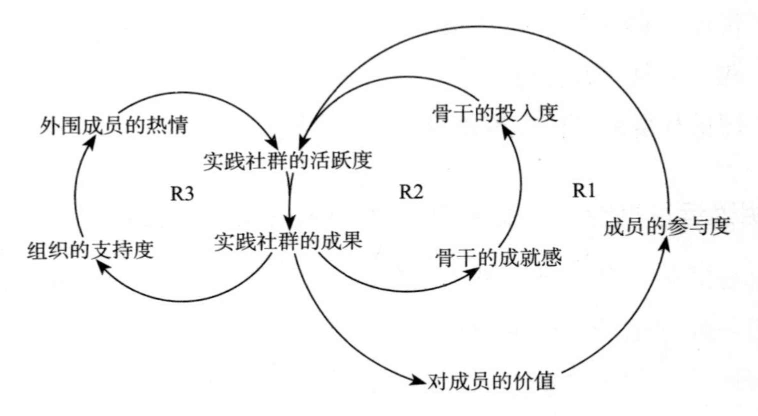

图 7-4 实践社群的成长引擎

简言之，当社群成员看到实践社群活跃度高、运作正常，并能持续取得对自己也有价值的成果，他们就会充满热情、踊跃参与，从而让社群保持较高的活跃度，这形成一个良性循环（如图 7-4 中的 R1 所示）。

同时，社群的活跃与成就也会提高核心成员与骨干的成就感，让他们克服困难、加大投入，从而有利于进一步提高社群的活跃度和成就（如图 7-4 中的 R2 所示）。

对于社群外部成员和组织而言，社群的活跃与成就也会提高吸引力和支持度，从而壮大社群的力量（如图 7-4 中的 R3 所示）。

相反，如果社群活跃度下降、产出成果变差，也可能启动一系列“恶性循环”，让社群加速衰退。

由此可见，我们必须精心培育，让社群始终维持较高的活跃度，并匹配相应的产出成果，及时激励，以维持成员的信心与热情；同时，应该加强对社群价值与成果的宣传，促进社群的新陈代谢、健康发展。

（7）公司给予支持（赞助人）和帮助、引导（顾问）

要想激活实践社群的知识创造活力，利益相关者的支持是不可或缺的。应纳入考虑范畴的利益相关者包括公司领导、业务部门负责人、人力资源、IT 和企业大学的负责人，以及一些知识密集型部门，如研发、产品开发和工程、设计部门的主管。

在英国石油公司，由一位赞助人、一名顾问、一位协调人构成了支撑实践社群的“三条腿的凳子”。其中，赞助人是业务的高级管理者，他和协调人一起定义社群的运行目标，并在需要时为社群疏通关系、提供资源支持。顾问通常是某个专业职能或学科的带头人，指导和重组网络的资源，确保网络运行效果。

随着知识创造活动的范围与影响不断扩大，提供制度化的支持变得越来越重要，包括为知识创造活动提供实质性的支持，如时间、资金、场地、资源等，也包括象征意义上的支持，如高层管理者的行动、宣传等。

一般而言，公司对实践社群的支持还包括但不限于：

- 公司高层管理者的行动支持。
- 资金支持或资助。
- 与业务结合。
- 成立支持社群，建立社群负责人的网络或联盟。
- 定期进行回顾、评估。
- 训练社群领导和引导师。
- 提供 IT 系统或交流平台。

（8）建立简单便捷的联系方法与合作工具

哪怕是最简单的社群也离不开特定的联系方式，需要借助相应的工具（如面对面沟通、邮件、论坛、网站、社交媒体群组、在线交流平台等）。这也是社群必备的要素之一。

在英国石油公司，除了基本的电话、电子邮件，还建立了内部成员之间的“联系网”（Connect）、专家黄页、百科以及社群网站、视频会议等基础设施。当然，社群成员还定期会面，举办各种活动，以建立和巩固彼此之间的关系。

（9）把控好社群的节奏

如同其他社会组织一样，实践社群有其内在的发展规律，也有兴衰成败的周期。温格将实践社群的一般发展历程分为5个阶段：潜在期、融合期、成长期、管理期和转型期（如图7-5所示）。

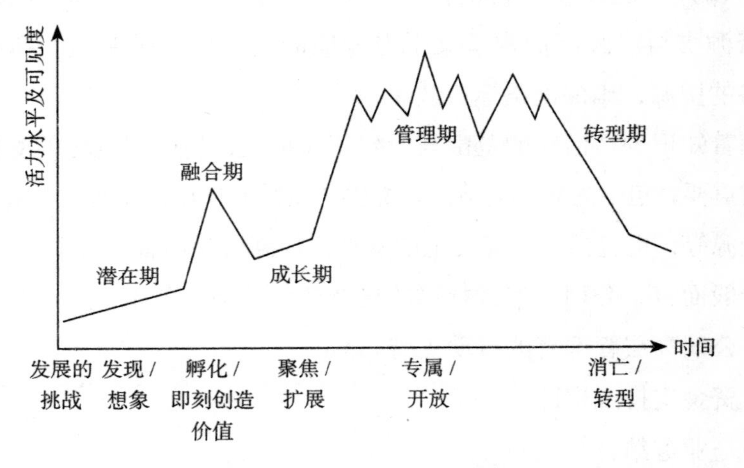

图7-5 实践社群的发展阶段

资料来源：邱昭良基于温格等人（Wenger etc., 2004）的研究整理。

相应地，每个阶段都有不同的发展挑战，也呈现出不同的活跃水平与可见程度，参见表7-5。

表7-5 实践社群发展的阶段及相应举措

	潜在期	融合期	成长期	管理期	转型期
简要描述	• 计划 • 由一些推动者开始构想、讨论与计划（公司经理人、社群发起人、外部顾问等）	• 推出 • 在协调者的促动下，核心成员开始彼此联系、熟悉、互助、磨合、分享与融合	• 迈向成熟 • 外围成员逐渐被吸收加入社群，开始出现功能分化（或分解/重组）	• 已经成熟 • 社群在组织内外部均取得稳定的地位与价值，进入维持阶段	• 自然消亡 • 面临选择：蜕变为社交俱乐部，分裂或合并，或体制化

（续）

	潜在期	融合期	成长期	管理期	转型期
关键挑战	发现 vs. 想象	孵化 vs. 产生价值	聚焦 vs. 扩展	专属 vs. 开放	转型 vs. 消亡
重点举措	• 基于组织和成员的需求，决定社群的主要目的 • 基于共同知识需求，界定领域方向与范围 • 分析潜在的收益 • 识别协调者与思想领袖 • 访谈潜在成员，发现既有社会网络 • 在社群成员间建立联系 • 制定社群初步发展设计	• 向会员明确具体的价值 • 正式成立并发布 • 确定社群活动的时间与空间 • 明确协调者 • 建立核心成员之间的联系，建立信任 • 明确值得分享与协助的内容和实践 • 及时归档 • 识别并发现可尽快产生价值的机会 • 与管理者沟通	• 确认知识差距，制定学习日程 • 界定社群在组织中的角色以及与其他领域的关联 • 重新界定社群的边界 • 固定新成员进入的要求与程序 • 衡量社群的价值 • 与领域内的知识热点保持同步 • 建立知识体系结构，整理知识 • 引入类似图书管理员的角色	• 将社群纳入组织的运作机制之中 • 激发并维持社群活力 • 举行重生研讨会，讨论社群发展方向 • 积极引入新的核心成员 • 培养新领导或建立常态化的领导机制 • 建立对新成员的辅导机制 • 与组织外部建立新关系或寻找新标杆	• 选择结束社群的方式 • 保存社群知识或记忆 • 总结发展社群的经验 • 评估并强化管理层与利益相关者的支持

资料来源：邱昭良基于温格等人（Wenger etc., 2004）的研究整理。

维持社群活力的关键在于把握好节拍，创造出社群的节奏，包括活动的频率（每周一次，还是每月一次）、联系方式与机制（如午餐会、面对面的经验分享，还是在线交流、视频会议）等，也要与参与者的状况和社群所处的阶段、发展挑战等协调一致。就像人的心跳，跳得太快，人就会喘不过气来；跳得太慢了，就浑身无力。如果社群活动太频繁，成员的压力太大，人们就可能吃不消；如果社群活动频率太低，成员就会感到乏味、无聊。

当然，不同的社群也可能呈现出迥异的个性，有不同的历史与亚文化，需要根据具体情况，辨症施治，选择适当的策略与干预措施，不能简单粗暴地“一刀切”。

（10）平衡熟悉感与新鲜感，保持参与热情和发展活力

运营社群的关键在于平衡。第一，需要平衡内部和外部不同观点之间的利益。第二，既要满足现有成员的需求，维持他们的“熟悉感”，也要创造一些活动，让大家有兴奋感。第三，既要保留现有成员，维持他们参与的热情，也要吸收、招募新成员，以保持新鲜的想法和活力。第四，既要建设社群的公共空间，也要保留社群的私人空间。第五，要鼓励不同程度的参与，有人有时间，或热情、积极一些，是难能可贵的；有人因各种原因，很少参与社群活动，但是，他们无论是口头上的支持，还是“见缝插针”地参与社群活动，都是有价值的。

第 8 章 CHAPTER8 让知识萃取与运营常态化

如第 2 章所述，知识依附于场景。只要环境变了，或者出现了新的技术、工具与方法，知识就要及时调整。

从这种意义上讲，知识是鲜活的，也必然是有保质期的。

因此，知识萃取也是一个持续的过程，并非一个项目，更不是一次性的事件。

对于知识炼金士来说，不仅要掌握知识萃取的技术，更要想办法让知识萃取“常态化”——也就是说，如何才能源源不断地炼出金子，让它流通起来、产生价值，并持续地实现增值？

知识萃取的成长引擎

如果把知识萃取当成一项业务，它的利益相关者包括员工（尤其是业务专家、参与者）、知识炼金士以及业务部门或公司领导三类实体。他们各自具有不同的诉求，也相互影响。在我看来，如果知识萃取取得良好效果，就可以形成如图 8-1 所示的三个相互增强的闭合回路，使知识萃取形成越来越好的良性循环——我将其称为“成长引擎”。

1. 员工：真切地感受到知识萃取的价值，更加乐意参与其中

基于基本的人性规律，对于自己感受好、真正见到效果、有价值的活动，我们就愿意积极地参与。因此，若一开始能确保知识萃取达到预期的效果，让大家学到宝贵的经验或教训，并在知识萃取的过程中也有较好的感受，这样就能够提高大家对知识萃取的兴趣，增强大家参与的积极性，从而更愿意以开放的心态参与其中，知识萃取的效果也会更好，这样就形成了一个良性循环（如图 8-1 中 R1 所示）。

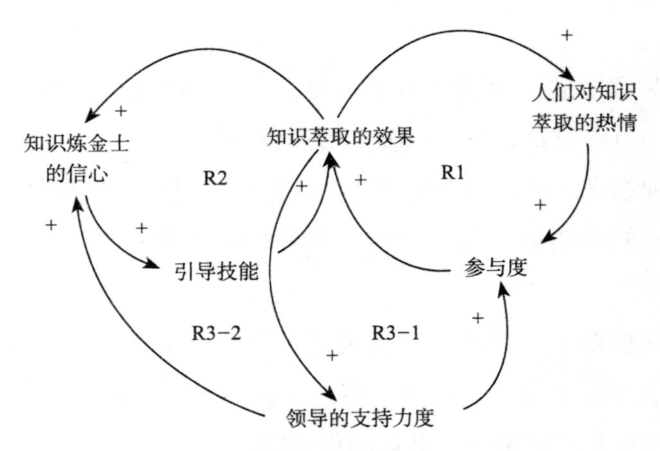

图 8-1 推动知识萃取的三个“成长引擎”

2. 知识炼金士：有效的知识萃取会振奋信心，提高技能

若知识萃取的效果好，也会提升知识炼金士的信心，增强成就感，让知识炼金士更加积极努力，愿意学习、总结、反思、提升知识萃取引导技能，从而更加有利于知识萃取效果的提升，这样形成了一个良性循环（如图 8-1 中 R2 所示）。

3. 领导：知识萃取见到效果，获得领导支持，投入更多资源

若知识萃取效果良好，能真实、有效地促进业务流程的改善、绩效的提升，就会获得各级领导的支持，不仅有助于提升员工的参与度（如图 8-1 中 R3-1 所示），而且可以让知识炼金士从领导的认可中增强信心（如图 8-1 中 R3-2 所示），同时获得更多资源，从而进一步提升知识萃取的效果，形成一个增强回路。

以上三个方面相互影响、相互促进，共同推动和影响着知识萃取的效果，构成了驱动知识萃取可持续发展的三个“成长引擎”。

当然，如果不具备相关的一些条件，在这种情况下做知识萃取，可能就达不到预期的效果，一些人就会觉得：知识萃取费时费力，也没什么效果。这会影响人们参与知识萃取的热情，投入的时间和精力更少，从而降低知识萃取的效果。这进一步印证、强化了人们的心理预期，使其更加不愿意投入，从而陷入一个恶性循环之中。

同样，若知识萃取没有达到预期效果，其他几个增强回路也可能成为恶性循环。

因此，采取切实措施、确保知识萃取的效果，是启动知识萃取的“成长引擎”的关键，是这些增强回路成为良性循环，还是恶性循环的“分水岭”。

保持人们参与知识萃取的热情

在许多企业中，人们因为种种原因对知识萃取并不热心。

概括起来，可能有如下几方面原因。

- 看不到知识萃取的价值，不愿意参与知识萃取。他们的口头禅是：整这些虚头巴脑的东西，还不如多干点活儿！

- 担心知识萃取占用自己的时间、影响工作。他们的口头禅是：我工作那么忙，别再给我增加负担了。这一表现背后的深层次原因，是没有认识到知识萃取的真正价值，没有处理好“磨刀”与“砍柴”的关系。
- 有的人既希望获得他人的“知识”，却又不愿意把自己的知识告诉别人，担心“教会徒弟，饿死师傅”，或者担心自己的知识被萃取出来，变成组织的知识，从而导致自己没了价值，甚至丢了工作。
- 虽然认识到了知识萃取的价值，但的确是没有时间、精力或资源参与，心有余而力不足。
- 因为缺乏相关的技能，不知道从哪儿下手，或担心投入了时间，却没有什么效果，因而犹豫不决或旁观、“等等看”。

因此，要让员工对知识萃取保持热情，需要多管齐下。

1. 认识到知识萃取的价值，自动自发地投入

人们做任何事情，最根本、持久的动力来自内驱力。真正认识到知识萃取的价值，主动地投入、承诺（commitment），而不是被动地遵从，才能自动自发、排除各种借口、克制惰性，遇到困难也可以想方设法去解决问题。

对此，组织可以通过领导者的以身作则，树立榜样，让员工感受到领导对知识萃取的重视，也可以通过加强宣传、教育，让大家认识到知识萃取的意义与价值，但更重要的是，要通过实际效果，让员工切实地感受到知识萃取带给自身的好处。例如，利用知识萃取的成果，带来了工作绩效的提高，解决了问题，或提高了能力。这会让大家建立对知识萃取的兴趣与信心，鼓舞士气，激发热情。

事实上，在快速变革的时代，任何知识都是“鲜货”，都有其保质

期。随着环境的变化，如果不能快速学习，过往的知识都会过期。因此，唯有快速学习，才能持续适应与发展。

2. 建立对知识贡献和分享的奖励机制

在企业中，知识资产大部分以隐性知识的方式存储于员工的头脑中，因此，需要激发员工学习与分享的热情，促进员工不断获取新的信息，构建或更新知识资产；同时通过分享，促进知识的扩散，进一步扩大公司的知识资产。此外，还应该鼓励并切实支持显性知识的生产、分享、使用与更新。

许多在知识管理方面表现优异的公司，都在这方面有自己独特而有效的实践做法。例如，谷歌公司不仅招募具有极强学习力和热情的“学习型动物”，而且有宽松、透明的企业文化，包括“20% 法则”（即员工可以利用其 20% 的工作时间从事自己感兴趣的项目）。类似地，3M 公司也有“15% 法则”，同时也非常注重内部知识的流动。

3. 各级领导重视并给予时间、资源方面的支持

如第 1 章所示，无论对于个人还是组织，知识萃取都具有非常重要的意义与价值。为此，各级领导应以身作则，主动参与知识萃取活动，并在时间、资源等方面给予支持，让员工有充裕的时间和资源（至少没有太大的压力）。

提高知识炼金士的技能

虽然我相信知识炼金士将是一种在未来有着广阔成长空间的“金

领职业”，但目前（乃至未来一段时间内），知识炼金士的工作仍然面临着巨大的挑战。如本书中许多案例所示，知识萃取项目要想取得良好的效果，都对知识炼金士的技能和经验有着较高的要求。

关于知识炼金士的技能要求，请参见本书附录 A。

那么，知识炼金士应该如何提高自己的技能呢？

1. 系统地学习相关知识

要想提升自己的能力，既要掌握新的知识，又要学会相关的技能，包括知识萃取的方法、实操经验等，还要应对各种意想不到的状况。因此，如果有机会，最好能系统地学习相关的知识与技能（参见附录 A）。

若想通过自学来掌握相关的知识与技能，可以参考本书第 9 章“把自己炼成专家”的内容，以知识炼金术为核心主题，以本书为框架，在理解并实际应用的同时，参考阅读相关的著作（参见本书参考文献），进行系统的学习。

2. 勤加练习并及时复盘

由于知识炼金士是一个崭新的职业，需要掌握并综合应用多种技能，因此，要想提升自己实际作战的能力，最好的办法就是勤加练习，并及时复盘。

在组织内，应抓住一切可能的机会，操练自己进行知识萃取的技能。例如，领导交给你一项新的任务，你就可以运用知识萃取的思路与技能、方法，搜索已有的信息，向有经验的同事请教，观察或访谈曾经做过类似任务的专家，摸索出工作思路，之后去执行，在有了结果之后，进行复盘，总结、分析，找到关键要素或根因，从中学习到将来可以复制或推广的经验或教训。如果下次遇到类似任务，把那些经验或教训拿来应用。这样，你就可以在自己的实际工作中，应用知识萃取的思路，帮助提升自己的能力与绩效。

在我看来，知识炼金士不妨把“掌握知识萃取项目的关键要求、提升知识萃取的能力”作为自己的第一个知识萃取项目来练手。

如果你所在部门新招来一批员工，他们需要学习、掌握相关的一系列知识与操作，如果你参与或负责这项任务，也是一个很好的应用与练习知识萃取技能的机会。

在每一次练习之后，都要珍惜这难得的学习机会，及时进行复盘，从经验中学习，是提升能力的根本途径。

让更多人成为知识炼金士

在某个机构中，如果知识炼金术只被少数几个人掌握，他们要么被看作是“少数神人”，即使被领导重视，即使再敬业、能干，也终归是终日忙碌却影响有限；要么就是“鹤立鸡群”，被孤立甚至遭到排挤，“势单力孤”，逐渐脱离业务，从而被边缘化。无论是哪一种情况，都不利于组织通过知识萃取来实现持续、稳健的成长。

因此，要想让“知识炼金术”在企业内真正“成活”，关键就在于稳步扩大知识炼金士的影响，让越来越多的人掌握知识萃取的技能，成为知识炼金士。尤其是各级管理者，负有指导下属、发展下属、指挥团队完成任务并提高团队绩效的职责，掌握知识炼金术是帮助他们履行这一职责的有力武器。在我看来，各级管理者都应该经过系统的学习与训练，成为知识炼金士。这是管理者在知识经济时代履职的核心技能。

组织内掌握知识炼金术的人群队伍逐渐壮大，不仅有助于提升大家对知识萃取的热情与参与度，进一步提高知识萃取的质量和对员工能力提升、业务绩效改善的推动效果（如图 8-2 中的 R1 所示），而且因为有了更多可以学习、交流的同行，可以更快地提升知识炼金士的技能，从而促进知识萃取效果的改善（如图 8-2 中的 R2 所示）。同时，这也会促进组织形成开放、共享、创新、发展的文化氛围，进一步增强知识萃取的效果（如图 8-2 中的 R3 所示），从而形成三个相互增强的“良性循环”。这是以知识萃取驱动组织发展的“成长引擎”（如图 8-2 所示）。

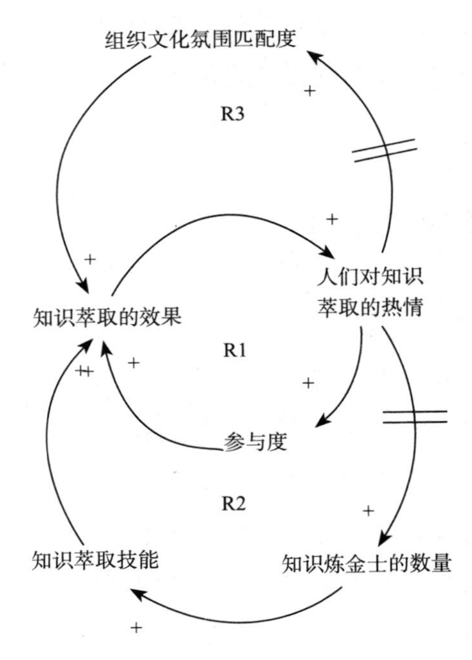

图 8-2　以知识萃取驱动组织发展的“成长引擎”

形成体系并成为企业的基本职能

在我看来，人和组织是相互影响的。一方面，组织的氛围、机制会影响组织成员的行为；另一方面，个体的行为也会影响组织中的其他人，从而直接或间接地影响组织的氛围与机制。因此，让每个员工，尤其是各级管理者，认识到知识萃取的价值，主动地参与进来，把知识萃取当作自己分内的工作，有助于形成良好的组织氛围。

同时，为了启动以知识萃取驱动组织发展的“成长引擎”，除了让更多人（尤其是各级管理者）成为知识炼金士，主动从事知识萃取之外，组织还要让知识萃取形成机制、形成体系，成为人们的本职工作，而不是工作以外的“另外一项任务”。

案例 8-1：英国石油公司知识运营体系⊖

英国石油公司（British Petroleum，BP）非常重视知识管理，也通过知识管理获得了很大价值。仅 1998 年，BP 知识管理负责人科里逊和他的小组利用知识管理方法，就为 BP 阿莫科公司节约了 7 亿美元。正如 BP 前任 CEO 约翰·布朗（John Browne）爵士所说：“BP 之所以能够成为引人注目的行业领先者，在于他们提倡不论部门大小，都要致力于学习和掌握知识……学习是企业获得竞争优势的催化剂和根本来源。”

因为 BP 基本上是按照项目方式运作的，所以，他们将知识管理与项目运作整合起来，通过专家黄页、知识库、同行协助、实践社群、活动复盘以及项目复盘等简单实用的方法，实现了干前学、干中学、干后学的完整架构和闭环体系，成功地把知识管理与业务目标结合起来（如图 8-3 所示）。

- 做前学。

“做前学”既包括显性知识的共享，也包括隐性知识的交流。在 BP 的实践中，通过搜索引擎、专家地图两种机制，来实现显性知识的共享，让使用者不仅找到以前进行的项目复盘文档，也可以找到有过

⊖ 关于英国石油公司知识管理体系和运营实务，参见：克里斯·科里逊，等．英国石油公司组织学习最佳实践 [M]. 北京：机械工业出版社，2004.

类似项目经验的“专家”。BP 相信，当我们准备做某件事时，公司里面或外面可能已经有人做过类似的事情了。因此，要通过适当的方法来促进知识的重复使用。

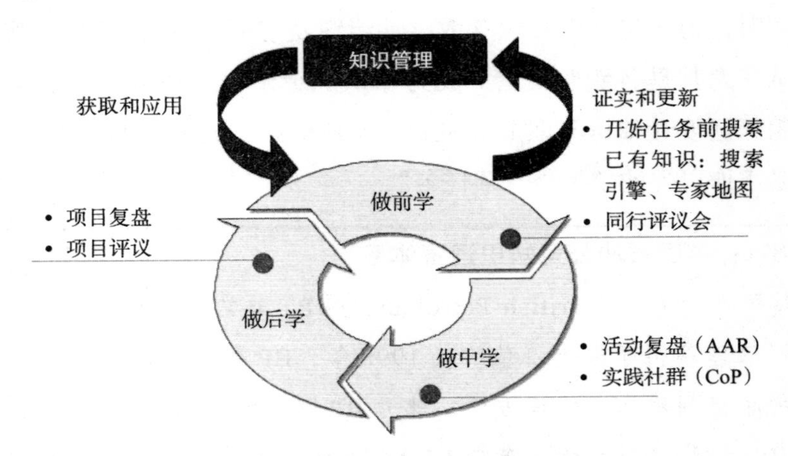

图 8-3 英国石油公司知识管理框架

同时，他们还会在项目正式启动前召开“同行协助会”，让有相关经验的同行面对面地交流，集思广益。按照野中郁次郎的看法，类似同行协助会这样的“社会化”机制，是促进隐性知识交流的重要途径。

- 做中学。

从知识萃取的角度看，行动本身就是宝贵的学习来源。因此，在项目进展过程中，要通过复盘（或 AAR），在团队层面上“边干边学”(learning by doing)。例如，BP 越南公司就引入 AAR 方法，在河内的办公室建立了一间专门的项目研究室——“实战室”，堆满了各种项目文件和进度计划，每天和越南政府谈判结束后，人们就聚到这个房间，列出谈判过程中碰到的实际问题，探讨下一步的行动。每周，项目组都进行复盘，并向管理层汇报，重新思考，及时调整谈判策略。就这样，他们在谈判中学习如何进行谈判，有效推动了项目进展。

同时，BP 内部还建立了大量的“实践社群”，可以让项目组与组织内其他成员，尤其是与你有类似或相同实践的同行，共同学习。

- 做后学。

我们的大部分行动都不会是一次性的事件。做完一个项目之后，我们要及时进行复盘，总结并分享上次项目的经验，包括为什么做成功了，哪些地方还存在不足，从这个项目中学到了哪些经验教训，以及下次如何能做得更好。

为了便于知识被重复使用，我们不能让知识只保存在人们的头脑中，而是应该把复盘的知识分享给实践社群，并将其以知识库或专家地图的方式保存起来，以备将来有需要的时候被检索或“连接”起来。

这样，虽然项目结束了，但知识的循环被建立起来了，形成了一个完整的知识管理体系，推动了组织的学习与发展。BP 从中受益匪浅。

如英国石油公司的案例所显示的那样，通过一些简单的机制，将知识运营的理念融入项目运作流程之中，可以搭建起闭环的组织学习体系，不仅可以从日常项目工作中萃取出知识，而且可以将萃取出的知识成果及时分享，并付诸应用。

与 BP 类似，美军也是将复盘（AAR）融入到了军事行动与训练之中，从团队行动中萃取知识。此外，他们还建立了专门的机构——美军经验学习中心（CALL)，将知识萃取与运营制度化。

案例 8-2：美军以知识运营打造“数字神经系统”[⊖]

由于意识到变化是种常态，美军非常强调坚持不懈的学习，把这作为迎接变革挑战的一个必要条件。在哈佛大学大卫·加尔文看来，美军是少数几个能形成制度化的组织学习体系的机构之一，尤其是在集体层面上。

尽管机构庞大、内容众多（如美军的 AKO 是世界上最大的内部网

⊖ 本案例系作者整合各方面资料改写而成，详情请参见：大卫·加尔文. 学习型组织行动纲领 [M]. 邱昭良，译. 北京：机械工业出版社，2004.

之一)、涉及部门众多，看起来非常复杂，但从本质上看，美军的组织学习体系非常简单（如图 8-4 所示）。

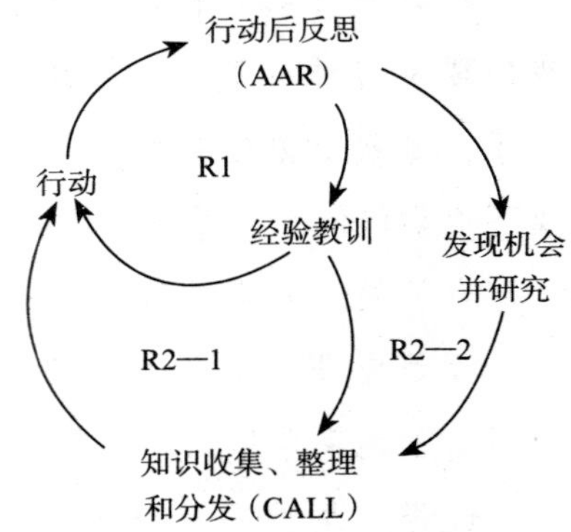

图 8-4 美军的组织学习体系

简言之，这一系统的运作与美军的训练和作战行动是紧密相关的，在局部单位和整个组织层面，形成了三个闭环的、自我增强的体系。

（1）由于建立了覆盖整个组织、分层分级实施的 AAR 体系（各级军官也接受过 AAR 引导训练），每一次行动后，都可以快速进行复盘（AAR），获取知识，促进各个局部单位行动能力的提升和行动的改善（如图 8-4 中的 R1 所示）。这就是本书所讲的用复盘来萃取知识并及时使用的典型案例。

（2）在复盘的基础上，美军建立了“经验学习中心”（center for army lessons learned, CALL），从各个单位收集 AAR 得到的经验教训，并进行加工、整理，再分发、传播出去，让各个单位不仅从自己的行动中学习，而且获得整个组织所有其他部分的知识，以提高行动的效能（如图 8-4 中 R2—1 所示）。

（3）美军经验学习中心不只是收集各单位 AAR 所获得的知识，他们还主动地发现改进的机会，并和内外部机构进行合作研究，以便更快地获得前瞻性的知识与洞察力，以应对未来战争变革和美军整体战略的需要（如图 8-4 中 R2—2 所示）。

通过这样整体的设计与运作，美军搭建了完备的组织学习与知识管理体系，如同强大的“数字神经系统”，支撑着组织知识的积累、使用与更新，使得美军成为一家学习型组织，可以快速学习、提升能力，应对未来复杂多变的未知挑战。

对于大多数企业而言，可能都没有实力建立类似 CALL 这样专门的知识萃取与运营机构，但是，企业应该考虑在企业大学或知识管理部中，增加相应的职责，并投入必要的资源，以便使分散或孤立的知识萃取活动机制化，得到统一管理与协调。

改进组织文化

要想取得预期的知识萃取效果，离不开相应的组织氛围。为此，建立适宜的企业文化至关重要。

对于企业文化，埃德加·沙因（Edgar Schein）是这样定义的：企业文化是一个群体在解决其外部适应和内部融和问题过程中所习得的一系列基本假设或信念、规则。由于它们能在群体中有效地发挥作用，因而被新的成员所接受，并作为其解决类似问题的认知、思考和情感体验方式。⊖

按照沙因的说法，组织文化由三个层次构成。

- 核心信念与基本假设。这是一些深层次的基本假设，是人们根深蒂固持有的，视为理所当然的一些信仰、知觉、思想、感觉等，是价值观念与行动表现的根源。
- 价值观念及行为准则。企业文化能够指导外部适应和内部融和两个方面的问题，对于前者，其落实或体现为三个层面：①企业使命、战略、愿景目标；②方法——组织结构、系统、流程；③评估——错误检测与修正系统。对于后者，体现为共同语言和概念、群体边界和身份识别、权威与关系、报酬分配与地位等方面。这些价值观念及行为准则是组织成员持有的深层次信念的复杂作用与体现，可以指导组织及其成员的行为，也是人们进行价值判别的标准。

⊖ 埃德加·沙因．组织文化与领导力 [M]. 马红宇，王彬，等译．北京：中国人民大学出版社，2011.

- 人为饰物（表现）。人为饰物（表现）是一些可以观察与体验的组织结构、仪式、工作流程、管理制度、标识等。

综合全球一些优秀的知识型企业的最佳实践，在我看来，要想建立适宜知识萃取常态化的企业文化，需要从上述三个方面采取一些切实可行的落地措施。

1. 核心信念与基本假设

尽管知识已经成为人们日常生活中的常用语，也没有哪个企业家或管理者认为知识不重要，但是，就什么是知识、知识到底如何作用于我们个人和团队的行动、它到底有什么价值，并不是每个企业家都能说清楚、搞明白。

对此，企业家和各级管理者应该认识并践行下列核心信念与基本假设。

- 知识离不开人，需要全体员工的参与，学习与分享是每个人的“分内之事”。
- 知识与行动是不可分割的，所有员工和各级管理者都负有管理知识的职责。
- 尊重知识的价值：无论是个人，还是团队，知识与能力都是取得良好绩效的基础条件，因而，知识与能力是有价值的，是组织的核心资产与竞争优势的来源，值得尊重。
- 知识因分享而愈发有力：知识不同于实物，因分享而愈发有力。
- 知识不是个人或团队的私有财产，反对利用或制造“信息不对称”来谋取个人或局部的利益。

2. 价值观念及行为准则

相应地，组织成员应该倡导并践行下列价值观念及行为准则。

- 领导以身作则，率先垂范，主动学习与分享、创造知识。
- 鼓励并奖励学习与创造：鉴于知识对组织运作及目标的价值，应该鼓励并奖励员工和团队在知识创造和学习方面的活动，在知识方面的投入是投资，而不是成本。
- 鼓励并奖励知识分享：鼓励并奖励员工和团队在知识分享方面的行为。
- 打破边界：以组织整体利益为重，打破组织内外部的各种界限（如地域、部门、层级、文化等），促进知识的自由流动。

3. 外在表现

落实到具体的人工饰物或外在表现，倡导并践行知识萃取及运营的措施包括但不限于：

- 让人们有充足的时间，自由地从事知识创造、学习与分享。
- 招募具有强烈学习与分享热情、有能力的员工。
- 对知识创造与分享活动给予物质和精神方面的奖励，包括晋升和考核。
- 将知识创造与分享方面的贡献列入各级员工和管理者的工作职责与考核体系之中。
- 领导人主动学习、萃取完成任务或应对挑战的经验，并分享给团队，指导下属，发展下属的能力。
- 各级管理者主动带领团队进行知识创造与分享。
- 定期举办知识创造、学习与交流活动。
- 搭建起知识创造、学习与分享的平台和机制（如内部网、知识库、内刊等），无论是否用到信息技术手段。

PART 3 | 第三篇

个 人 篇

第9章 把自己炼成专家

CHAPTER9

在信息爆炸的时代，我们每个人都有必要学会并应用知识炼金术，从各个渠道获取能为我所用的信息，将其转化为知识，提升个人的能力，成为某一个领域的专家。

从知识萃取与运营的专业角度看，个人层面也是有策略和方法的。因此，在我看来，精通知识炼金术的人，都应该而且可以成为专家。换言之，如果你还不是某个领域的专家，也许恰恰是因为你还没有掌握并熟练应用知识炼金术。

对于每一个想成为知识炼金士的人来说，首先拿自己练手，综合运用知识炼金术，把自己炼成专家，是让人信服并且更好地服务他人的前提条件。

那么，如何成为专家呢？

“石沙土林”：从新手到专家的四个阶段

在当今时代，面临信息爆炸、大数据、十倍速变化、颠覆性创新，我们每个人都要不断提升自己的学习力，成为终身学习者。终身学习者要具备持续学习的“内驱力”，永不满足于现状，不断提高自己的目标，并锐意创新、管理自己的学习。组织应该大力培养和扶持这些终身学习者，他们是学习型组织的中流砥柱，但是，如何做到这一点呢？

基于我个人的学习经历和思考、心得，我认为，从“非学习者”成长为“终身学习者”可能需要经历“石、沙、土、林”四个阶段，实现三次跃升，并要时刻防范“退化”的风险。

这四个阶段（或状态）用四种事物“石”“沙”“土”“林”隐喻。各个阶段的特征如表 9-1 所示。

表 9-1　学习不同阶段对应的隐喻及特征

阶段或状态	石	沙	土	林
心态	僵化、封闭	开放	开放	开放、生态
学习动力	没有学习动力和热情	愿意学习，但缺乏持续的热情与动力	具有强烈的持续学习的动力	将持续学习作为一种习惯和生活方式
知识积累	只有一些固化的经验	尚未建立成体系的知识基础，只有一些零散的知识	在一些领域有了初步积累，开始建立自己的知识体系	具有深厚、成体系的知识基础，且能动态更新
信息获取	不愿意接触新信息	接收自己当前所需或感兴趣的信息	接收与自己关注的领域相关的信息	持续有效地接收知识体系相关的各种信息
信息处理	低效	低效	有一定效率	高效
知识创造	很少	很少	少量产出	持续高效地产出
特征	非学习者	低效学习者	高效学习者	终身学习者

如表 9-1 所述，在从“非学习者”到“终身学习者”的演进过程中，有三次阶段性跃升；每一次跃升都是一次学习力的提升，需要具备相应的关键能力。

1. 跃升 1：碎“石”为“沙”

从本质上讲，任何学习都是一个自我提升的过程，需要打开心扉。

如果没有打开心门，心智模式是僵化、封闭的，虽然也会接收到外界的一些新信息或新观点，但就像石头被淋上雨水，只是湿了表皮，没有办法渗透到内心、被接纳，再过一段时间，雨水会被蒸发掉，只留下一点痕迹。

在现实生活中，很多人的学习也与此相似，去参加了一次培训或者了解到一些新的做法、经验，当时感觉很好，有所触动或启发，但是由于没有学习的动力，未对这些新信息深入探究，致使这些新信息没有进入到学习者的知识体系里，回到工作岗位以后自然也难以应用，时间一久，大部分消息就消失了。这是个人学习的第一个阶段，是一种“非学习者”的状态。

要想打破这种状态，踏上终身学习之旅，必须打开心门，就像一块石头破碎为沙，愿意打开自己的心智模式，放下一些成见，去接纳新的事物、信息和观点。这是一道“分水岭”，是一种质的转变。

因此，打开心扉，碎石为沙，是成为终身学习者需要具备的基础能力。

2. 跃升 2：聚焦并积累知识基础（固“沙”造“土”）

从原理上看，成人学习是一个知识建构的过程。也就是说，在有了学习动力之后，个人就会产生学习需求，并据此从各种途径和渠道获取自己所需的信息，之后将这些信息与自己已有的知识基础进行连接，对其进行解读，赋予意义，使你的知识体系得到增值、扩展，可以改变自己的行动或行动规则。通过观察行动的结果，验证自己是否真的学习到了新东西，这是一个循环往复的过程。美国学者考夫曼将其划分为“观察（observe）、解读（assess）、决策（design）、实施（implement）”四个过程，并以这四个阶段的英文首字母来命名，将其称为“OADI”循环（如图 9-1 所示）。

由 OADI 模式可知，个人学习本质上就是知识体系构建、更新、动态变化的过程。每个人都有一定的知识基础，这些知识基础也会动态地变化。

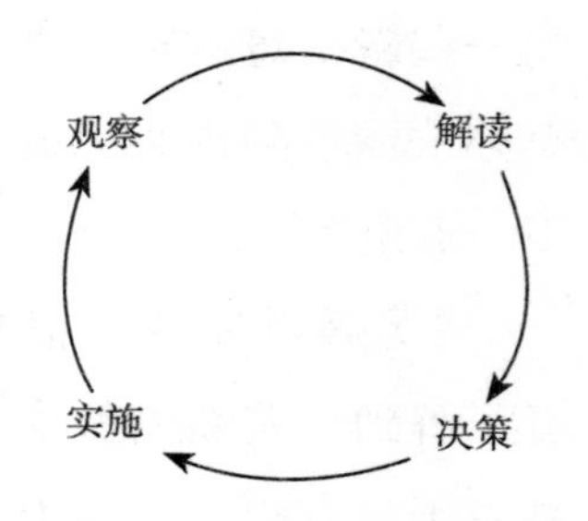

图 9-1 学习的 OADI 循环

事实上，有研究指出，新手和专家在学习方面最大的差别就在于背景知识的差异，正所谓“内行看门道，外行看热闹”。对于“外行”或“新手”“初学者”来说，没有那么多知识积累，如同流沙，虽然有了一些碎片化的积累，但还没有固化或形成一个体系化的结构。在这种情况下，就没办法深入观察、了解特定情境的含义，也可能出现摇摆或困惑，今天听到这个专家讲这个东西觉得不错，明天又去听另外一个人讲另一个东西，好像也有道理，就像沙子一样，被吹来吹去，摇摆不定。相反，对于“内行”或“专家”来说，因为已经具备了广泛而深厚的知识基础，如果他仍能保持开放的心态、处于学习状态，就能看到其中的异同，不仅能有效应对，而且可以从中学到新知。所以，从某种意义上讲，一个人的知识基础越深厚，学习能力就越强。

当然，没有人“生而知之”，对任何人来说，都是从“新手”起步的，一个人从“新手”成长为某个领域的“专家”，建构起知识基础是支撑这一跃升的关键。如果没有知识基础，即便是有热情，持续地获取一些信息，也无法形成有效的积累，这对个人的发展是不利的。

那么，应该如何构建起适合自己的知识基础呢？

按照“沙”和“土”的隐喻，我认为要搭建知识体系，首先需要“固沙”，其次要选择一小块沙地，播下“种子”或移植“幼苗”，之后悉心培育，使其逐渐结成有一定营养成分、不散也不板结的块状物，即“土”。“有一定营养成分”指的是相关成分配比适当，能支撑作物的成长；“不散”指的是有一定的结构和关联；“不板结”指的是不封闭，可以吸收、接纳新的元素。这样就能逐渐把沙凝结成块，然后伴随着幼苗的壮大，慢慢扩大土壤，种下更多的“种子”，一块块地，不断延展、加宽、变厚。这样，经过一定时间的积累，逐渐扩展，假以时日，就会形成丰厚肥沃的土壤。

用在个人学习方面，也就是说，“固沙培土”的关键点在于：一是明确自己感兴趣的知识领域；二是弄清楚该领域知识的总体结构，即由哪些部分构成、它们之间的关系是怎样的，就像把沙漠区隔出一个一个格；三是保持关注，从小处入手，经过系统的学习，建立起局部的知识积累；四是围绕这一点，付出努力，汇集更多的信息，增加练习的机会，增长见识，形成自己的专业能力、核心专长；五是由此延展到相关的领域。

3. 跃升 3：学以致用并持续更新（积“土”成“林”）

一旦形成了“土”，“种子”开始发芽、生长，就会启动一个良性成长的循环——土壤质量越好，植物成长得越快，根越扎越深，从而形成更多的土壤，改善墒情和土壤质量。甚至长出来的植物，也会逐渐壮大并扩展开来。就这样，慢慢扩大，最终形成茂密的森林。

在这个隐喻中，“植物”是对知识的应用，也是创造和产出。在我看来，这是非常重要的，是维系终身学习状态的必要条件。一方面，学习的最终目的是应用、提高人们的行动效能；另一方面，应用也是最好的促进学习的方式。实践是检验学习成果、纠正偏差的最终标准。因此，在我看来，进入到“森林”的状态是一种理想的终身学习境界，也是专家的必然状态。

为什么这么说呢？

首先，森林有足够的土壤，可以广泛而高效地吸收各方面的养分（雨水、阳光、空气和其他有机物），使其自身愈发壮大。其次，森林是一个搭配合理、自我繁衍的生态体系，可以相互促进、自然地演进。

比如，这里面有高大的乔木（是你的核心知识领域或成就），也有一些小树苗、小草或灌木（是与你的核心知识领域相关的支撑领域），这儿一丛，那儿一簇，生机盎然，在那里生长着，孕育着新的潜能。也许有的树木枯萎了，但是另外一个地方又长出来一棵新的乔木。它是一个自然演进的过程。更重要的是，它本身是一个学以致用、自我增强的过程：通过“学”，不断吸收雨水和养分，滋养这个生态，促进植物生长；与此同时，“用”也能进一步滋养、改良土壤，促进“学”，并改善、维系整个生态的运作。它不会自我封闭，不会抗拒、排挤，形成了一种持续学习、更新、成长的习惯，可以适应各种挑战，轻松而和谐，生生不息。

所以，我认为，一个人要想真正地成为终身学习者，就要进入到知识森林这样一种状态——既有自己核心的专长领域，又有足够宽广的知识面和延展性，还有一个学然后用且不断持续的循环体系。

4. 时刻防范“退化”的风险

虽然我们通过努力，可以从“沙”到“土”，由“土”成“林”，但在这个过程中，任何一个时刻都面临“退化”的风险。

举例来说，正如“一阴一阳之谓道”，知识基础的构建对于学习本身就是一把“双刃剑”。一方面，知识基础越深厚，学习能力越强；另外一方面，知识基础越深厚，人们也就越容易滋生骄傲自满的情绪或自以为是，认为自己“什么都懂了”，从而导致心智模式趋于僵化或封闭，就像“沙”或“土”又开始板结，形成了一层硬壳，退回到了“石头”的状态，削弱了学习力。

同样，森林也有可能遭遇虫灾或山火，甚至因为自身构成的失衡而导致退化、水土流失。就像现在，许多行业会因为颠覆性技术的出现而惨遭淘汰，原有的技能与知识都将变得一文不值。

开放或封闭是一道“分水岭”：保持前者，能让你在知识的海洋中自由地翱翔；陷入后者，你就会退化到“非学习者”状态，止步不前。要想成为一名真正的专家，必须始终保持开放的心态，时时刻刻防范“退化”的风险，这是实践终身学习的基本前提条件。

终身学习的五项核心能力

要想变成在某个领域有所成就的“专家”，你要掌握以下五项核心能力。

1. 培养成长型心态

斯坦福大学心理学教授卡罗尔·德维克（Carol Dweck）在做“如何应对失败”的研究时，曾做过一个试验：她给一群小学生一些特别难的字谜，然后观察他们的反应。她发现，一些孩子会拒绝面对失败，沮丧地丢开字谜，或假装对字谜不感兴趣；另外一些坦然地承认和接受自己解不出字谜的现实；但是，也有一些孩子兴高采烈地做着这些解不开的难题。一个孩子快活地说：“太棒了，我喜欢挑战！”另一个则满头大汗，但难掩愉悦：“猜字谜能让我增长见识！”

德维克随即意识到，这个世界上确实有些人能从失败中汲取动力。他们区别于他人之处，在于其持有的信念——“成功和才能，是在挑战中因努力而获得的，并非固定值。”她将这种心态称为“成长型心态”（growth mindset）。与之相反，另外一种心态，认为“才能是天生具备的一种相对固定的特质”，就是“固定型心态”（fixed mindset）。

面对失败，持有成长型心态的人会认为：智力不是固定值，而是可以后天培养、成长和开发的。因此，他们愿意接受挑战与反馈，并会更快地调整。相反，拥有固定型心态的人，面对失败，则认为是自己才能或智慧不够，不愿意承担风险和付出努力。他们把承担风险和努力尝试当作有可能泄露他们缺点的潜在机会。

德维克说，她在 20 多年关于儿童和成年人的研究中发现，你所持有的观念，深深地影响着你的生活之路。那些相信智力和个性能够不断发展的人，与认为智力和个性根深蒂固不可变、本性难移的人相比，会有显著不同的结果。

所以，要想成为终身学习者，你必须改变自己的心态。

事实上，2000 多年以前，儒学大师荀子在《荀子・解蔽篇》中就说过，“人何以知道？曰：心。心何以知？曰：虚壹而静。”

所谓“虚”，是相对于“臧”而言的。所谓“臧”，指的就是我们已经积累下来的各种知识、观念、经验。但是，要想持续不断地学习，就不能让你原有的知识和观念影响你即将面临的各种新信息。这就是“不以所已臧害所将受，谓之虚”。

在我看来，学习是一扇只能由内向外开启的“心门”。如果你认为自己已经无所不能、什么都知道了，不再需要学习了，或者认为自己的智慧与能力都已经固定了（固定型心态），或者认为自己学不动了，这些观念都是你的“所藏”，它们会限制你以开放的心态接纳信息（“将受”），那就不是“虚”的状态，也就没办法“知道”了。而秉持“成长型心态”的人，即便已经有了很多知识、技能或经验，也会持续地接纳新的挑战，关键就在于他们的状态是“虚”的。

你可以参考下列问题，看一看自己处于“成长型心态”，还是“固定型心态”。问一问自己做到“虚”了吗。

- 我相信人的能力是天生的、不可变的，还是可以通过后天的努力而习得或改变？
- 我认为我的个性就是这样，很难再改变了，还是相信人的个性是可以发展和改变的，自己有很多不同的可能性？
- 在某些方面，我认为自己就是专家，没有什么需要改变的了，还是认为即便是在自己擅长或有很多经验的领域，仍然有很多自己不知道或需要学习的，也愿意积极学习或尝试新的做法？

- 对于我目前不擅长的一项重要技能，我是认为自己能力不够、不愿意去尝试，还是相信只要我付出努力，就能获得？
- 对于那些在某些方面表现优秀的人，我认为他们大多是生来就具备那些方面的专长，还是认为他们是通过持续的努力练成的？
- 面对我犯的一些错误，我是感到心灰意冷或非常沮丧，认为自己能力不够，还是积极地分析原因，并愿意尝试新的做法去解决这个难题？
- 面对工作或生活中的难题或挑战，我是认为自己做不到，宁愿放弃，还是愿意积极地去努力尝试？
- 我认为从他人那里获得建议或反馈很重要，很有意义，还是别人的建议不值得考虑？
- 面对新事物，我是愿意积极尝试，还是感到紧张，认为应该等等看，或者干脆置之不理？

转换心态、保持开放，是你开始学习、改变与成长的第一步。如果你现在是固定型心态，那么，怎么转换为成长型心态呢？

按照德维克教授的看法，将固定型心态转换为成长型心态，包括以下四步。

- 觉察：上述检查清单可以让你发现一些线索。如果你面对错误、挑战、批评或遭遇挫折，或者任何时刻，怀疑自己的能力，找借口甚至想放弃，你的内心深处可能就隐藏着固定型心态。
- 暂停：觉察到固定型心态起作用时，你应该暂停，可以深呼吸或者换一个环境，让自己认识到你是有选择的，你可以接受自己没有天赋或能力，也可以换个观念，接纳成长型心态。
- 思考：如果你愿意尝试成长型心态，那么，你可以成长型心态的模式来回应。

- 行动：按照成长型心态的回应方式去行动，逐渐地内化为自己可以习惯性采纳的反应模式。

唯有心态转变，我们才能开启学习的大门，充实你的大脑。

2. 发现自己的热情

一旦你完成了心态转变，就像给板结的土壤松了土一样，接下来就可以“打理”自己的“心田”。因此，接下来你要回答的一个问题就是：面对人类无垠的知识海洋，我们到底从哪里开始？

事实上，要是不能回答这个问题，你就会像2000多年之前庄子那样发出类似感叹：“吾生也有涯，而知也无涯。以有涯随无涯，殆已！”（《庄子·养生主》）很显然，每个人的生命都是有限的，但知识是无限的，没有边界，而且在快速更新、拓展，如果没有聚焦，要想用个人有限的生命去追求无限的知识，那肯定是不明智的，即使累死，也是必然要失败的。

因此，要想打理自己的心田，必须明确你所关注的知识领域，即你希望钻研、有所建树的知识领域。这就是你安身立命的基点。只有聚焦到一个细分领域，我们才比较有可能深入，并有所建树。若兴趣点太多、精力分散，没有一颗种子能够成活，因为它们都需要你的呵护，而我们每个人的精力都是有限的。就像《荀子·劝学篇》所云：“蚓无爪牙之利，筋骨之强，上食埃土，下饮黄泉，用心一也。蟹六跪而二螯，非蛇鳝之穴，无可寄托者，用心躁也。是故无冥冥之志者，无昭昭之明；无惛惛之事者，无赫赫之功。”

那么，怎么找到自己的“冥冥之志”，以便“用心一也”呢？

“刺猬理念”是一个值得参考的实践。

英国学者伊赛亚·柏林（Isaiah Berlin）引用古希腊谚语“狐狸多机巧，刺猬仅一招”，将学者大致分为两类：第一类对世界有一个统一的框架和体系，并以这一结构来解决问题（刺猬）；而另一类则会动用广泛而多样的经验、方法来阐释和解决问题（狐狸），却没有一个框架或统一的观点。虽然没有优劣，但在古希腊寓言中，二者高下立见：狐狸很聪明，会很多技能，也善于观察、筹划，能够设计很多复杂的策略向刺猬发动进攻，并且行动迅速，看起来肯定是赢家；刺猬看似笨拙，行动迟缓，但它有拿手的一招——一遇到攻击，就缩成一个圆球，浑身的尖刺立起来，让敌人无从下口。所以，每一次攻防，都是刺猬取胜。

基于类似的寓言，管理学家吉姆·柯林斯在《从优秀到卓越》一书中指出，一些实现了从优秀到卓越跨越式发展的公司，都坚持了简单而深刻的所谓“刺猬理念”。具体来说，它们将战略建立在对以下三个方面的深刻理解之上：

- 你对什么充满热情？
- 你能在什么方面成为世界上最优秀的？
- 是什么驱动你的经济引擎？

柯林斯认为，实现跨越的公司将这三个方面的理解转化为一个简单而明确的理念，来指导所有工作，长期坚持，就能取得令人瞩目的成绩。虽然柯林斯在这里说的是公司，但我认为这个道理对于个人也是适用的。

首先，很显然，哪怕你不能在某些方面做到世界最优，就算做到超过大多数同行，你也可以获得良好的口碑和优秀的绩效。这是个人有所成就的基础。你的专长，不仅靠你的天赋（“我生来就是干这个的”）、热情（“做这件事可以让我废寝忘食”），也离不开你所受的教育和工作经历（“我在这个方面有很多经验”）、环境，同时也要靠方法，经过长期的刻意练习（“我对这个方面的门道很清楚”）。

其次，你所擅长的能力应该可以给你带来丰厚的回报，创造出持久、强劲的现金流和利润。如果你的能力不能创造价值，仅凭爱好和热情，也是不可持续的。

最后，也可能是最根本或最为重要的是，你对什么东西充满热情？如果你对那些东西充满热情，你就可以全力以赴，在做事情的过程中产生“废寝忘食”的“心流”（flow）体验，也更容易发展出超出同行的专业能力。

在柯林斯看来，如果你能够在这三环的重叠处努力（如图 9-2 所示），把它转变成一个属于自己的“刺猬理念”，用来指导你的人生选择，你就更有可能实现从优秀到卓越的跨越。

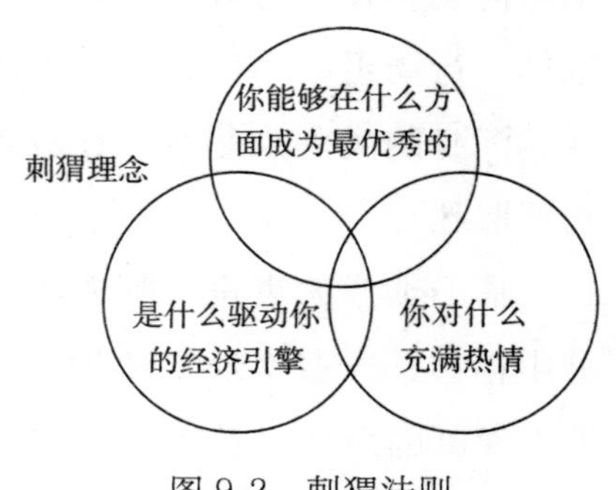

图 9-2　刺猬法则

对此，你可以问自己下列问题：

- 我对什么东西充满热情？
- 我在哪些方面可以领先于同行，或者超越大多数人？
- 我非常擅长哪些方面？
- 我在哪些方面有天赋？
- 我在哪些方面受过专业的训练或成体系的教育？
- 我在哪些方面有很长时间且丰富多样的经验？
- 我干什么事情是有报酬的？
- 如果干我喜欢的事情，可以获得经济回报吗？
- 做这些事情的报酬是可以持续的吗？

写出每道题目的答案之后，看看它们有没有重叠之处。如果有，那么，恭喜你，那就是支撑你人生“开挂”的“刺猬理念”。如果没有，你可能需要做一些权衡，因为缺少了哪一环，你的人生都可能会有缺憾，或者需要做一些调整或取舍。

- 如果你做的是你喜欢的工作，但不是你擅长的，你很难做到最好或有竞争力。

- 如果你做的是自己喜欢的工作，但不能带给你持续的经济引擎，也难以长久。
- 如果你做着可以持续获得回报的工作，但并不是自己真正擅长的，也很难做到优秀。
- 如果你做的不是自己喜欢的，虽然可以帮你谋生，或者你也积累了很多的经验，但你可能并不快乐，总想着哪一天可以去做自己喜欢的事，也不太可能全力以赴去取得傲人的成就。

我记得联想集团创始人柳传志先生曾经给青年人建议：要是有机会，就去做你喜欢的工作，或者努力喜欢上你正在做的工作。我觉得这个建议很有力量，既要有理想，又不理想主义。

好好想想，希望你能做出自己的选择。

3. 构建知识体系

在“石沙土林”的隐喻中，要想实现第二个跃迁，关键是构建自己的知识体系。那么，应该怎么做呢？

在我看来，学习的第一步就是搞清楚整体的知识架构布局。这样会事半功倍。

就像你到了一个陌生的城市，要想对这个城市有整体的印象，你必须有一张地图，骑着车或者开车把整个城市转一遍，对这个城市建立总体的印象。之后，再选择你感兴趣的街区，细致而深入地逛，并且住上一段时间，搞清楚它细微而生动的变化。只有这样，才能真正地了解它。否则，你根本不了解这个城市的总体布局，一头扎进一条条小巷，瞎打误撞，不仅很可能会迷失在具体的细节性复杂中，而且效率低下，即使花了很多时间，也根本无法真正了解这个城市。

要想建立知识体系，首先需要搞清楚你所关注领域的知识结构，即这一知识体系到底包括哪些部分，它们各自的关系如何。

即便你现在仍对该领域一无所知，你也可以通过请教高手、行业专家，阅读文献综述、该领域知识入门书籍等方式，来大致建立一个总体印象。

应该如何开始呢？有如下四项行动建议供参考。

（1）找到一位导师

就像《荀子·劝学篇》中所讲的："学莫便乎近其人……学之经莫速于好其人，隆礼次之。"也就是说，学习最快速、最便捷的方式就是找到一个老师或真正有修为的高手（当然，如果这个高手善于教育，便是最理想的）。导师具有整体的知识结构，也会指导你高效地学习。

（2）系统学习

参加一个由权威机构或专家主持的培训或学习项目，进行系统化的学习。比如，你想学习项目管理，参加美国项目管理协会（PMI）的项目管理专家（PMP）认证，可能就是一个不错的选择；或者也可以考虑一些高校提供的项目管理方向专业硕士课程，或者一些权威机构的项目管理培训。这些都是经过系统设计的学习资源。

（3）从研读经典开始

如果上述资源都不可得，你只能依靠自己的力量。那么，比较稳妥的切入点是从研读经典开始，因为经典本身就说明了它的价值和重要性；一些经典书籍不仅能勾勒出总体框架、提供精华或经过验证的高质量信息，而且会为你指引后续深入学习的方向。

（4）有计划地自学或主题阅读

制订一项系统的学习计划，或者主题阅读计划，即围绕一个主题，选择一些相关的经典书籍，进行系统化的阅读，深入地学习，争取把这个主题理解完整、透彻，或者根据指导，参加一个分步骤、分阶段的学习计划。

4. 掌握学习方法，事半功倍

“学习”是我们每个人每天都挂在嘴边的词，却没有几个人将其说得清楚，对什么是学习也有很多错误或模糊的认识。因此，很多人根本不得其法，学习效率也不高，事倍功半。

虽然我们人类对大脑的研究还很有限，但截至目前，总结研究成果，我们仍能大致勾勒出大脑深处学习的基本过程（如图 9-3 所示）。

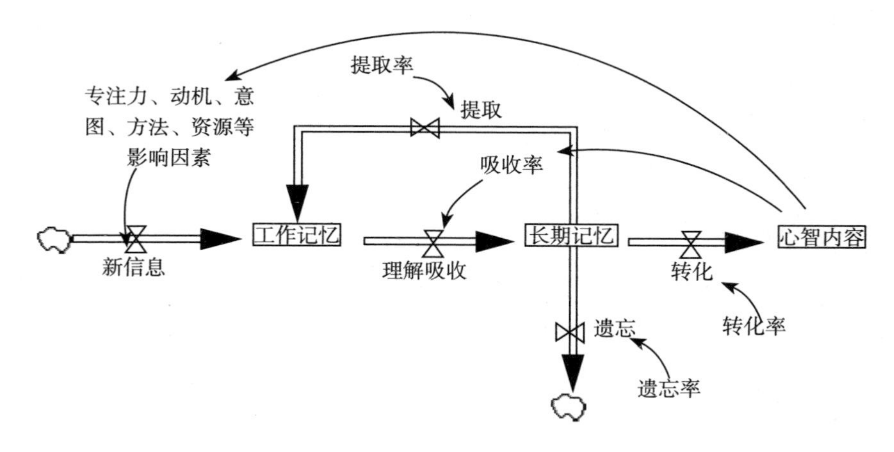

图 9-3　人类学习的基本过程

简单来讲，学习是个人主动进行知识建构的过程，它主要在人的大脑中发生，涉及一系列复杂而微妙的过程，受多方面因素的相互影响。大致而言，核心要点包括如下几方面。

（1）高效地接收信息

要建构知识，离不开对信息的获取，而获取信息会受到专注力、动机、意图、方法、资源等因素的影响。对此，要想高效学习，第一关就是保持好奇心，以开放的心态，积极而有效地获取高质量的信息。

如上所述，如果没有开放的心态（处于“石”的状态），缺乏动机与热情，就很难有效地获取信息。同时，心智模式（mental model）也很关键，许多人有很强的主观成见，要么选择性接受信息，要么很容易以过去的规则或想当然地下判断，犯了“经验主义”的毛病。再有，方法也很重要，有的人善于从各方面渠道搜集信息，并能甄别信息的质量，这样他的学习效率就会高。此外，一个人能否接触到高质量的信息，也与资源甚至机遇等有关系。

（2）激活已有知识，消化、吸收新信息

接收到高质量的新信息，个人将其充分消化、吸收，真正理解，是建构知识的第二关。这一步虽然需要全脑的参与，但概要而言，主要发生在大脑皮层的一个叫作“工作记忆”（working memory）的区域。按照目前的了解，工作记忆处理速度很高，但容量有限，即同一时间能处理的孤立的信息数量有限。

同时，个人要从“长期记忆”中提取出过去存储下来的信息，利用原有信息以及经验、规则等，去分析、解读新信息，使其变得可以被理解、有意义。不能被理解的信息，很快会成为无意义的信息而被抛弃；有意义的信息，会改变原有状态，或与其连接、重新组合，被“存储”进长期记忆之中。所谓“长期记忆”（long term memory），是大脑中另外一些区域，如同一个巨大的仓库，存储容量非常大，但处理速度较慢，依赖神经元之间的连接进行“存储”和“提取”。

因此，要想提高学习效果，必须激活原有的信息，从不同角度分析信息，并联系实际，提高对信息的解读、赋义能力。

（3）组块、连接，间隔重复，提高和强化记忆

如上所述，被存储进“长期记忆”的信息，当需要时，能否被有效

地提取出来，是影响新信息消化、吸收的重要因素。按照现代脑科学研究，这些信息的“提取度”与神经元之间的连接有关，因此，通过关联、比喻等方式把相关的信息组合起来（被称为“组块”，chunking），可以加快信息的处理。同时，通过间隔重复等技巧，可以增强神经元之间的连接，提高记忆率，防止“遗忘”——所谓遗忘，并不是被存储的信息“消失”了，而是无法被访问、提取出来。

当然，关于记忆，还有很多实用技巧，感兴趣的读者可以深入学习，找到适合自己的超级记忆术。

（4）学以致用，及时复盘

如果只是把信息记忆住了，并不是真正的学习。如第 2 章所述，知识是与行动相关的。当个人通过主动地获取信息，基于已有的知识对其进行解读、分析（信息处理），理解并记住了一些特定的规则（类似“在什么情况下，遇到什么问题，怎么做是成功的”），当以后遇到类似情境下的问题或挑战时，就可以指导自己采取有效的应对措施，从而提高个人行动的效能。这才构成了一个完整的学习循环。

因此，学习不只是“学”，一定要包括“习”。在某种意义上讲，“习”重于“学”，因为只有通过“习”，我们才能真正理解“学”到的信息，并通过实际行动结果的检验，验证建立起来的规则的真伪。如果没有“习”，只有“学”，那就只能让人感到疲乏或困惑，自认为是“万事通”，实际一动手，发现只是“纸上谈兵”。这就是荀子在 2000 多年以前所说的：学至于行之而止矣。

整天在网上看一些信息，或者到处听各种讲座，并不是在学习——那只是学习过程的一部分，如果离开了主动的实践，对那些信息不加分析、验证，真正转化为自己的能力，学习就不会发生。因此，必须结合自己的实际工作或生活，将所学付诸应用，之后再进行复盘，这样不仅会发现可复制的成功，而且“知其然，知其所以然”。

（5）善用“心智模式”

如上所述，伴随着学习和应用，个人会形成一些“心智模式”（mental model），也就是一些固定的模式，来加速信息的处理和决策制定。按照詹姆斯·马奇的说法，这可能是藉由“试错”或模仿他人，甚至是“自然选择”形成的复制过去成功的行为模式，比如，“一朝被蛇咬，十年怕井绳”。毫无疑问，心智模式的形成会加速信息的处理，心理学家艾利克森也认为，大师与新手最大的区别就在于其“心理表征”（类似“心智模式”的另外一种表述）。但是，心智模式也是一把“双刃剑”——它会给上述学习的各个关键环节带来消极或负面的影响：

- 心智模式可能让人产生过度自负、无所不能的假象，从而扼杀人的好奇心，让人形成成见或选择性观察，从而影响信息获取。
- 心智模式可能会按照过去有效的固定模式去解读这些信息，影响对信息的消化、吸收，妨碍创新。
- 心智模式可能会形成特定的价值取向和思维偏好，从而影响人们的决策与行动。

因此，高效学习者必须认识到“心智模式”的存在，始终保持开放的心态，有效地应用心智模式，使其加速且不妨碍学习。

5. 长期坚持刻意练习，循序渐进地积累

“道虽迩，不行不至；事虽小，不为不成。”（《荀子·劝学篇》）面对任何一个领域的知识，要想精通，都必须从一点一滴开始。就像老子所说：“天下难事，必作于易；天下大事，必作于细。图难于其易，为大于其细。”同时，要有所成就，离不开长期的练习、积累。就像你需要主动地弯下腰去，在你选定的田里认真地耕种、辛苦地劳作，付

出汗水与心血一样。这里面有方法和技巧，但没有捷径可走。

1993 年，心理学家艾利克森和同事们研究发现，很多领域的专家在很小的时候就开始通过刻意练习（deliberate practice）来提升他们的技能，一些所谓的“天才”其实是 10 年以上高强度练习的结果。他们让一些音乐家回忆自己在职业生涯中累积的练习量，估计得出：一些最有才的乐器（如小提琴、钢琴等）演奏家往往是从 4 ～ 6 岁就开始练习，到 20 岁时平均已经积累了近 10 000 小时的练习量。这一研究成果就是广为人知的所谓“一万小时定律”的出处。⊖

尽管严格说起来“10 000 小时”并不精确，它只是一系列研究得出的估计平均值，不同人成才累积的练习量事实上差异很大，对于任何一个人来说，也不是说只要你练习到了 10 000 小时就一定能够成才，但是，毫无疑问，要想成为一个领域的专家，必须经过长期的刻意练习。

事实上，在 2000 多年以前，荀子就看到了这一相关性。例如，荀子在《劝学》中指出：“真积力久则入”“积土成山，风雨兴焉；积水成渊，蛟龙生焉；积善成德，而神明自得，圣心备焉。故不积跬步，无以至千里；不积小流，无以成江海。”《荀子・儒效篇》中提到：“注错习俗，所以化性也；并一而不二，所以成积也……习俗移志，安久移质。并一而不二，则通于神明，参与天地矣。”这些文字明确地告诉我们：要想有所成就，就需要在一个方向上长期坚持。

首先，要想有所成就，就需要方向专一。如果方向不清晰、不一致，今天在这个方向上做一点，明天飘到另外一个方向，就很难有所积累。因此，要“成积”，应该认准一个方向（“并一”），并长期坚持、不背离（“不二”）。

其次，在保持专注的情况下，要想有所成就，必须长期坚持、辛

⊖ 安德斯・艾利克森，罗伯特・普尔 . 刻意练习：如何从新手到大师 [M]. 王正林，译 . 北京：机械工业出版社，2016.

苦地练习。如此，长期在一个方向上坚持、反复练习，形成“习俗”，就可以“移志”(改变人的意志)，让人变得安定、坚定，这样假以时日，就能“移质”（改变人的性、内在的质地）。当洞悉了人间世事的规律，天地万物的运作便了然于胸了。

当然，“刻意练习”并不是简单地练习，它要具备三个要素：高手指导、沉浸式环境、个性化有技巧地练习。因此，练习与成才并不是直接相关的，效果也因人而异，对于不同技能而言也有差异。事实上，刻意练习对于有规律可循、有较为体系化的训练方法的技能（如体育、音乐等）更为有效。

因此，在我看来，要成就为大师，是一项系统工程，需要很多条件，而它们是相互影响的（如图 9-4 所示）。

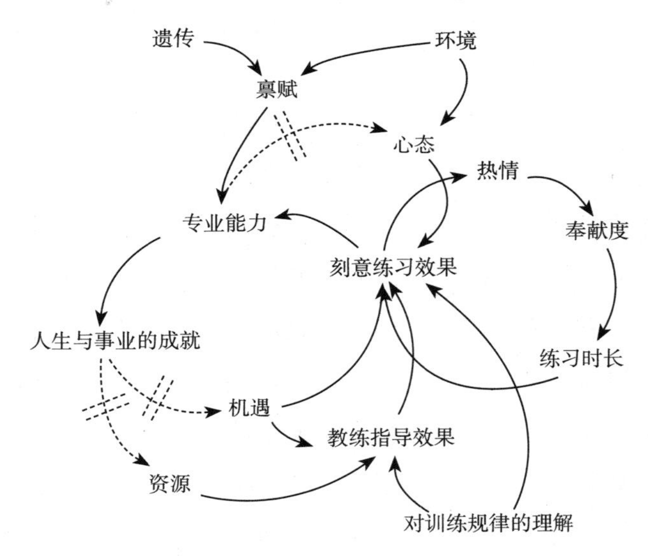

图 9-4 成就为大师的关键要素及其关联关系

毫无疑问，世界上没有随随便便的成功，要成为大师、取得人生与事业的成就，离不开同等的专业能力。而专业能力的养成，既与源自遗传和受环境影响的天资禀赋有关，也离不开长期的刻意练习。而刻意练习效果与有效练习时长、教练指导效果、对训练规律的理解等有关，也离不开机遇。在你成长的历程中，根据自己的情况，找到一位适合的好教练，有时候可能可遇不可求。但是，正如西方谚语所讲：机遇总是青睐有准备的人。因此，如果个人能力强、成就大，相应的整合资源能力、获得机会的能力，包括遇到好教练的机会都会增加，从而形成驱动成长的良性循环。

同时，刻意练习效果会增强个人练习的热情，从而形成一个自我增强的回路，进一步提高练习效果。

个人知识萃取的五种途径

一般地，我们可以从五个渠道获取信息（如表 9-2 所示）。因此，个人进行知识萃取，也有这五种途径。

表 9-2　获取信息的渠道

<table>
<tr><td>互联网信息</td><td rowspan="3">培训</td><td rowspan="3">自身经验（复盘）</td></tr>
<tr><td>他人经验</td></tr>
<tr><td>图书</td></tr>
</table>

从互联网信息中淘金、从他人经验中“挖金子”、从读书中“淘金”，是三种自学的方式，信息来源是他人；培训的信息来源也是他人，但基本上是经过设计、有人引领的，并非自学；从自身经验复盘学习的信息来源是自身，而非他人。

1. 从互联网信息中“淘金”

2012 年被称为“MOOC 元年”。

2015 年被称为“微课元年”。

2016 年被称为“知识付费元年”。

…………

为什么那么多“元年”？

原因只有一个：互联网加速了信息的传递，而经由信息构建知识就是学习，所以，通过互联网进行知识淘金，将是大势所趋。

对于知识炼金士来说，利用互联网进行有效学习，也是一项必备的基本技能。

但是，无论是曾被寄予厚望的“慕课”（MOOC），还是曾经红极一时的“微课”“知识付费产品”，既有众多拥趸者，也引发了颇多的质疑或争议。例如，曾有一篇广为流传的文章，认为“碎片化学习是一场骗局”，会让人们“越学越蠢”；也有许多文章斥责某知名的在线付费提供商创始人在“贩卖焦虑”……

的确，在现实生活中，很多人在微信、微博、朋友圈等所谓“碎片化学习”上浪费了太多精力，身心俱疲，似乎知道了很多东西，但仔细回想起来，却效果不大。而且整天被“刷屏”，每天忙于“追风”，被不同的热点牵着鼻子走，时间久了，就会感到倦怠。

但是，碎片化学习真的一无是处，甚至是“一场骗局”吗？

在我看来，要回答这个问题，需要分为三个层次来分析：首先，搞清楚什么是碎片化学习；其次，明白碎片化学习有哪些优点和缺点；最后，了解碎片化学习的适用条件，“扬长避短”，正确、有效地利用碎片化学习。

（1）什么是“碎片化学习”

就像人们对于“学习”存在很多认识上的误区一样，对于什么是“碎片化学习”，也没有严谨、共识的定义。

根据我的观察，一般人会认为，“碎片化学习”是利用零散的“碎片化时间”获取信息，进行“学习”；另外一些人则认为，“碎片化学习”是将大的知识体系（通常需要较系统、较长的教学过程）拆分为小的、更易于理解和接受的“碎片化知识”（如“微课”），从而使人们学习起来更容易的一种学习模式或教学设计。相对于前者，后者常见于少量专业人群以及部分在线学习实践者。

但是，从个人实践的角度看，碎片化学习既包括利用碎片化时间获取信息，也包括循序渐进地积累“小块儿”的内容，进行知识建构。二者都是个人在信息时代学习的必备技能。

（2）“碎片化学习”有哪些优点和缺点

首先，从本质上讲，任何学习都是“碎片化学习”，也就是说，任何人都不可能在一夜之间构建起一个完整的知识体系，或者打一针，就掌握了某种技能，那仍然只是科幻故事。每个人的学习都需要从一点一滴开始、循序渐进、日积月累。从这种意义上讲，学习过程本身就是“碎片化”的，经过精心设计的“碎片化”内容更有利于学习。相反，想“一口吃个胖子”或吞掉太大块儿的内容，反而不便于消化、吸收。因此，这是“碎片化学习”的优势之一，也是近年来“碎片化学习”兴起的重要驱动力。

当然，学习也是系统化的，吸收到的“碎片化”内容，要被整合形成一个体系。二者缺一不可。

其次，不可否认，在当今信息时代，利用“碎片化时间”，通过无所不在的移动通信网络和功能强大、易于使用的智能手机，我们可以快速获得最新的信息，也有利于学习。因此，“碎片化学习”的另外一个优势就在于快捷、简单，可以借助先进的信息技术和互联网，让人们“随时随地”利用“碎片化时间”进行学习。

但是，碎片化学习也不全是好消息。

在我看来，碎片化学习的弊端或劣势可能包括如下两个方面：首先，如果你所学习的那些碎片化内容，未经过“系统的设计”，它们可能是片面的、零散的，你即便花了很多时间，把它们都学习完了，也可能效果不佳，完全没办法构建起一个体系。就像现在许多知识付费产品一样，由于缺乏良好的“碎片化”设计，学习过程也未被有效地指导和管理，因而普遍达不到预期效果。

其次，即使信息经过了“碎片化设计”，借助社交媒体网络和人们的碎片化时间进行学习，仍然面临诸如“专注力”的缩短、学习过程的“心理孤单感”以及对“深度思考”的干扰等挑战。早在数年前，作家尼古拉斯·卡尔就在《浅薄：互联网如何毒化了我们的大脑》一书中提出了这一问题，他认为互联网会干扰人们的深度思考，让人变得浮躁。脑科学研究专家在《让大脑自由》中指出：大脑处理信息的机制仍然需要专注，所谓的“多线程处理”“多任务”模式只是人们虚妄的奢望。

因此，碎片化学习既有优势，也有缺点，要想取得良好的学习效果，需要有一定的前提条件。

那么，如何正确地看待并利用碎片化学习呢？

（3）“碎片化学习”真的适合你吗

要让“碎片化学习”这种方式发挥作用，需要具备三个条件：第一，认真选择适合你的、事先经过“碎片化”设计的系统化产品；第二，学习者已经具备了相应的知识基础和学习能力；第三，对学习过程加以有效指导或管理。如果不具备这些条件，所谓的“碎片化学习”纯属浪费时间。

对此，让我们先来看一个简单的故事。

有一位农民甲，每天拿着一个洗脸盆，追逐着天上的云彩，期盼着能下点雨，让自己可以接点雨水，去浇灌地里的庄稼。结果，天上的云彩飘过来，又飘过去，偶尔有一两场雨，自己接到的也只有那一两盆，而他的耕田因为没有打理，土壤板结、沙化，根本存不住雨水。一季下来，农民甲累得筋疲力尽，可是地里根本长不出庄稼，颗粒无收。

另外一位农民乙知道，要想有丰硕的收获，首先需要精心打理自己的耕田，深耕细作，让土壤保持肥沃。其次，水是不可或缺的。但是，不能只靠天上的雨水，还必须有地下的泉水。为此，他选准一个地方，向下深挖，挖到了可以持续喷涌的泉水。这样，不下雨的时候，泉水可以持续地滋养他的耕田；下雨的时候，他的耕田里肥沃的土壤、茁壮生长的庄稼，都可以充分地吸收、蓄积雨水。因此，不管旱涝，农民乙的庄稼都郁郁葱葱，每年都是丰收年。

在上面这个故事中，“耕田”就是每个人的知识体系和知识积累，“雨水”就是持续的“碎片化学习”，“泉水”则是更为系统而经典的智慧来源，平衡“雨水”与“泉水”就是对学习的管理。

结合我前面提到的“石沙土林”的隐喻，我认为，要有效地利用碎片化学习，大致需要分成三个阶段。

阶段 1. 明确自己要耕的“田”

毫无疑问，只有符合你需求的东西，才是有用的。所以，不管你要采购的知识产品是否经过了科学的设计，它符合你的需要，才是最主要的。为此，你要先明确自己要耕的“田”，也就是自己关注的知识领域，并且梳理出相应的知识体系，然后制订一个循序渐进的学习计划，形成一定的知识积累。

这个道理很简单：只有有了一片厚实、肥沃的土壤，才能吸收、蓄涵雨水，并将其转化为滋养庄稼成长的营养。否则，如果你还没有自己关注的知识领域，你的知识还处于一盘散沙的地步，没有建构起相应的知识体系和积累，这样的话，你订阅了一堆知识产品，每天利用各种碎片化时间，听这个所谓的“专家”这么讲几句，听那个“大咖”那么说几段，或者这儿听听书，那儿参参会，时间看似花了不少，也接了一堆雨水，可是自己完全吸收不了，也没有什么留存。结果，自己被淋成了一个“落汤鸡”，但还是没有什么积累和建树。

在我看来，一个朴素但亘古不变的道理是：任何生长都需要时间。想要在一夜之间或者不经过艰苦的努力，就能够有所成就，肯定是不现实的。在当今时代，虽然信息传播速度很快，你可以廉价、快捷地占有大量的信息，但是，吸收、理解它们，形成自己的能力，并非一蹴而就。我们要想在某个方面有所建树，还是离不开专注、坚持和长期的努力。

如果你知道某个付费性知识产品，刚好符合你希望关注的知识领域，同时它也是由那个方面的专家主讲，基本上品质不会太差，而且内容经过了有效的碎片化处理，那么，你付费去购买，然后利用自己的碎片化时间，按照计划去学习，快速了解这个领域的知识概貌，再配合上其他学习方式，就可以快速入门。这是有价值的。

要是没有这样的产品，我们只能自己通过读书、请教专家、系统地学习等方式，梳理知识体系，并积累必要的知识，之后再去阅读收费性的知识产品。这样才是有价值的。

根据我个人的初步观察，目前许多知识付费产品的质量并不高，它们还很难完全取代我们系统化的学习。也就是说，购买某一个或系列知识付费产品，或者只是听听别人的讲书、参加一些短时间的微信分享，我觉得肯定是不够的。这一方面受限于技术手段，另一方面受限于知识产品的教学设计。

如果你现在每天接受着各种“雨水”的滋养，但是还没有自己的知识体系和积累，我建议你尽快发现自己特别感兴趣的一些领域，然后赶紧停下来，别再忙着去接雨水了，而是要深入去探究、系统地学习。为此，你需要制订一个主题阅读计划，也就是说选择那些经典的书籍，进行系统化的阅读，深入地学习，或者选择一个系统的学习计划，保持专注、付出努力。就像你需要主动地弯下腰来，在你选定的田里，认真地耕种、辛苦地劳作。这里面有方法和技巧，但没有捷径可走。

阶段 2. 持续地吸收“雨水”

现代社会，变化无所不在。一个人在建立了自己的知识体系，有了一定的知识积累以后，决不能止步不前。你需要持续地吸收新信息，更新自己的知识与技能。这就好像是你的田每天接受“雨水”的滋养。风调雨顺，才能五谷丰登。

具体的途径有很多种，比如说：有选择地进行主题阅读，定期去图书馆检索、浏览某个知识领域的最新研究成果或动态，通过搜索引擎进行检索，等等。而优质的付费性知识，也是其中一种选择，你可以有选择地使用。这是个人持续学习与成长的第二个阶段。

当然，还是那句话，选择哪些方式，如何组合，是否有用，这都取决于你。

阶段 3. 挖通自己生命的“泉水”

第三阶段，就是要挖通自己的“泉水”。所谓“泉水”，就是能够源源不断地提供给你长期的、系统化滋养的一些经典或智慧源泉。

拿我个人的例子来讲，我一直研究个人与组织学习，通过硕士和博士两段研究经历，奠定了自己在这个领域的知识结构，也做了相当的积累。这是我个人学习与成长的第一阶段。

之后，我一直不间断地更新自己在这个领域的知识，包括每年阅读该领域的一些新书，定期去图书馆或利用搜索引擎进行检索，并关注少量该领域的权威期刊；同时，保持与该领域研究、实践者的联系，自己也不断地进行知识创造与输出，让自己的知识结构和知识积累保持动态的更新与进化。这是第二阶段。

随着自己学习的深入，近年来我发现，中国古代的一些典籍，如《荀子》，还有该知识领域的一些“大家”的经典性著作，如《第五项修炼》等，都值得反复参阅。虽然这些著作可能已经是几千年或者几十年前出版的成果了，但是，直到今天，它们揭示的这个知识领域的一些深层次的本质和规律，并没有过时，仍然值得我们系统地学习和借鉴。我觉得这些就是我个人生命中的“泉水”，可以给我深入而持久的滋养。

事实上，有的时候，“大道相通”“大道至简”，你把某一个东西搞通了，很多其他相关的东西，也可能都“融会贯通”了。

所以，在信息爆炸的时代，“雨水”很多，关键看你是不是有自己的定力和目标，同时有一双慧眼，睿智地选择符合自己所需的精品。这一方面要求我们有开放的心态，勇于接纳一些有价值的高质量知识产品，利用碎片化的时间进行及时、持续的学习，不管是付费还是免费的；另一方面，也需要我们谨慎选择，因为相对于金钱而言，我们的时间和精力更为宝贵。

与此同时，我们仍然要塌下心来，摒弃浮躁，保持专注，选定自己的“耕田”，并能够深入地钻研，“深潜”到一些经典而持久的智慧源泉之中，挖通自己生命的“泉水”。只有这样，你才能不“靠天吃饭”，保持长期旺盛的创造力，并取得自己心仪的成就。

你现在有自己的“耕田”吗？你是被七零八落的雨水淋成了“落汤鸡”，还是挖到了自己生命的“泉水”？

（4）对待碎片化学习，要睿智取舍

如上所述，碎片化学习有其适用条件，并不适合所有人，也不应该成为每个人学习的全部形式。因此，在移动互联时代，我们必须学会正确有效地使用碎片化学习，充分发挥其便捷、广泛连接的优势，快速吸收对自己的知识体系构建、更新有价值的高质量信息。同时，又不对其过于依赖，让自己在“碎片化学习”上花费过多时间，甚至不做主题阅读、系统的学习，这样也很危险。

对于“碎片化学习”，我认为应该坚持下列态度。

首先，不能排斥或逃避。我坚决相信，以微课、移动学习、社交媒体为载体的“碎片化学习”有其优势，快捷、无边界，符合当今时代企业快速变化的业务需求，也广受“新人类”的欢迎，将是企业学

习变革的大方向之一，任何人无法逃避。我们不能对其不闻不问，一味采用传统学习方法。

其次，不能过于依赖。一方面，碎片化学习有其适用条件。这是一个严肃的话题，需要创新性的“碎片化知识”和教学设计作为基础。另一方面，个人知识基础的构建也是一个持续的系统工程，离不开专注和体系化。因此，即使是在当今时代，我们也不能只迷恋新的技术或手段（甚至“上瘾”），抛弃正式学习、系统的学习。过分依赖碎片化学习不是一个睿智的选择，尤其是对于那些尚未建立知识体系和不掌握学习方法的学习者而言，更是如此。

简言之，这种取舍的智慧是我们在移动互联时代更好地生存和发展的核心技能。

要想有效利用碎片化学习，我建议你对如下两个问题进行自检。

- 我是否建立了某一专业领域知识的架构或体系？

如果已经建立了清晰的知识体系，利用碎片化的时间，接收一些经过“碎片化”设计的信息，或者对未经“碎片化”设计的信息进行批判性反思、对信息进行有效鉴别，你可以持续保持自己在这个领域内的知识更新，对你的学习和成长是有利的；如果还没有，奉劝你，还是多花一些时间系统地学习某一领域的知识，对你更有好处。

当然，系统学习的方法有很多，关键在于找到真正对这个知识领域有研究的“高手”，在他的指导之下，系统地进行学习（包括主题阅读、设计学习路径）。

- 我所看到的信息是否经过“碎片化设计”，是否科学、可信？

如果你所看到的不是孤立的一段信息，而是经过专业机构或人员设计的一系列相关信息，那么，可以按照其设计，一步一步地学习。对信息质量的鉴别也较为简单。例如，在Coursera和edX平台上开课的老师和机构大都是世界级的权威机构，课程也经过精心、专业的设计，系统地学习这样的课程，哪怕只是每次看一两个视频，循序渐进，也是很有价值的。相反，很多平台上堆积了一大堆视频，未经设计，真的需要认真鉴别、筛选。

对于鉴别信息质量，一般来说，要看信息发布方的资质（是在某个领域有研究和实践经验的人士，还是“网红”或“大忽悠”），要区分信息的属性（是发布在正式刊物上的论文，还是个人随笔、杂谈）。若需自行筛选有益信息，比较理想的是观看一些权威机构发布的行业动态等信息，将其视为自己更新知识的线索。如必要，进行主题阅读、检索和分析。

2. 从他人经验中“挖金子”

在企业中，除了个人的经历，我们更常见的学习途径就是向身边的人学习，包括能力比我们强、经验比我们丰富的同事、领导，还有我们的同学、老师等。

（1）向他人学习：有优势，也有不足

和其他几种学习方式相比，从他人的经验中学习有如下一些优点：

- 虽然从自己的经历中复盘学习更为深入，但个人的经历是有限的，而他人的经历，无论是数量还是类型，都大大突破了我们个人的局限。
- 虽然互联网上的信息琳琅满目、唾手可得，但其质量可能参差不齐或语焉不详；而我们身边人的经验更为生动、具体，如果可以深入请教，更能确保信息的质量、信度与效度。
- 虽然身边人的经验未必像图书上总结出来的知识那样精致，但其更加贴合我们工作或生活的场景，更具有针对性，可以拿过来直接使用，而且更加灵活多样；而图书上的信息需要我们理解、消化吸收，之后再结合我们的实际情境灵活应用。

当然，相对于其他几种学习方式，向他人学习也有不足（如表 9-3 所示）。

表 9-3　向他人学习相对于其他几种学习方式的优劣势

他人经验相对于……	优势	劣势
互联网信息	• 有针对性、生动 • 质量高	• 数量、类型有限
图书	• 更为及时、灵活 • 更为生动 • 学习转化率高	• 总结、提炼的精度可能较差 • 数量、种类有限
自身经验	• 数量与种类更多	• 不够具体、生动、深入 • 可能与自己的实际情境有差异

那么，应该如何更有效地向他人的经验学习呢？

（2）从他人经验中学习的关键要素

基于向他人学习的优劣势，要想有效地从他人的经验中学习，需要注意如下四个关键要素。

1）扩大人脉，有备无患

向他人学习相对于互联网和图书存在数量与种类有限的不足，当个人遇到困难需要求助时，如果没有提前的储备，很可能找不到可用的资源。为此，应在日常工作中用心建立、维护人脉，并明确他们的长处、经验，以备不时之需。

可以参考表 9-4，盘点一下你自己的人脉。

表 9-4　人脉清单模板

姓名	单位	主要经验	联系方式

同时，应基于自己的需求，有计划地拓展自己的人脉网络。

2）明确需求，快速匹配

为了找到适合自己的经验，应明确自己的能力“短板”、劣势或不足，参考工作中的挑战、问题或困难，明确学习需求。

之后，看看这一需求是否适合通过向他人学习的方式来满足。事实上，满足某一需求的方式可能有很多种，如上所述，各种方式各有优劣势。为此，应进行系统的评估，确定向他人学习是满足自己需求的最佳方式。

然后，从你的人脉网络中搜寻，看看有无能满足自己需求的人员。如果有，提前进行准备，明确你想得到的具体帮助。如果没有，想一想，谁有可能帮到你。

3）充分挖掘，深入探究

在找到适合的人选之后，最好能找机会当面请教，相关的技术与方法、注意事项，可参考对业务专家的访谈（参见第 4 章）。

概括而言，访谈的要点包括：

- 简要描述你所遇到的问题或挑战，询问专家有没有遇到过与此类似的案例。
- 请他给你讲述真实的案例，最好不要一上来就给你支招——因为那样要么比较抽象，要么专家的建议并不适合你，而且你也很难从中真正学习到，充其量是“知其然，不知其所以然”。如果被访谈者讲述起来毫无章法，你可以 STAR 法或“故事板”（参见附录 B）为框架，进行提问。如果你感觉对方的案例与你的实际情况差异较大，则应及时礼貌地打断、重述自己的挑战，让被访谈者重新讲述一个案例。
- 如果专家讲述的案例比较符合你的情况，可追问下列问题，深入了解其做法：“您具体是怎么做的？大致步骤如何”“您为什么会这么做？”“您认为哪些是需要特别注意的关键点？”“常见的变化可能有哪些？应该如何应对？”“如果让您再来一次，您觉得有什么地方可以改进，或有没有创新的做法？”及时提出自己的疑问，争取在脑海中清晰地勾勒出一个大致的行动路线。

- 向专家讲述一下自己的思路，请他给一些建议。
- 总结，得到确认，询问后续行动，并致谢。

4）及时复盘，更新反馈

建立和维护人脉，其实很忌讳“临时抱佛脚”。在你请教了他人之后，应及时行动，并在行动之后尽快地进行复盘，通过回顾、比较、分析、反思，找出差异的根因，以及你从中学习到的经验与教训。之后，要反馈给当时请教的人。这样不仅形成了一个“闭环”，而且又加强了联系、增进了关系。若你以后再遇到困难，别人也会更加乐意帮助你。

3. 从读书中“淘金”

莎士比亚曾说过：“书籍是全世界的营养品。”中国人也有“书中自有黄金屋”的说法。毫无疑问，读书是我们最主要的学习途径之一，即使在当今信息泛滥的时代，读书对于武装我们的头脑、滋养我们的心灵，也是非常重要的。正如詹姆斯·马奇所说：个人和组织习得的知识，大部分不是从自己的工作经验中获得的，而是源自专家提炼、经过实践验证和广为传播的“学术知识”。㊀

但是，我在和一些朋友交流时发现，关于读书，大家普遍存在如下困难或挑战。

- 读书少：有的人已经很少读书了，一年也读不了几本书——据权威部门调查，2018 年，我国成年国民人均纸质图书阅读量仅为 4.67 本，加上电子书，也只有 7.99 本！㊁
- 读不下去：即便有朋友买了一堆书，想读，也读不下去，有时候断断续续地，数月也读不完一本书。

㊀ 詹姆斯·马奇．经验的疆界 [M]. 丁丹，译．北京：东方出版社，2017.

㊁ http://culture.people.com.cn/n1/2019/0421/c1013-31041115.html.

- 不会读：许多人只是什么热门读什么，或者根本不成体系，东一榔头西一棒槌，毫无章法。
- 读书后没收获：即便读完了一本书，也似乎没有什么收获，过一段时间就忘了。
- 电子阅读：我身边绝大多数朋友都通过手机或网络来阅读或获取信息，电子阅读的比例越来越高。据调查，手机和互联网成为我国成年国民每天接触媒介的主体，数字化阅读方式（网络在线阅读、手机阅读、电子阅读器阅读、Pad阅读等）的接触率逐年上升，2017年达73.0%。但是，许多朋友反映，电子阅读经常受到干扰，很难保持专注或深入思考。

那么，我们应该如何读书呢？如何才能从读书中获得更大的收获？

基于个人的体会，我整理出了一个“五步读书法”。

（1）明确目标

面对浩如烟海的书籍，只有有了明确的目标，我们才能不迷失方向，才能事半而功倍。为此，读书必须要有明确的目标。

在制定目标时，可以参考本章所述的“刺猬法则”，并重点考虑如下三方面的需求。

- 当前需求：你目前的主要任务是什么？要解决的最大难题是什么？哪些是比较重要而紧急的需求，需要优先考虑？
- 未来发展：我们经常讲“人无远虑，必有近忧”。我们读书不能只是为了解决当前的问题，更应该考虑你未来想往什么方向发展，让读书成为支撑你未来成长的阶梯。
- 个人兴趣：我们都知道，兴趣是最好的老师，有了兴趣，就有了劲头，可以废寝忘食。因此，充分考虑个人兴趣，也是确定目标的主要因素。

基于这三方面的需求，可以定义出你需要关注的知识领域，设定你的目标，明确自己到底想要什么。

（2）选对好书

目标明确之后，就要评估自己的现状，基于当前的知识基础，选择要读的书及相应的计划。

那么，如何选择自己要读的书呢？

1）选书“三招”

我觉得有三个选书的方法。

- 请教高手。

初学者在选书时，往往无从下手。在这种情况下，找到并请教业内专家，或者是一些在你要学习的方面有研究或建树的高手，听听他们的建议，可能事半而功倍。

- 认真分析。

从我们的需求入手，看看自己已经掌握了哪些知识，还需要学习什么技能，据此确定系统的读书学习计划——也就是围绕某一个知识领域，进行“主题阅读”，有顺序地读一系列相关的书，而不是泛泛地或无序地这儿读一点，那儿看一段，更不要一味地追逐潮流、热点，或人云亦云。

在进行主题阅读时，建议先从经典入手，之后再逐步扩展、深入到相关的细分领域。虽然一些书可能已经出版很多年了，但它们在那个领域内，就像定海神针一样，是各种变化的基础。如果你把经典吃透了，就像房子的地基特别稳固，便于未来的发展。否则，就有可能迷失在“丛林”之中，吃力不讨好。

我个人的经验是，如果没有老师或高手可以请教，可以考虑如下两个途径：一是通过搜索引擎或网络、论坛、问答网站等，找到一些意见领袖、推荐书目或阅读清单；二是去图书馆，阅读一些权威学术杂志上相关主题的论文，从文献回顾中，往往可以找到这个领域的经典或专家，阅读他们有代表性的奠基之作。对于前一种做法，需要甄别其信息质量，因为互联网上的信息可能是泥沙俱下、良莠不齐，的确有高手，但也很可能以讹传讹；后一种做法虽然传统，但可能更靠谱一些。

- 做足功课。

在选书时，多看一些书评、推荐，并对作者是否有资格进行鉴别。例如，若你选的是一本学术读物，那么作者有没有足够的理论功底和学术造诣？如果你选的是一本实践参考手册，那么作者有没有真正做过、有没有丰富的实践经验或咨询经历？同时，作者之前是否出版过这方面的书籍？口碑如何？从这些事实中可以看出作者是否善于总结、提炼。

如果有条件，还要看其给出的行动指南是否有实操性，同时又有一定的普适性。二者其实在一定程度上是相互矛盾的，需要把握好度：若太过于具体，可能只是在某种特定情况下有效；若过于抽象，则很难有可操作的建议，只是空洞的理论、想法或干瘪的原则，需要读者自行领悟、消化。在这两种情况下，读书的效果都可能不尽如人意。随着信息自由、大量自媒体的出现，现在出书其实很简单，但要做出好书却并不容易。

另外，对于外版书，也要考虑翻译的水平和质量。

2）合理搭配

就像饮食一样，读书也要讲究营养搭配、膳食平衡。在这方面，台湾出版人郝明义写过一本书，叫《越读者》，他用饮食来比喻读书，提出：我们读书就像吃饭，有四类需求。

第一，主食，如米饭、馒头等，让我们吃饱。这主要对应的是生存所需的阅读，是为了解决个人在职业发展、工作、生活、生理、心理等方面的一些现实问题而读书，目标是寻找直接可用的解决之道。

第二，美食，如鱼、虾、牛排等，是我们补充蛋白质的高营养食物。这主要对应的是思想需求的阅读，可以帮助我们思考人生、领悟世界的智慧、探究一些问题或现象的本质。虽然这类书很难消化，但对我们长身体、强壮体魄，是很重要的。

第三，蔬果，富含纤维，有利于新陈代谢。这对应的是工具、指南方面的需求，是为了帮助我们查证阅读过程中不了解的字义、典故与出处等而进行的阅读。

第四，甜食，如饭后的蛋糕、冰淇淋或日常的糖果、零食等。这对应的是仅供消遣、娱乐，或以调剂、补充为目的的阅读，也可能起到拓展视野的功效。

总之，我们读书也要讲究营养平衡，根据自己的体质，组合出一个阅读食谱。

当今时代，大家都“很忙”，几乎没有时间看书，尽管如此，我觉得“主食”类的书籍还是应该尽量保证。你可以结合自己当前的实际需求，选择一些实用的书来阅读，包括一些具体的指南、方法论之类的书，看完之后，马上用以指导实践，促进问题解决或绩效改善。这类书强调实用性，方法明确、具体，具有较强的可操作性，结合读者实际的应用场景，往往可以快速见效。

之后，为了让你的生命更加丰腴、持久、健康，你还是应该抽时间啃一些“美食”，再搭配一些“蔬果”和“甜食”，有滋有味，不亦乐乎？

（3）明确策略

不同的书有不同的读法。选好书以后，需要明确阅读的策略，也就是有所取舍，区分轻重缓急。在读书时，我觉得有五个策略，分别适合不同的书。

- 不读：有些书是不用读的，包括一些垃圾书、无关的书。所谓无关的书，就是不在你的书单和读书计划上的书；所谓垃圾书，指的是一些炮制出来的“快餐”“拼盘”，缺乏严谨性甚至是正确性的书。如果读它们，只是占用或浪费你的时间，是对你实现目标的干扰。我们要尽量抵制。

- 浏览：有些书要快速浏览，包括主题知识领域内的最新书籍（特别是一些商业畅销书），或者是出于调剂、放松、休闲、拓展视野的目的进行阅读。
- 备查：对于一些经典、规范的参考书、工具书，要经常放到手边、写字台上备查。
- 深读：对于一些专业领域或实操类的图书、深入的案例分析等，要深入阅读。
- 精读：对于那些经典、专业基础类图书，要精读，完全吃透，可能不只是读一遍，而是反复读多遍。这一类阅读和前面需要深读的书，不能随意地乱翻，不能“蜻蜓点水”“走马观花”，也不适合用拆书等方法，必须沉下心来，踏踏实实地读懂、读透。

（4）掌握方法

读书，从本质上看，是与前人“隔空”对话的过程，目的是从前人提供的“编码化信息”中汲取对自己有用的见识，从而帮助自己提升能力、指导自己有效行动。要想实现这样一次“知识转移”，需要经历四个阶段，我称其为“U型读书法”(如图 9-5 所示)。

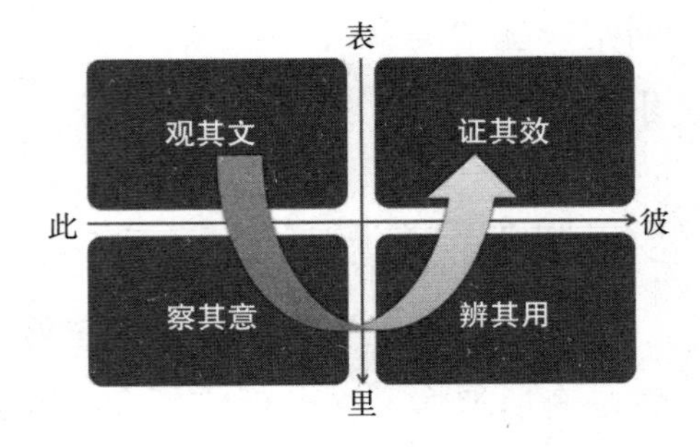

图 9-5　“U 型读书法”

- 观其文。

学习始于观察（observe），通过读书来学习的第一步是接收字面信息。这一步不难，只要认识字、有耐心、专心地看，就能做到。

- 察其意。

要想从书中学习，只是读懂了每个字肯定是不够的。我们要理解字面信息所代表的真正含义（assess）。要做到这一点，就得开动头脑，进行思考，也要具备一定的理解力，而且有相应的知识基础，能够“还原”到作者写出那些文字时的情境。只有这样，才能真正理解作者的本意。

- 辨其用。

学习的目的在于指导我们有效地行动，而不仅仅是“知晓”了。因此，在“读懂了”之后，要联系自己当前的实际思考：作者的这些观点如何应用到自己当前的实际工作中（decide）？

相对于理解，这一步也是个不小的挑战，我们甚至可以将其称为“惊险的一跳”，因为这需要从知到行，真正地付诸实践。很多人不擅长这一步，他们只是机械、刻板地读书，自认为自己了解了，殊不知只是“纸上谈兵”，或者“死读书”。

- 证其效。

最后，你需要真正去行动，照着你理解的书上的精神或方法去做（implement），之后通过“复盘”，看看哪些地方奏效了，哪些地方不管用。如果奏效了，要分析真正起作用的是什么。是运气，还是自己真正掌握了事物的内在规律？对于不管用的地方，更要认真分析原因，看看是自己没有真正理解，还是书上所述的精神或方法有其适用条件，抑或只是运气不佳。

在以上四步中，第一步到第二步是“由表及里”的过程，要求用心、求得“真知”（通“常”）；第二步到第三步是“由此及彼”的过程，要求灵活，善于“权变”；第三步到第四步是从理论到实践，是“去粗取精”“去伪存真”的过程。整个过程的轮廓像英文字母“U”，故而被我称为“U 型读书法”。与从自身经验中复盘学习的“U 型学习法”（参见第 5 章）相比，二者几乎是一致的，只是信息来源不同，所需技能略有差异。

如果读的书与你的实际应用场景差距很大，例如古人或外国人写的书，作者所处的场景与我们目前的状况可能有很大差异，虽然我们不否认这里面存在可以通用的“规律”“常识”或人与事的“本性”，但是，这类知识很难直接“拿来”，需要读者用心体会、领悟精髓，并结合当前实际灵活使用。对于此类状况，我称为“远转移”。“U型读书法”特别适用于“远转移”。

相反，如果书的作者与你所处的场景很接近（有可能是同时代或同类型的，我称之为“近转移”），书中所述的观点、方法也许可以直接“拿来”。但是，我仍然强烈建议读者不能全盘照搬，仍应审慎地思考，确保自己读懂了，了解书中所述的方法、观点有无适用条件或边界，同时，做完之后也要及时复盘，进行验证和升华。

小贴士：四个实用的阅读技巧

凡事都有学问，读书也是有方法的。掌握一些好的读书技巧和习惯，可以帮助你更好地读书，提高读书的效率，增强从读书中学习的效果。

基于我个人的一些阅读习惯，我给大家分享四个要点：

- 对于一些需要精读的书，最好选择阅读实体书。

虽然电子书携带方便，但存在诸多方面的干扰，也不太适合写写画画，在我看来，可能更适合休闲型阅读或快速浏览，而不利于深思。至少对于我个人来说，读纸质版的图书还是更“有感觉”，找一个不受干扰的时段，安安静静地享受阅读的快乐，并且进行深入的思考。

- 在读书的过程中，随手勾画出重点，并在书的空白处写下你的所思所想。

从本质上讲，学习就是把新信息与原有知识进行对接，建立连接。随手写下你的理解、感想，就是将新知与你既有的知识基础、过去的经验建立连接，是“用心”思考的过程，这有利于学习。

- 逐段、逐节、逐章地归纳，总结要点。

读书需要及时总结、把握要点，可以将每一段、每一章的要点写在书的相应位置空白处，直到能用几句话把全书的核心观点总结出来，写在书的最前面。这是把书由厚读到薄，逐步消化、吸收，吃深吃透的过程。

- 对于一些重要的书，要整理读书笔记、撰写书评，或者把该书的要点分享给他人。

俗话说：“教是最好的学。”如果你要教别人，自己肯定得先把它搞清楚。所以，我认为，这也是一种很有效的促进阅读的方法。

在我看来，这四项技巧或习惯对于主题阅读（尤其是需要深读、精读的书）是很有帮助的。

（5）形成习惯

最后，很重要的一个要点是形成习惯，持之以恒。根据美国《纽约时报》记者查尔斯·都希格在其著作《习惯的力量》中提出的“习惯回路”模型，要养成一种习惯，有四个要点。

- 想办法创造出一些暗示，例如可以把书放到枕边、沙发旁甚至马桶上。这样，当你要上床睡觉时，想坐到沙发上看电视时，甚至是上厕所时，都可以随手拿起书来读上一段。
- 每天坚持读上一段时间，让读书成为惯常的行为。
- 给自己及时的奖励，让读书变成一件愉快的事，即便不是如此，也不要让读书看起来很痛苦。你可以在读完一章或一本书之后犒劳一下自己，或者把读书笔记晒一晒，和他人分享。
- 最为根本的是，要找到内心的渴求，享受到读书的乐趣。如果你把读书看成或者搞成痛苦的事，就很难坚持下来。相反，如果学习是促进个人成长的快乐的事，就能形成习惯，甚至“上瘾”。

读书是人类成长的阶梯，读书如饮食，是滋养我们头脑与心灵的养分，可以给予我们力量，可以让我们的生活更加美好。让我们从今天开始，阅读智慧，启迪心灵，改变命运。

4. 利用好培训机会

对于职场人士而言，日常工作繁忙，不会有太多参加培训的机会，但是，一旦有机会，应充分利用好这些难得的学习机会。相对于自学，培训是经过设计的、有人引领的学习方式，虽然时间有限，但学习的内容大多数比较经典。

但是，基于我多年培训的观察和在多家企业大学服务的经验，许多培训并未取得预期效果：有的是学员不珍惜培训机会，上课不专心、不主动，即便学到一些东西，回去以后也没有行动；有的是培训未经有效设计，内容与过程残破不堪，也未做好后续跟进。

要想让培训取得预期效果，需要从企业大学（培训需求挖掘、分析与设计、跟进）、学习者、培训师、管理者等多个角度努力，综合采取措施，并协调配合。

那么，作为个人，应该如何利用好培训机会，更好地从培训中学习呢？

基于个人学习基本原理，在我看来，参加一次培训活动，是高效获取新信息的良机，但要想真正改变自己的行为，还需要具备一定的条件——在培训前、培训中和培训后采取相应的措施，共包括七个步骤。

（1）细准备

在培训之前，要提前评估，看看这是不是适合你的培训。具体来说，至少要考虑如下两个方面：

- 看看培训老师擅长哪些方面，具有哪些经验，如何能够更好地帮到自己。
- 看看培训内容是否适合自己，自己有没有相关方面的问题。

在确定了参加培训之后，要认真进行准备，明确学习目标，包括：

- 提前搜索一下相关的学习内容，进行预习。
- 梳理自己在哪些地方可以用到培训内容，明确自己的学习目标。
- 安排好手头的工作，确保准时参训，届时不受干扰。

（2）听得懂

对于大多数培训来说，学员与培训师之间接触的时间是有限的。所以，参加培训时，应全程参与、认真听讲、积极思考，把老师讲的内容全部听进去、理解到位。

如果有任何问题，应及时提问，不留疙瘩或死角。否则，在你事后要应用时，可能就会受到不利影响。

（3）会操作

如果是概念、原理、信息类培训，应进行自测，确保理解到位，并能够在新的情境下灵活使用。

如果是操作、技能类培训，则不应停留于理解的层面，还要学会操作。在培训现场，老师一般会进行技术动作讲解、示范，有时也会给学员练习的时间。此时，不仅应认真聆听，观察示范，理解操作要领，而且要按照老师的要求，积极动手，澄清练习过程中的疑问，并及时反馈练习结果，确保“会操作”。

如果是情感、体验类培训，应在理解精髓的情况下，明确相应的行为规范和应用要领，能在老师的指导下做出正确的价值判断。在这方面，可以考虑使用比喻、讲故事等方式，确保态度一致。

（4）记得住

除了一部分在线学习可以随时随地观看或复习，大部分培训（尤其是面授培训）都是不可复现的，也就是说，培训结束之后，老师和学员甚至并不再面对面地讨论相关话题。因此，学习者应在课后及时复习，以便在使用时记得住学习内容要点。

按照人类学习的基本规律，在培训现场使用的多是感官记忆和工作记忆，而其能否转化为长期记忆，主要取决于学习者能否将培训中所学的新信息与学习者已有的信息连接起来，并且通过间隔重复(spaced repetition)，强化这些连接，提高提取力。

（5）真正用

古语云："知易行难。"即便是在培训时理解了，通过示范、练习也会操作了，事后也复习了，如果不学以致用，仍然只是"知"，到了真正使用时，可能就会遇到各种各样意想不到的问题。为此，学习者最好能趁着记忆犹新、热情和动力犹高，尽快找机会真正应用，跨越"由知到行"的鸿沟。

在这个过程中，企业大学或培训部应提供相应的支持，包括训后跟进、督促、提供方法和工具的支持、组建学习者的交流社群、与学习者的上级配合、提供相应的条件与资源等。

（6）多练习

俗话说，"熟能生巧"，要想形成能力，必须多加练习。事实上，对于专家而言，其必须掌握一些核心技能，只是会了却不熟练，是远远不够的。

（7）勤复盘

每一次练习之后，都要进行复盘，将实际使用过程及结果与自己的预期对比，分析、反思，找出差异的根因或成功的关键要素，逐渐理解精髓、把握关键，并能够根据实际情况，对原来学习到的内容进行拓展。

如果你能对每一次培训都坚持走完这七个步骤，那么，就可以充分把握每一次难得的学习机会，为我所用，助我成长。

5. 复盘：从自己的经验中学习

按照学习发展领域公认的“70 ∶ 20 ∶ 10”人才培养法则，成人学习最重要的来源是在岗工作实践（约占 70%），其次是与他人的交流（约占 20%），正式的培训与教育只占很小的比例（10%）。与此类似，美国创新领导力中心（CCL）基于一项长达 30 多年的研究发现，成功的领导者主要从三个方面的经验学习，包括挑战性任务（70%）、发展性关系（20%）以及正式的培训课程或项目（10%）。因此，管理者从经验中学习的意愿和能力是有效领导的基石（CCL，2014）。特别是在新的、多样化、高风险的环境中发展领导力，基于经验的学习（experience-driven leader development）是重要的推动力。

复盘作为一种从经验中学习的方法，也是个人学习、提升能力的重要途径。就像华为创始人任正非所讲：将军不是教出来的，而是打出来的。试想一下，你如果能够把自己的每一段工作经历、每一项任务、每一次挑战，都变成学习机会，可以从中学习、促进自己能力提升，那会是怎样一种状况？

在我看来，学会复盘、把复盘做到位，并形成习惯，是个人成长为专家不可或缺的一环。

同样，对于知识炼金士来说，复盘也是你必须掌握的核心技术。

关于个人复盘、团队复盘引导，及复盘的跟进、落地、运营，可参考我的专著《复盘+：把经验转化为能力（第 3 版）》（邱昭良著，机械工业出版社于 2018 年出版）。

APPENDIX A
附录 A

知识炼金士必备的核心技能及认证

知识炼金士必备的核心技能

知识炼金士作为一个新兴的职业，目前尚无国家法定或行业共识的标准。基于邱昭良博士的研究与实践，我们认为，一个合格的知识炼金士必须具备下列四方面的核心技能。

1. 知识（knowledge）

要成为知识炼金士，需要理解、掌握下列知识：

- 对知识的知识。
- 知识萃取的多种方法及其适用条件。
- 某一个或一些领域或行业的专业知识。
- 基本的管理知识。
- 基本的团队引导知识。

2. 基本技能（basic skill）

从本质上讲，知识萃取与运营是一种“元技能”，即“发展技能的技能”；是一种特殊的思维，是“对思维的思维”。因此，要想成为合格的知识炼金士，必须具备一些基本的思维技能，包括但不限于：

- 批判性思维。
- 系统思考。
- 逻辑思维与结构化表达。
- 总结、归纳、提炼形成框架的能力。

- 沟通与影响力。
- 项目管理能力。

3. 专业技能（professional skill）

除了上述基本技能，知识萃取与运营涉及一些独特或专业的技术与能力，包括但不限于：

- 设定知识萃取的目的与范围。
- 选择知识萃取策略与方法。
- 设计知识萃取项目工作过程。
- 知识图谱或数据分析。
- 现场观察、获取信息。
- 业务专家访谈。
- 团队共创引导。
- 复盘引导。
- 建立并经营实践社群。
- 内容策展。
- 设计并引导知识萃取与分享主题活动。
- 设计并实施标杆学习项目。
- 选择知识封装的策略与方法。
- 验证知识萃取成果。
- 知识运营。

4. 态度 & 心态（attitude & mindset）

从某种意义上，与其说知识炼金士是一个职业，不如说它是一种存在状态。态度 & 心态包括如下几方面：

- 强烈的学习力。
- 好奇心。

- 对学习与思维研究的热情。
- 助人，而不是告知。
- 自信心。

知识炼金士认证

作为一门新兴的金领职业，知识炼金士未来有着广阔的空间。

经过自学或参加培训，掌握相应的方法、工具，具备知识炼金士必备的核心技能，获得权威机构的认证，对你的职业发展无疑是一个重要的里程碑。

目前，邱昭良博士及其创办的北京学而管理咨询有限公司颁发知识炼金士认证（初级 / 中级 / 高级），相关信息见下表。

	资质 / 条件	如何申请
初级知识炼金士	• 理解并能复述基本的关于知识萃取与运营的知识 • 会使用基本的知识萃取方法与技术 • 具备少量知识萃取项目经验	• 完成本书阅读，或观看在线视频课程，参加在线答疑，并通过在线考试 • 参加过下列培训之一：微课设计与开发、案例开发、复盘（提交结业证书） • 在企业或组织内部完成一次知识萃取活动，提交书面报告
中级知识炼金士	• 较为深入、系统地理解关于知识萃取与运营的知识 • 熟练使用基本的萃取方法与技术 • 理解并掌握多种知识萃取方法与技术 • 在某个领域或行业内，具备较丰富的知识萃取项目经验	• 确认已获得知识炼金士（初级）认证一年以上 • 组织过至少 3 次组织内部知识萃取项目或活动（提交报告或相应证明材料） • 参加过认可机构举办的知识炼金术培训 • 按要求提交申请材料 • 远程视频或现场面试
高级知识炼金士	• 熟练、透彻地理解关于知识萃取与运营的知识，在某些方面形成了自己独特的见解 • 能根据实际情况，灵活选择、熟练使用多种知识萃取方法与技术 • 在多个行业或领域内具备丰富的知识萃取项目经验，获得客户认可	• 确认已获得知识炼金士（中级）认证两年以上 • 组织过至少 10 次组织内部知识萃取项目或活动（提交报告或相应证明材料） • 按要求提交申请材料及论文 • 现场面试与审核

申请或咨询更多信息，请扫描右下方二维码，关注“CKO学习型组织网”并回复“知识炼金士认证”。

精品培训课程

为了更快地系统掌握知识炼金士必备的核心技能，如有条件，建议你考虑参加下列精品培训课程：

- 《复盘——把经验转化为能力》（版权登记号：国作登字-2016-L-00259227）
- 《系统思考应用实务》（版权登记号：国作登字-2016-L-00319837）
- 《玩转微课——企业微课创新设计与快速开发》（版权登记号：国作登字-2017-L-00388779）
- 《知识炼金术——知识萃取和运营的艺术与实务》
- 《化专家经验为组织能力——基于经验萃取的课程开发》

索取课程简章或咨询更多信息，请扫描右下方二维码，关注“CKO学习型组织网”并回复“知识炼金术培训”。

欢迎联系作者沟通交流。

电话：010-82827121（崔老师）

邮件：info@cko.com.cn

APPENDIX B

附录 B 部分常用方法与工具

1. 知识图谱

按照谷歌公司的描述，知识图谱是一个语义网（semantic network）的知识库。所谓“语义网”，是由万维网联盟的蒂姆·伯纳斯－李在1998年提出的一个概念，其核心是：通过给万维网上的文档加上能够被计算机所理解的语义，从而使整个互联网成为一个通用的信息交换媒介。因此，知识图谱就是用语义网络的方式来组织知识库，它采用基于图的数据结构。从实用的角度来看，知识图谱可以被理解为多关系图（multi-relational graph）。

按照数学原理，图（graph）是由节点（vertex）和边（edge）构成的。简单的图通常只包含一种类型的节点和边，但“多关系图”一般包含多种类型的节点和多种类型的边。

在知识图谱里，人们通常用“实体”（entity）来表示节点，用“关联”（relation）来表示“边”。实体指的是现实世界中的事物，比如人、物体、组织、概念等。世间万物都可以表述为一个或多个实体，实体也有不同的类型。

同时，不同实体之间存在着这样或那样的关联关系。比如，“张三出生于北京”这句话就表述了“张三”这个实体和“北京”这样一个地名（抽象概念或名称，也是一种实体）之间的关系。同样，有些关联是实体所具有的一些属性（proerty），也就是该实体在某一方面所属的类型（type）。比如，张三是一个人，一般用“姓名”这一概念来称呼，张三是男性，职务是财务部经理，有年龄、身高、体重以及体貌特征等多重属性。

如果把实体当作节点，把关系当作边，这些信息就可以相互连接成一张庞大的网络。这就是“知识图谱”(一个简单示例参见图B-1)。

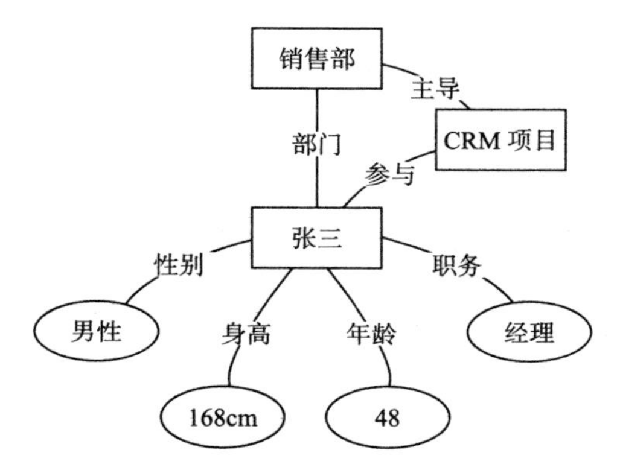

图B-1 一个简单的知识图谱示例

因此，知识图谱就是用可视化网络图谱的方式，来表示不同种类的多个信息或实体（节点）及其相互之间的多重联系（关系）的技术。它可以帮助我们用“关系”和“语义”的方式去表述事实（信息)、分析问题、搭建知识架构。

2. 标杆学习

标杆学习也称为“标杆管理”“标杆瞄准”等，其历史源远流长。美国贝恩（Bain）公司2005年的调查表明，标杆学习的使用比率已经达到80%。在我国，也一直涌动着向优秀企业学习的热潮，如华为、海尔等，但是，据我观察，大多数都不是真正意义上的标杆学习，只不过是参观、游学、“走马观花”“蜻蜓点水”。回去以后，要么采用了少量形式，只是学了“形”，没有学到“神”，最终效果不佳；要么“三分钟热度”，坚持不了多久；要么根本没有任何行动。

因此，标杆学习看起来容易，实际做出效果非常难（参见附录B)。

在我看来，要想把标杆学习做到位，需把握三个要点：明确学习对象、管理学习过程、把握关键。

（1）向谁学

标杆学习有多种类型，依据其选择的目标不同，可以分为内部标杆学习、竞争性标杆学习、功能（通用）标杆学习（如表 B-1 所示）。

表 B-1 标杆学习的类型

类型	学习目标	范例	优点	缺点
内部标杆学习	公司内部不同部门或作业单位	美国施乐与日本富士施乐（施乐与富士的合资公司）之间相互学习	资料易于搜集，成本低廉 对于大型多元化公司而言，成效显著	视野狭窄 可能存在内部偏见
竞争性标杆学习	从事相同业务的直接竞争对手	佳能向施乐学习 联想对戴尔的研究与学习	信息直接有效，针对性强 做法 / 技术有可比性 关注力度大、时间长	资料收集较困难 可能产生敌对态度 可能面临道德问题
功能（通用）标杆学习	被认为拥有最佳实践的公司，不局限于公司内部或行业内部	施乐向 L.L.Bean 学习仓储和物流作业流程 联想向海尔学习客户服务	可能产生创新做法 技术 / 做法可以转移 发展专业网络 可接触到相关资料 刺激成果的产生	有些做法难以转移至不同环境 有些信息无法获得 耗费时间

资料来源：Michael J. Spendolini, The Benchmarking Book, Amacom, 1992. 作者编译并略有修改。

不同的标杆各有优劣势。例如，选择竞争对手作为标杆，由于是同行，在对行业、市场的判断，以及企业的生产、经营管理方面有很多“共同语言”，有很强的针对性；同时，由于大家在相同行业内直接竞争，对彼此的举动都比较关注，可以进行长期的研究。因此，向同行企业学习对于企业具有特别重要的意义。但是，由于竞争关系，可能导致资料收集比较困难，或产生敌对态度。近年来，“异业交流”广受欢迎，而且显著地促进了跨界创新，但是，向异业企业学习，需注意行业间的差异，注意实践做法的适用性。一句话，企业需根据自己的实际需要，综合考虑优劣势，灵活地选择标杆学习的对象。

（2）标杆学习的程序

从表现形式上看，标杆学习与人们常见的参观观摩（“取经”）、参加行业经验交流或研讨会、人员之间的来往等相近，但它却是一种更为全面、系统的方法，有着明确的程序。事实上，只有加强对过程的管理，采取系统化的项目管理流程，才能防止标杆学习流于形式。

综合国内外优秀企业标杆管理实践，我认为，标杆学习的一般过程包括如下五个阶段（如图 B-2 所示）。

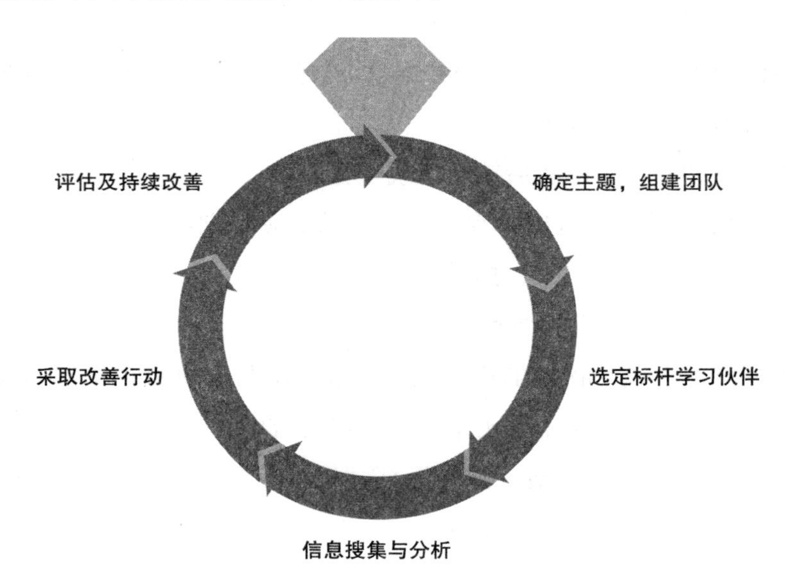

图 B-2　标杆学习的一般过程

1）阶段 1. 确定主题，组建团队

标杆学习要有明确的目的，其涉及的大多数是一个团队或组织相关的绩效指标或改进主题，因而标杆学习很难由单个人实施，而是一项团队行动。

本阶段主要活动包括：明确标杆管理的“业主”及其需求，明确标杆学习的主题，设定标杆学习的进度，制订评价方案，提供适当的资金和资源支持，挑选、组建、训练及管理标杆学习团队。

2）阶段 2. 选定标杆学习伙伴

根据自己的需求，在组织内外部广泛地搜集信息，确定标杆学习的对象和信息来源。

本阶段主要活动包括：确定标杆学习的对象，制订数据收集计划，审定项目工作计划。

3）阶段 3. 信息搜集与分析

团队必须选择有效的信息搜集方法，并依据这些方法搜集信息，然后对信息进行分析，提出行动建议。

本阶段主要活动包括：内部数据收集与分析，外部数据收集与分析。

4）阶段 4. 采取改善行动

根据行动建议，落实后续活动或步骤。

本阶段主要活动包括：制订改善方案；制订详细执行计划；获得决策层的支持；执行方案，推进到位。

5）阶段 5. 评估及持续改善

标杆学习不是一次性的事件或阶段性的项目，重点在于持续改善。为此，应评价改善效果，找出下一步的努力方向。

本阶段主要活动包括：评估标杆学习项目的效果，建立标杆数据库，确定未来改善方向及行动方案。

（3）标杆学习的关键成功要素

根据我的经验，标杆学习要想成功，需要具备下列条件：

- 制定清晰的目标或明确目的。
- 以开放的心胸接纳新观念，跳出框框之外思考。
- 加强对过程的管理，力求持续不断地开展下去。
- 不能照搬照抄、抄袭或模仿，需要知己知彼、“知其然”而且“知其所以然”，创造性地灵活应用。
- 不能期望快速见效，贵在坚持。

- 建立专业学习网络和信息收集渠道。
- 聚焦于改善的过程。

3. 工作分解结构

在项目管理中，最常用的方法之一是工作分解结构（work breakdown structure，WBS），指的是把一个项目，按照一定的原则与方法，逐层分解为具体的任务、工作及活动，直到不可分解或便于组织与管理的“工作包”（work package）为止。WBS 是项目管理的基础性技能之一，对于明确项目范围、制订进度计划、分析资源需求、成本预算、风险管理、采购计划以及人员组织、沟通与项目控制等，都有着重要意义。

在项目管理实践中，WBS 一般分为产品导向型和活动导向型两大类，前者按交付成果来分解，如交付给客户的硬件、软件、相关手册及服务等成果，后者按项目活动来分解，即达成交付成果所需的各种活动，如需求分析、开发、测试与交付等。这两种方式各有优劣势，大家可以根据实际情况选择适用。

一般来说，WBS 要遵循的原则包括：

（1）MECE（相互独立，完全穷尽）

WBS 通常从项目目标开始，逐层细化，下一层是对上一层的细化、支撑或展开。为了确保层次分解的有效性，一般会参考诸如金字塔原理所述的“MECE”法则（Mutually Exclusive，Collectively Exhaustive），即“相互独立，完全穷尽”。也就是说，将本层所有活动或交付物加起来，应能完整地实现上一层的目标，既没有遗漏，也没有多余、重叠或交叉。

（2）可视化

WBS一般是逐层分解，可以采用树状图表的方式来呈现（参见图B-3），也可以专业项目管理软件来表述。

（3）SMART

对于细分活动要定义清晰、明确，细化到人、时间和资金。对此，一般可参考设定或分解目标的SMART法则，即做到“具体”(specific)、“可衡量”(measurable)、“有挑战但可实现”(achievable)、“相关性”(relavant)、“有时限”(time)。

（4）集体参与

为了确保分解质量，最好让团队成员充分参与，集思广益。

简单来说，建立一个WBS的步骤一般包括：

- 确定项目目标。
- 细化可交付成果。
- 列出完成交付成果所需的各项工作。
- 进行整合或细分。

一个简单的WBS示意图参见图B-3。

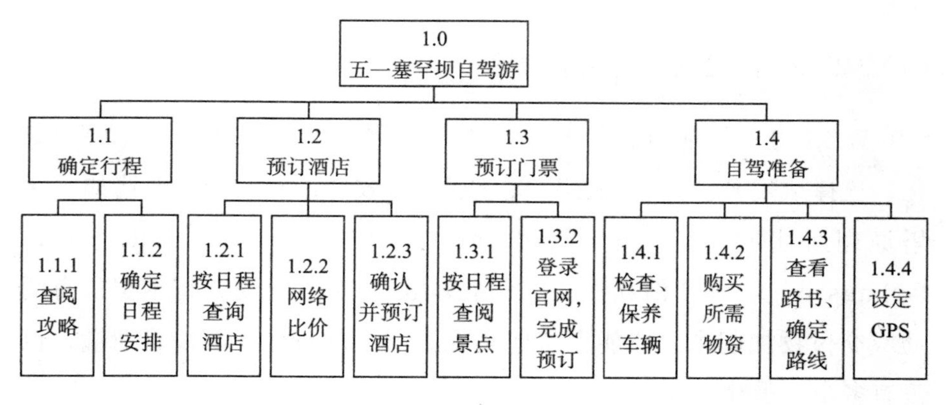

图B-3 一个简单的WBS示意图

4. 快速任务分析

按照绩效支持专家廉莱德和莫舍的看法，快速任务分析（rapid task analysis，RTA）是确定工作任务和相关概念，并将其组合成有意义的流程的系统化方法。

为了进行快速任务分析，需要明确“任务”（task）的定义与构成。所谓“任务”，就是为了实现某个明确的产出结果而需要进行的一系列操作步骤。按照这个定义，首先，任务是由一系列步骤（操作）组成的；其次，任务有特定的目标（产出结果），之所以要执行那些操作步骤，就是为了达成特定的结果；最后，不同步骤之间既可以相对明确地分离开，又存在一定的顺序或逻辑关系。

所以，在进行任务分析时，大致步骤包括：

- 定义任务的目标。
- 将任务分解为一系列操作步骤。
- 一旦你确定了所有的步骤，将它们按照逻辑顺序组合成有意义的流程。
- 确定完成任务和执行这些步骤的操作所需掌握的“概念”。如果说任务描述的是如何做某件事情，那么“概念”则涉及对那些步骤的解释，以及对任务背后原理的说明。

5. 案例开发的 STAR 框架

如第 4 章所述，在对业务专家进行访谈时，要善于利用案例（或故事）的力量。同时，业务专家也要自行准备或撰写个人案例。

那么，有没有相对规范或可参考的框架？

在实际操作中，一种简单而广为采用的方法是以 STAR 为基础进行案例访谈或撰写——STAR 是下列四个英文单词的首字母组合，使用这一结构来描述案例：

- Situation（情境）：回忆并描述背景信息，即事件发生的时间、地点、涉及的人物、事件起因等。
- Task（任务）：说明当事人要解决的问题或工作任务。
- Action（行动）：阐述当事人的行动措施，可以按照时间顺序或线索，逐步展开。
- Result（结果）：说明行动的结果，对各方的影响，包括当前和长期的影响。

基于STAR结构，可以设计出一个撰写或记录案例的模板（参见表B-2）。

表 B-2 描述案例的 STAR 框架

<table>
<tr><td>案例标题：
给你的案例起一个醒目、响亮而准确的标题</td><td>撰写人：
撰写日期：</td></tr>
<tr><td>所属类别：
按照企业常用分类方法，列出你撰写的案例所属的类别</td><td>关键词：
提炼一下能体现你所撰写的案例的主题或特点的关键词</td></tr>
<tr><td colspan="2">S：案例背景
简要描述一下案例发生的背景，包括必要的人物（who）、时间（when）、地点（where）等</td></tr>
<tr><td colspan="2">T：任务 / 挑战
描述一下你所面临的任务是什么，要解决的问题或达到的目标是什么

如有必要，可简要分析一下解决该问题或完成上述任务的主要难度在什么地方，为什么会有这些难度</td></tr>
<tr><td colspan="2">A：行动
详细描述你为解决该问题或完成上述任务所采取的主要行动步骤及行动细节（如有顺序，应按先后顺序说明；如无顺序，则应说明这些步骤之间的关系）；如有多个步骤，应说明完成每一步骤操作的验收标准或执行下一步骤的判别依据；如有必要，可解释采取这些步骤的原因</td></tr>
</table>

（续）

R：结果 介绍采取上述行动之后的直接结果以及后续影响。对结果的描述应具体，最好能列举相应数字或事实
L：经验教训 这部分内容切忌空洞，只讲一些感受或道理，应有具体的可操作或“落地”的内容

6. 故事线或故事板

故事板源于电影设计，也是课程开发与在线学习课件设计的常用方法。

进行访谈资料整理，最好的方法之一是使用故事线或故事板，把若干典型场景、问题及操作步骤、应对举措连贯起来。

这样的好处是形象直观。

绘制故事板的流程相当简单、直接，大致包括下列五个步骤：

第一步，建立时间线。说明你的故事从何时、何地开始，并按时间顺序，排列好故事的主要事件。

第二步，确定故事的关键场景。故事板的目的不是还原整个事件，而是呈现故事的主旨和重要的部分。把你的故事想一遍，列出你想展现的关键时刻，包括转折点、出现新角色等。

第三步，在确定了你需要呈现的细节之后，撰写相应的脚本（剧本）。

第四步，根据脚本，选择使用的媒介，绘制草图。

第五步，添加其他重要信息，完成你的故事板。

撰写案例的故事板模板参见图 B-4。

图 B-4 故事板模板

7. 团体列名法

团体列名法（也被称为“名义小组法”）是一种结构化的头脑风暴法，既可以让一群人在短时间内畅所欲言，产生大量的创意，又能避免产生“大嗓门效应”，也就是说，有时候集体研讨被少数人控制，如专家、领导、个别外向或有情绪的人员等，导致多数人丧失发言机会，从而影响真正有创造性的想法产生。

（1）基本程序

除了遵守基本的头脑风暴法程序之外，团队列名法增加了一些额外约定，让所有小组成员在规定时间内独立思考，并记录下自己的观点，然后轮流依次发言，直到穷尽所有的观点。最后，在此基础上，进行民主决策（参见图 B-5）。

1. 主持人开场	2. 个人独立思考	3. 组内分享	4. 小组讨论	5. 集体决策
• 陈述并澄清议题 • 规定时间并安排计时员 • 安排记录员 • 说明规则 • 鼓励所有人思考	• 在规定时间内，小组成员独立思考，并使用即时贴记录下自己的观点 • 创造一个安静的环境，不允许相互讨论	• 按顺序轮流发言，同一时间只有一个人说话，直到穷尽所有想法 • 鼓励在这个过程中受他人启发产生新想法 • 把所有观点贴到海报纸或白板上 • 其间不评论其他人的意见，不许批评，但可以简单提问、澄清	• 对每一条意见进行讨论，进行归类、合并或删除 • 如有不同意见，可进行讨论、促进达成共识或搁置争议 • 在此过程中仍然可以添加新想法 • 所有想法梳理完之后，可进行观点的提炼或整合	• 小组成员对各个观点的重要性进行讨论、排序 • 在每一类别中，选出若干条重要的想法 • 如有必要，与其他小组进行分享交流，并明确下一步行动

图 B-5　团队列名法的引导步骤

（2）注意事项

在实际应用团体列名法时，需要注意：

- 要让参与者真正敞开心扉、激发创造力，就不能试图去控制讨论过程，或通过讨论达到个人的目的，或兜售自己的观点。
- 过程中可以利用海报纸、即时贴等辅助工具，使研讨成果可视化、可跟踪。
- 要鼓励有创造性的想法。
- 要鼓励聆听、真诚地探寻，避免争论或冲突。
- 一般不简单地依据“少数服从多数”的集体决策原则，如有时间，应该深入探询每个想法背后的道理、假设和逻辑，促进集体心智模式的改善。

8. 世界咖啡汇谈

知识萃取的质量在很大程度上受集体对话质量的影响。世界咖啡汇谈是一种结构化的团队研讨方法，有助于提高团队研讨的质量。

世界咖啡汇谈（world cafe dialogue）是一种结构化的集体对话、交流方法，由麻省理工学院斯隆管理学院朱安妮塔·布朗（Juanita Brown）博士和戴维·伊萨克（David Isaacs）发明，其核心在于营造一个安全、和谐的氛围，让参与者敞开心扉，针对特定的问题展开深度对话和交流，从而实现“意义的流动”。

实践证明，世界咖啡汇谈是进行深度汇谈、激发集体智慧的有效方法。

（1）基本程序

一般来说，引导一次世界咖啡汇谈共分四步（参见图 B-6）。

- 选定拟讨论的课题
- 4 ～ 6 人分为一组
- 每组推选一名“桌长”（或称“咖啡馆馆主”）
- 宣布汇谈程序及规则

- “桌长”组织大家相互认识，简要介绍本组的话题，组织大家进行研讨，并用文字、图画等方式记录下重要观点
- 第二轮及之后，“桌长”需向新成员简介以前轮次研讨的主要观点

- 一段时间后，每一桌除“桌长”之外的其他人都要换到其他小组，和新的一组人共同探讨该组的话题
- 根据时间长短，一般需轮换 3 ～ 4 轮

- 各组“桌长”向全体参与者介绍研讨成果，分享集体的发现

图 B-6　世界咖啡汇谈的引导步骤

（2）世界咖啡的原则

按照世界咖啡汇谈发明人朱安妮塔·布朗和戴维·伊萨克的总结，世界咖啡汇谈要遵循下列七项原则（或称为“礼仪”）：

- 设定情景（理清目的、合适的参会者、外在因素）。
- 营造出宜人好客的环境空间。

- 探索真正重要的问题。
- 鼓励每个人都积极投入和贡献。
- 欢迎多元化的观点，探索不同观点之间的连接。
- 共同聆听不同观点背后的模式、理由以及更深层次的问题。
- 收获与分享集体智慧。

（3）注意事项

- 世界咖啡汇谈应用的场合包括：对某一个重大政策或课题，征集多元化的看法；促进参与者对某一个复杂问题形成深入的认识；促进大家思想上达成共识或增进相互了解。
- 议题的选择也是重要影响因素：议题应尽可能明确、具体，是参与者普遍关心的，并且能有所贡献。
- 在整个过程中，桌长的作用至关重要，他们不仅有职责组织每一轮的讨论，而且要汇总研讨成果，与大家分享。最好选择有团队引导能力的人担任桌长。如有条件，可事先对“桌长”进行简短的赋能培训。

参考文献

[1] 邱昭良.复盘+：把经验转化为能力[M]. 3版.北京：机械工业出版社，2018.

[2] 邱昭良.如何系统思考[M].北京：机械工业出版社，2018.

[3] 邱昭良，等.玩转微课：企业微课创新设计与快速开发[M].南京：江苏人民出版社，2016.

[4] 康若德森·高菲德森，鲍勃·墨瑟.创新性绩效支持[M].邱昭良，周涛，等译.南京：江苏人民出版社，2016.

[5] 詹姆斯·马奇.经验的疆界[M].丁丹，译.北京：东方出版社，2017.

[6] 埃蒂纳·温格，等.实践社团：学习型组织知识管理指南[M].边婧，译.北京：机械工业出版社，2004.

[7] 克里斯·科里逊，杰弗·帕塞尔.英国石油公司组织学习最佳实践[M].李准，译.北京：机械工业出版社，2003.

[8] 大卫·加尔文.学习型组织行动纲领[M].邱昭良，译.北京：机械工业出版社，2005.

[9] 野中郁次郎，竹内弘高.创造知识的企业[M].李萌，高飞，译.北京：知识产权出版社，2006.

[10] 李文德.情境微课开发[M].北京：电子工业出版社，2016.

[11] 孙波.最佳实践萃取[M].南京：江苏人民出版社，2017.

[12] Nancy M Dixon, Katrina Pugh. Harvesting Project Knowledge [J]. ASK Magazine, 2013(5). URL: https://appel.nasa.gov/wp-content/uploads/sites/2/2013/05/NASA_APPEL_ASK_30i_harvesting_project_knowledge.pdf.

[13] Olivier Serrat. Harvesting Knowledge [J]. Knowledge Solutions, April 2010. URL: https://www.adb.org/sites/default/files/publication/27597/harvesting-knowledge.pdf.

[14] Nick Milton. Acquiring Knowledge from Subject Matter Experts, in Knowledge Service Engineering Handbook, ed. by Jussi Kantola & Waldemar Karwowski, CRC Press, 2016.

[15] Joe Willmore. Job Aids Basics [M]. ASTD Press, 2006.